SCHÜLER-
DUDEN
ÜBUNGSBÜCHER

SCHÜLER-DUDEN

ÜBUNGSBÜCHER

Übungen zur deutschen Rechtschreibung I
Die Schreibung der Wörter

Übungen zur deutschen Rechtschreibung II
Groß- und Kleinschreibung

Übungen zur deutschen Rechtschreibung III
Die Zeichensetzung

Übungen zur deutschen Sprache I
Grammatische Übungen

Übungen zur deutschen Sprache II
Übungen zum Wortschatz

SCHÜLER-DUDEN

ÜBUNGSBÜCHER

Übungen zur deutschen Sprache I
Grammatische Übungen

von
Stefanie und Gerhard Kaufmann

DUDENVERLAG
Mannheim·Leipzig·Wien·Zürich

VORWORT

Unser Übungsbuch im Format eines Taschenbuchs kann Übungen nur zu den wichtigsten grammatischen Teilbereichen der deutschen Sprache bieten. Dennoch haben wir versucht, einen Überblick über die wesentlichen grammatischen Erscheinungen des Deutschen zu geben. Bei der Auswahl stand das Regelmäßige im Vordergrund; Unsicherheitszonen und „Zweifelsfälle" mußten beiseite bleiben. „Zweifelsfälle" sind in Nachschlagebüchern zu erörtern, nicht in einer Sammlung von Übungen.

Was das Stilniveau der Texte und Übungsbeispiele angeht, so haben wir uns an den Gebrauchsnormen der geschriebenen und gesprochenen deutschen Standardsprache der Gegenwart orientiert. Wo immer es möglich war, sind wir von authentischen Belegen ausgegangen, die jedoch aus didaktischen Gründen gelegentlich behutsam verändert oder vereinfacht werden mußten. Die Mehrzahl der Beispiele entstammt Zeitungstexten oder Gesprächen zwischen Standardsprache-Sprechern. Auf vorwiegend literarische Ausdrucksmöglichkeiten, allzu Familiäres und Regionales wurde verzichtet.

Jeder Übung bzw. Übungsfolge geht ein „Vorspann" voraus, in dem das jeweils zu Übende durch Musterbeispiele vorgestellt und knapp erläutert wird. Der Vorspann ist so angelegt, daß die den grammatischen Erscheinungen zugrundeliegenden Regeln erkennbar werden. Hauptziel des Vorspanns ist es, Beobachtungsmaterial für die Arbeit in der Klasse oder das Selbststudium zu liefern und einsichtig zu machen, was in der anschließenden Übung geleistet werden soll. Es lag also nicht in unserer Absicht, in den Vorspannen exakte wissenschaftliche Beschreibungen zu geben. Dafür muß der interessierte Leser die einschlägigen Handbücher zu Rate ziehen. Um den Zugang zu grammatischen Beschreibungen zu erleichtern, haben wir am jeweils geeigneten Ort auf die Publikationen des Dudenverlags verwiesen.

Die Einheit aus Vorspann und Übung soll auch eine Vorstellung davon geben, in welchem inhaltlichen Bereich und auf welchem Stilniveau die zu übenden grammatischen Erscheinungen anzutreffen sind. Dieses Ziel ist nur erreichbar, wenn die Übungen eine ausreichende Zahl von Beispielen enthalten.

Was die Übungsweisen angeht, so wird dem Kenner der Materie nicht verborgen bleiben, daß die Autoren manches den Lehrverfahren im Fach Deutsch als Fremdsprache verdanken. Wir hoffen, daß sich diese Verfahrensweisen auch im Deutschunterricht für Deutschsprechende mit Erfolg anwenden lassen. Aus technischen Gründen mußten die Übungsanweisungen vereinheitlicht werden. Oft heißt es: „Schreibe Sätze nach dem folgenden Muster." Dieses „schreibe" sollte man nicht allzu wörtlich nehmen. Nahezu alle Aufgaben können ebensogut auch mündlich gelöst werden.

Zu allen Übungen werden im Lösungsschlüssel am Ende des Buches Lösungen vorgeschlagen. Auch dort, wo mehrere Lösungen möglich sind, haben wir aus Platzgründen meist nur die nach unseren Beobachtungen naheliegendste Möglichkeit angegeben. Der Deutschlehrer wird in bestimmten Bereichen weitere, nicht minder akzeptable Lösungen finden können. Kurz: Die im Lösungsschlüssel enthaltenen Lösungen sind in vielen Fällen Vorschläge und nicht ein Diktat: „So und nicht anders hat es zu lauten."

Außer dem Lösungsschlüssel enthält das Übungsbuch ein ausführliches Register. Auf diese Weise können Lehrende und Lernende Übungen nach Bedarf auswählen, ohne gezwungen zu sein, der Anlage des Buches zu folgen. Aus Gründen der leichteren Auffindbarkeit wird im Inhaltsverzeichnis und im Register ausschließlich auf die durchnumerierten Übungen/Texte verwiesen; in dem Verweis auf die Übung ist ein Verweis auf den vorausgehenden Vorspann eingeschlossen. Übung und Vorspann sind durch unterschiedliche Drucktypen gekennzeichnet.

München, den 1. Juli 1975

Stefanie und Gerhard Kaufmann

Mit den folgenden Abkürzungen wird auf Nachschlagebücher aus dem Dudenverlag verwiesen:

SD 3
Schülerduden. Band 3. Grammatik. Eine Sprachlehre mit Übungen und Lösungen, Bibliographisches Institut, Mannheim/Wien/Zürich 1971.

DG
Duden. Grammatik der deutschen Gegenwartssprache. 3., neu bearbeitete und erweiterte Auflage (Der Große Duden: Band 4), Bibliographisches Institut, Mannheim/Wien/Zürich 1973.

DT 14
Duden. Fehlerfreies Deutsch. Grammatische Schwierigkeiten verständlich erklärt, Bibliographisches Institut, Mannheim/Wien/Zürich 1972.

Die Zahlen hinter SD 3 und DG beziehen sich auf Abschnitte, die Zahlen hinter DT 14 auf Seiten.

SONSTIGE ABKÜRZUNGEN

Ü	= Übung	Nom.	= Nominativ
T	= Text	Akk.	= Akkusativ
vgl.	= vergleiche	Dat.	= Dativ
→	= siehe	Gen.	= Genitiv
et.	= etwas	Präp.-	
j.	= jemand	Objekt	= Präpositionalobjekt
jn.	= jemanden	V	= Verb
jm.	= jemandem	MV	= Modalverb
m.	= maskulin	Präp.	= Präposition
n.	= neutrum		
f.	= feminin		

INHALTSVERZEICHNIS

Übung (Ü)
Text (T)   Seite

ÜBUNGEN UND TEXTE

1 T Unterstreiche alle Verbformen (*hat . . . geläutet, packen . . . zu-sammen* usw.). Stelle die Verben zusammen, die im Infinitiv den Stammvokal *a, au* oder *o* haben. Bei welchen Verben bleiben diese Stammvokale in der *du*- und *er*-Form[1] des Präsens erhalten, bei welchen tritt *ä, äu* oder *ö* ein?

Kaum hat es geläutet, da packen Hans und Peter auch schon ihre Bücher und Hefte zusammen und verlassen die Schule. Während sie zur Haltestelle laufen, sehen sie gerade noch, wie Peters Stra-ßenbahn abfährt. Peter stößt einen leisen Fluch aus.

Peter: Da muß ich mal wieder warten.

Hans: Ärgere dich doch nicht! Morgen gibt's Ferien. Das Schul-jahr ist zu Ende, und du hast es ja dann für immer ge-schafft. Wenn ich nur auch mit dem Gymnasium aufhö-ren könnte! Aber mein Vater erlaubt das nie.

Peter: So einfach ist das nicht, wie du dir das vorstellst. Nie-mand kann mir sagen, was ich jetzt anfangen soll.

Hans: Mir fällt auch nichts ein. Was raten denn deine Eltern?

Peter: Gestern habe ich noch mal mit meinem Vater über alles gesprochen; er hat mir vorgeschlagen, ich soll ein Hand-werk lernen. Auf jeden Fall will er mich nicht länger aufs Gymnasium gehen lassen.

Hans: Und deine Mutter, kann die dir nicht weiterhelfen?

Peter: Die hat mir bloß vorgeworfen, daß ich mich nicht genug auf den Hosenboden gesetzt habe. Aber dann hat sie ge-meint, daß mir eine praktische Ausbildung vielleicht viel besser gefällt als das Gymnasium. Außerdem kann ich später in eine Fachschule eintreten. Ich werd' schon sehen.

Hans: Deine Straßenbahn! Schnell, sonst verpaßt du die auch noch. Und vergiß nicht, du bist morgen abend bei uns eingeladen.

Bei starken Verben wie *fahr/en, fall/en* wird in der *du*- und *er*-Form des Präsens das *a* zu *ä* umgelautet:

fahren du fährst er fährt   fallen du fällst er fällt

Bei den folgenden drei Verben wird *au/o* zu *äu/ö*:

laufen du läufst er läuft   saufen du säufst er säuft
sich stoßen du stößt dich er stößt sich
(SD 3, 423, 428 f.) →26 Ü

---

[1]*er*-Form steht für alle drei Pronomen: *er, sie, es*

2 Ü   Schreibe Fragen nach dem folgenden Muster:
Ich fahre gern mit der U-Bahn.
Fährst du auch so gern mit der U-Bahn?

1. Ich laufe gern Schlittschuh. 2. Ich backe alle meine Kuchen selbst. 3. Am Wochenende lade ich oft Freunde ein. 4. Fleisch brate ich immer in Bratfolie. 5. Ich unterhalte mich gern mit Leuten, die was von der Welt gesehen haben. 6. Ich vertrage das Seeklima sehr schlecht. 7. Ich rate gern Kreuzworträtsel. 8. Ich schlage nicht gern Einladungen aus. 9. Kann man den Tisch nicht umstellen? Ich stoße mich immer an der Tischkante.

3 Ü   Schreibe Sätze nach dem folgenden Muster:
A Herr Müller hat heute morgen sehr früh angefangen.
B Er fängt doch immer/jeden Morgen so früh an.

1. Hans hat diesmal die Trompete geblasen. 2. Eva hat heute morgen Zeitungen ausgetragen. 3. Die Verkäuferin hat uns gut beraten. 4. Paul ist durch sein dummes Gerede aufgefallen. 5. Karl hat heute morgen bis 10 Uhr geschlafen. 6. Peter hat die Haustür offengelassen. 7. Der Meier hat gegen die Spielregeln verstoßen. 8. Der Kerl hat sich heute schon wieder besoffen. 9. Er hat am Wochenende sein Auto gewaschen.

Nur zwei starke Verben *(schaffen, schuf — (er)schallen, (er)scholl/(er)schallte)* mit dem Stammvokal *a* im Infinitiv haben keinen Umlaut in der *(du)-* und *er-*Form des Präsens:

schaffen: Der schafft Ordnung; darauf können Sie sich verlassen.
(er)schallen: Plötzlich erschallt in der Ferne ein Jagdhorn.

→ Gruppe VI der starken Verben, S. 23f.

Schwache Verben mit dem Stammvokal *a* behalten das *a* in allen Formen des Präsens:

fragen   du fragst   er fragt   packen   du packst   er packt
(DT 14, 60 ff.)

Ebenso die drei folgenden Verben mit „gemischten" Formen: →30 Ü

mahlen	*du mahlst*	*er mahlt*	*er hat gemahlen*
salzen	*du salzt*	*er salzt*	*er hat gesalzen*
spalten	*du spaltest*	*er spaltet*	*er hat gespalten*

4 Ü   *a* oder *ä*?
Beispiel: A Hat sie dir keine Brote eingepackt?
B Sie packt mir doch nie Brote ein.
A Hat er mal wieder die Vorlesung verschlafen?
B Er verschläft die Vorlesung doch immer.

1. Hat der Onkel nicht nach den Kindern gefragt? 2. Hat sich Peter in der Innenstadt wieder verfahren? 3. Hat sie die Majonäse vielleicht nicht vertragen? 4. Hat sie wieder alle Schachteln aufbewahrt? 5. Hat Karlchen wieder Männchen auf die Zeitung gemalt? 6. Hat sie die Mandeln auch fein genug gemahlen? 7. Hat sie denn unsere Gedanken erraten? 8. Hat er es denn allein geschafft? 9. Hat er wieder gleich das Fernsehgerät eingeschaltet? 10. Hat er sich wieder gleich breitschlagen lassen? 11. Hat sie die Suppe schon wieder versalzen? 12. Hat sie denn nur einen Kuchen gebacken?

5 Ü   *a* oder *ä*?
  Beispiel: A Ich konnte gestern nicht auf dich warten.
        B Du wartest doch sonst immer auf mich.

1. Ich konnte diesmal nicht pünktlich anfangen. 2. Ich konnte es diesmal einfach nicht schaffen. 3. Ich wollte nicht danach fragen. 4. Ich habe sie diesmal nicht eingeladen. 5. Ich konnte diesmal keinen Käsekuchen backen. 6. Ich konnte dieses Jahr kein Obst einmachen. 7. Ich konnte den Termin nicht einhalten. 8. Ich konnte die Kinder nicht allein lassen. 9. Ich konnte das Geschirr nicht mehr abwaschen.

Starke und schwache Verben mit dem Stammvokal *a* haben in den Imperativformen ein *a*, *laufen*, *saufen* und *stoßen au* bzw. *o*:

raten	*rate mal!*	*ratet mal!*
sagen	*sag mal!*	*sagt mal!*
sich verlaufen	*verlauf dich nicht!*	*verlauft euch nicht!*
sich stoßen	*stoß dich nicht!*	*stoßt euch nicht!*

6 Ü   Wie heißt der Imperativ?
  Beispiel: Soll ich die Säcke aufladen? — Ja, lad(e) sie auf!
        Darf ich das Licht ausmachen? — Ja, mach es aus!

1. Soll ich gleich hier halten? 2. Soll ich meinen Koffer am Bahnhof lassen? 3. Soll ich schon vorlaufen und die Karten kaufen? 4. Soll ich hier auf dich warten? 5. Soll ich ihn mal zum Kaffee einladen? 6. Soll ich die japanischen Aktien nicht lieber abstoßen? 7. Darf ich noch ein bißchen schlafen? 8. Darf ich mitfahren? 9. Soll ich die Koffer nach oben schaffen?

7 Ü   Stelle alle Verben aus 1 T zusammen, die im Infinitiv den Stammvokal *e* haben. Bei welchen Verben bleibt der Stammvokal *e* in der *du*- und *er*-Form des Präsens erhalten, bei welchen tritt *i* ein?

Die meisten starken Verben mit dem Stammvokal *e* haben in der *du*- und *er*-Form des Präsens ein *i*.

(e/i-Wechsel; SD 3, 423, 430; DG, 293)→24 Ü, 25 Ü

geben   du gibst   er gibt   sehen   du siehst   er sieht

Ausnahmen: *gehen/ging*   *du gehst*   *er geht*
              heben/hob   *du hebst*   *er hebt*
              weben/wob   *du webst*   *er webt*
              scheren/schor   *du scherst*   *er schert*
              bewegen/bewog   *du bewegst*   *er bewegt*
              (= veranlassen)

Schwache Verben mit dem Stammvokal *e* behalten das *e* in allen Formen des Präsens:

sich setzen   du setzt dich   er setzt sich

8 Ü   *e/i*-Wechsel

Beispiel: So etwas kann es geben.
             Es ist möglich, daß es so etwas gibt.
             Das Knie könnte noch stärker anschwellen.
             Es wäre möglich, daß das Knie noch stärker anschwillt.

1. Das Obst könnte inzwischen verderben. 2. Man könnte uns den wahren Grund verbergen. 3. Der Schlüsselbart kann mal abbrechen. 4. Sie könnte den Termin wieder vergessen. 5. In dieser Jahreszeit kann der Schnee schnell wegschmelzen. 6. Er könnte diesen Gesichtspunkt übersehen. 7. Man könnte unserer Firma die besten Facharbeiter abwerben. 8. Kann der Vorwurf dir gelten? 9. Als Reaktion darauf könnte er von seinem Posten zurücktreten.

9 Ü   *e* oder *i*?

Beispiel: (wegwerfen, aufheben) Sie *wirft* nie etwas *weg*, sie *hebt* alles *auf*.

1. (erheben) Der Staat . . . . hohe Steuern auf Spirituosen und Tabakwaren. 2. (sich legen) Er liegt doch noch nicht im Bett? — Nein, aber vor dem Abendessen : . . . er sich gern ein Viertelstündchen auf die Couch. 3. (sterben) Das ist nicht so schlimm. An einem verdorbenen Magen . . . . niemand. 4. (bewegen) Ob ihn das nun doch dazu . . . . , sein Testament zu ändern? 5. (vertreten) Welcher Anwalt . . . . Sie denn vor Gericht? 6. (weben) Sie . . . . an einem Teppich nach der Vorlage eines persischen Originals. 7. (sich setzen) Meistens sitzt er in seinem Lehnstuhl. Im Sommer . . . . er sich auch mal auf den Balkon. 8. (anwerben) Er . . . . Arbeitskräfte direkt im Ausland an. 9. (scheren) Gewöhnlich . . . . man einjährige Schafe zum erstenmal im Herbst. 10. (stehlen) Ein Sprichwort sagt: Wer lügt, der . . . .

Starke Verben mit *e/i*-Wechsel haben das *i* auch im Singular des Imperativs: *hilf ihm!* aber: *helft ihm!*

Beachte den Imperativ *siehe* in Verweisen auf Abschnitte, Seiten und Kapitel: Siehe oben!

Alle anderen *i*-Imperative haben keine Endung:
Sieh zu, daß du das auf dem schnellsten Wege in Ordnung bringst.

Beim Imperativ von *werden* tritt kein *e/i*-Wechsel ein:
Werde nicht immer gleich böse!
(SD 3, 371 ff.; DG, 221 ff.; DT 14, 63 ff.)

10 Ü   Wie heißt der Imperativ?
Beispiel: Soll ich dir helfen? — Ja, hilf mir!

1. Soll ich das Wohnzimmer noch mal ausmessen? 2. Soll ich ihr mal das neue Mittel empfehlen? 3. Soll ich aus dem Verein wieder austreten? 4. Soll ich deinen Brief noch heute abend einwerfen? 5. Soll ich mich um die ausgeschriebene Stelle bewerben? 6. Darf ich mir noch ein Stück Kuchen nehmen? 7. Darf ich mir mal deine Posters ansehen? 8. Darf ich den Abschnitt noch zu Ende lesen?

11 Ü   Wie heißt der Imperativ?
Beispiel: A Ich nehme den Kleinen nie wieder mit.
           B Ach, nimm ihn doch noch mal mit!

1. Ich gebe ihm keinen Vorschuß mehr. 2. Ich lese euch nichts mehr vor. 3. Dem helfe ich nicht mehr. 4. Ich spreche nicht noch mal mit ihm darüber. 5. Ich gebe nicht noch mal nach. 6. Eigentlich möchte ich nichts mehr essen. 7. Ich möchte ihn nicht schon wieder vertreten. 8. Ich möchte den Aufsatz nicht noch einmal durchlesen.

12 Ü   Wie heißt der Imperativ?
Beispiel: Du hast ihn doch erst gestern ausgescholten.
           Schilt ihn nicht schon wieder aus!

1. Damit hast du dir erst neulich den Magen verdorben. 2. Du hast doch erst gestern so viel Eis gegessen. 3. Du hast erst neulich einen Henkel abgebrochen. 4. Du hast erst am Wochenende so viel Geld ausgegeben. 5. Jedesmal stichst du dir beim Nähen in den Finger. 6. Immer mußt du deinen Hausschlüssel vergessen! 7. Jedes Wochenende mußt du mir meine Zeit damit stehlen! 8. Jedesmal erschrickst du vor unserem Dackel. 9. Immer mußt du mich unterbrechen!

13 Ü   Wie heißt der Imperativ?
Beispiel: Du hast ihn lange genug in Schutz genommen.
           Nimm ihn nicht länger in Schutz!
           Du hast es oft genug vergessen.
           Vergiß es in Zukunft nicht mehr!

1. Du hast dir deswegen lange genug den Kopf zerbrochen. 2. Du hast lange genug davon gesprochen. 3. Du hast lange genug tatenlos

zugesehen. 4. Du hast lange genug die Interessen anderer vertreten.
5. Du hast mir oft genug die Freude verdorben. 6. Du hast schon immer so viel Geld ausgegeben. 7. Du hast dir schon immer zu viel vorgenommen. 8. Du hast schon immer zu viel versprochen.

14 T   Unterstreiche alle Verbformen. Ordne die Verben nach starken und
schwachen Verben.

Der Orkan, der gestern über Europa tobte, erreichte Spitzenge-
schwindigkeiten von 160 Stundenkilometern. Am heftigsten wütete
er über dem Ärmelkanal. Viele Schiffe gerieten in Seenot, mehrere
sanken. Vor der Kanalinsel Guernsey lief ein zyprischer Frachter auf
ein Riff und brach in der kochenden See auseinander. Für die 18 Be-
satzungsmitglieder gab es keine Rettung. Im Hafen von Brest ertran-
ken vier Fischer, als ihr Boot kenterte. 16 Seeleute starben bei anderen Schiffsunglücken. Eine überhohe Welle erfaßte auf einer Mole an
der englischen Südküste einen 7jährigen Jungen und schleuderte ihn
ins Meer. Augenzeugen berichten, daß der Junge ein Stück zurück-
schwamm, dann aber plötzlich unterging und sich in der Brandung
verlor.
Im Raum München kam es zu schweren Verkehrsbehinderungen. Der
Orkan entwurzelte Bäume, die zum Teil S-Bahnlinien blockierten.
Orkanartige Böen rissen an vielen Stellen Oberleitungen herab. Bei
einigen S-Bahn-Zügen versagte die Türautomatik; die Türen verklemm-
ten sich und schlossen nicht mehr. Allein im Stadtgebiet von München fuhr die Feuerwehr 100 Sturmeinsätze. Die Feuerwehrmänner
beseitigten ungefähr 50 auf die Fahrbahnen geworfene Bäume und
bargen Dutzende von herabgestürzten Fernsehantennen. Im Flughafen München-Riem zerstörte der Orkan zwei einmotorige Maschinen
und beschädigte eine Anzahl weiterer Sportflugzeuge schwer. Die
Zahl der Todesopfer stieg inzwischen auf 45 an.
(Nach tz München, 18.1.1974)
(Zu den starken und schwachen Verben: SD 3, 422 ff.; DG, 286 ff.)

Die Form des Infinitivs (Stichwort im Wörterbuch) läßt nicht in allen Fällen
eine Entscheidung darüber zu, ob es sich um ein starkes oder schwaches Verb
handelt. Endet der Infinitiv auf *-eln, -ern, -igen, -ieren,* so ist das Verb schwach.
Alle von Adjektiven *(einheitlich : vereinheitlichen)* und Substantiven
(Auftrag : beauftragen) abgeleiteten Verben sind schwach.

Der Stammvokal des Infinitivs gibt nur selten Auskunft darüber, ob das Verb
stark oder schwach ist; es stehen sich starke und schwache Verben mit gleichem Stammvokal gegenüber:

stark	schwach
steigen	zeigen
schieben	lieben
sinken	winken
schwimmen	stimmen
sterben	gerben
erschrecken/erschrak	sich recken
geben	leben
laden	baden
blasen	rasen

Erläuterung zu der folgenden Übersicht:

1 – 3: eindeutig schwache Verben.

4 – 10: Vokale des Infinitivs, die mit unterschiedlicher Wahrscheinlichkeit auf schwache bzw. starke Verben hindeuten.

	meist stark	stark oder schwach	meist schwach	immer schwach
1) Infinitiv endet auf *-eln, -ern, -igen, -ieren*				x
2) Ableitungen von Adjektiven und Substantiven				x
3) Stammvokal im Infinitiv *eu/äu* (leugnen, läuten)				x
4) Stammvokal im Infinitiv *ä, ö, ü*[1]			x	
5) Stammvokal im Infinitiv *o, u, au*[2]			x	
6) Stammvokal im Infinitiv *e*		x		
7) Stammvokal im Infinitiv *a*		x		
8) Stammvokal im Infinitiv *ei*		x		
9) Stammvokal im Infinitiv *ie*	x			
10) Der Stamm endet auf *in* + Konsonant (find/en) *ing* (sing/en) *imm* (schwimm/en) *inn* (beginn/en)	x			

[1] Stark: gären/gor, erwägen/erwog, gebären/gebar, hängen/hing; schwören/schwor, erlöschen/erlosch; lügen/log, trügen/trog, betrügen/betrog, küren/kor.

[2] Stark: kommen/kam, stoßen/stieß; rufen/rief; hauen/hieb, laufen/lief, saufen/soff, saugen/sog, schnauben/schnob.

Bei starken Verben wechselt der Vokal im Präteritum und im Partizip II:
s*i*nken, s*a*nk, ge/s*u*nk/en; sch*i*eben, sch*o*b, ge/sch*o*b/en; g*e*ben, g*a*b, ge/g*e*b/en.
Das Partizip II der starken Verben hat die Endung *-en*, das der schwachen Verben die Endung *-t* bzw. *-et*.

15 Ü   Setze das Partizip II ein.

1. (klingeln) Ich glaube, es hat . . . . . 2. (öffnen) Wer hat denn meine Briefe . . . . ? 3. (finden) Er hat schnell wieder Arbeit . . . . .
4. (schaden, nützen) Damit hast du uns mehr . . . . als . . . . . 5. (atmen) Der Verletzte hat kaum noch . . . . . 6. (ärgern, sagen) Es hat mich sehr . . . . , daß du mir nichts davon . . . . hast. 7. (schreiben, antworten) Ich habe ihr mehrere Briefe . . . . , aber sie hat nicht
. . . . . 8. (blitzen, donnern, regnen) Plötzlich hat es fürchterlich . . . .
und . . . . , aber . . . . hat es nicht.

Alle Partizipien in 15 Ü beginnen mit der Vorsilbe *ge-*. Der folgenden Tabelle ist zu entnehmen, unter welchen Bedingungen das Partizip II ein *ge-* enthält:

Partizipien mit der Vorsilbe *ge-*	Partizipien ohne die Vorsilbe *ge-*
Verben, die auf der 1. Silbe betont sind:	Verben, die nicht auf der 1. Silbe betont sind:
kómmen − gekómmen ságen − geságt → 15 Ü	studíeren − studíert trompéten − trompétet → 17 Ü
Verben wie oben mit betontem Verbzusatz: ánkòmmen − ángekòmmen áussàgen − áusgesàgt → 16 Ü	Verben wie oben mit betontem Verbzusatz: éinstudìeren − éinstudìert áusposàunen − áusposàunt → 17 Ü
	Verben mit den unbetonten Vorsilben *be-, ge-, er-, ver-, zer-, ent-, emp-:* bekómmen − bekómmen verságen − verságt → 16 Ü Verben wie oben mit betontem Verbzusatz: ánerkènnen − ánerkànnt → 16 Ü

16 Ü   Setze das Partizip II ein.

1. (bezahlen, anschaffen) Ich habe immer alles gleich . . . . , was ich mir . . . . habe. 2. (abholen, empfangen) Er selber hat uns am Bahn-

hof . . . . ; seine Familie hat uns zu Hause aufs freundlichste . . . . .
3. (gehören, verschenken) Alles, was ihm . . . . hat, hat er an die Armen . . . . . 4. (entlassen, eintreten) Er hat alle Mitarbeiter . . . . , die nach 1970 in die Firma . . . . sind. 5. (zerstören, aufbauen) In einer Nacht hat man . . . . , was Jahrhunderte . . . . hatten. 6. (einberufen, zurückrufen) Die Bundestagspräsidentin hat den Bundestag zu einer Sondersitzung . . . . ; die Minister hat sie aus dem Urlaub . . . . .
7. (miterleben) Er hat das noch alles selbst . . . . . 8. (vorbereiten, vorsorgen) Er hatte alles gründlich . . . . ; es gab nichts, wofür er nicht . . . . hatte. 9. (ersetzen, auslegen) Wir haben ihm alles . . . . , was er für uns . . . . hatte.

17 Ü   Setze das Partizip II ein.

1. (einstudieren) Unser Musiklehrer hat mit uns einen Kanon . . . . .
2. (probieren) Woher willst du das denn wissen? Du hast es ja noch nie . . . . . 3. (ausprobieren) Hast du das neue Waschmittel schon . . . . ? 4. (prophezeien) Er hatte von Anfang an . . . . , daß das ein schlimmes Ende nehmen werde. 5. (hinausposaunen) Er konnte es nicht für sich behalten, er hat es gleich in die Welt . . . . . 6. (elektrisieren) Erst neulich habe ich mich an dem Schalter . . . . .
7. (rumoren) Gestern hatten Müllers Hausputz; da hat's den ganzen Tag über uns . . . . . 8. (herumkrakeelen) Die Betrunkenen haben auf dem Nachhauseweg auf der Straße . . . . und alle Leute geweckt.
9. (desinfizieren) Gestern war jemand vom Gesundheitsamt hier und hat alle Räume . . . . .

Durch-, über-, unter-, um-, wider-, voll- können sowohl betont als auch unbetont sein.

vóllschreiben: Er hatte das Blatt so *voll/ge/schrieben,* daß kein Platz mehr für Anmerkungen blieb.
vollénden: Er hat den Roman nicht mehr *vollendet.*

18 Ü   Setze das Partizip II ein.

1. (durchhalten) Er hat diese Strapazen nicht lange . . . . . 2. (durchqueren) Er hat als erster die Sahara . . . . . 3. (überbieten) Er hat damit alle Rekorde . . . . . 4. (übergreifen) Das Feuer hat auf die benachbarten Gebäude . . . . . 5. (unterstellen) Er hat seine Möbel bei einer Speditionsfirma . . . . . 6. (unternehmen) Wir haben im Urlaub zu viel . . . . . 7. (umarmen) Beim Abschied hat er alle Freunde . . . . .
8. (sich umdrehen) Er hat sich noch einmal . . . . und gewinkt.
9. (widerrufen) Der Angeklagte hat sein Geständnis am folgenden Tag . . . . . 10. (sich widerspiegeln) In seinen Romanen hatten sich

viele persönliche Erfahrungen . . . . . 11. (vollstrecken) Soviel ich
weiß, hat man das Urteil nie . . . . . 12. (vollstopfen) Er hat alle Regale mit alten Papieren . . . . .

Durch-, über-, unter-, um- können in Verbindung mit demselben Verb einmal
als betonter Verbzusatz, einmal als unbetonte Vorsilbe stehen und damit be-
deutungsunterscheidend sein:
Er hat die Latte in der Mitte *dúrchgebròchen.*
Das Flugzeug hat die Schallmauer *durchbróchen.*

19 Ü   Setze das Partizip II ein.

1. (durchfahren) Wir haben das Land kreuz und quer . . . . . / Der
Zug ist bis Stuttgart . . . . . 2. (durchschlagen) Ein herabstürzender
Stahlschrank hat die Decke . . . . . / Die Steuererhöhungen haben
auf die Preise . . . . . 3. (durchsetzen) Er hat sich mit seinen Ideen
leider nicht . . . . . / Das Gestein ist mit Erz . . . . . 4. (überspringen)
Ich habe das zweite und dritte Kapitel . . . . . / Der Funke der Empörung ist von der Hauptstadt auch auf einige Provinzstädte . . . . .
5. (übergehen) Man hat ihn bei der Beförderung . . . . . / Das Geschäft ist vom Vater auf den Sohn . . . . . 6. (überstehen) Der Balken
hatte etwas . . . . . / Er hat die Operation gut . . . . . 7. (umfahren)
Beim Zurückstoßen hat er ein Verkehrsschild . . . . . / Vasco da
Gama hat als erster das Kap der Guten Hoffnung . . . . . 8. (umge-
hen) Er hat alle Schwierigkeiten geschickt . . . . . / Er ist mit seinem
Vermögen immer äußerst sparsam . . . . . 9. (umreißen) Er hat die
Situation treffend . . . . . / Das Auto hat einen Fußgänger erfaßt
und . . . . . 10. (untergraben) Das Kartoffelkraut haben wir einfach
. . . . . / Diese Vorgänge haben seine Stellung . . . . . 11. (unterstellen) Als es zu regnen begann, haben wir uns . . . . . / Man hat mir sofort böse Absichten . . . . . 12. (unterhalten) Er hat die Gäste ausgezeichnet . . . . . / Er hat schnell eine Schüssel . . . . , um den aus-
laufenden Wein zu retten.

Bei Verben, die von zusammengesetzten Substantiven abgeleitet sind, bleibt
das Substantiv entweder als Einheit erhalten (Wehklage : wehklag/en − ge/
wehklag/t), oder der erste Teil des zusammengesetzten Substantivs wird wie
ein trennbarer Verbzusatz behandelt (Schutzimpfung : schutz/impf/en −
schutz/ge/impft).

20 Ü   Setze das Partizip II ein.

1. (Frühstück, frühstücken) Habt ihr schon . . . . ? 2. (Notlandung,
notlanden) Der Pilot ist auf einem Acker . . . . . 3. (Langeweile, sich
langweilen) Wir haben uns schrecklich . . . . . 4. (Handhabe, handha-

ben) Wir haben das doch immer so . . . . . 5. (Haushalt, haushalten)
Er hat mit Zeit und Geld nie . . . . . 6. (Wetteifer, wetteifern) Er hat
jahrelang mit ihm in der Erreichung dieses Ziels . . . . . 7. (Wallfahrt,
wallfahrten) Im Mittelalter sind viele deutsche Pilger über Frankreich
und die Pyrenäen nach Santiago de Compostela . . . . . 8. (Maßregel,
maßregeln) Man hat ihn wegen dieser Versäumnisse öffentlich . . . . .

Die Regeln, nach denen sich der Vokalwechsel bei den starken Verben vollzieht,
lassen sich nur im Rahmen der geschichtlichen Entwicklung des Deutschen
aufzeigen und begründen. Dennoch erscheinen die verschiedenen Arten des
Vokalwechsels keineswegs willkürlich. Die meisten der starken Verben lassen
sich sieben sehr einheitlichen Vokalreihen (den sogenannten Ablautreihen) zu-
ordnen. So kann dem Stammvokal *ei* des Infinitivs nur ein langes oder kurzes *i*
im Präteritum und Partizip II folgen. (→ I.)

I.

Infinitiv	Präteritum	Partizip II
ei	*ie*	*ie*
bleiben	blieb	geblieben
ei	*i*	*i*
pfeifen	pfiff	gepfiffen
streiten	stritt	gestritten

Vor stimmhaften Konsonanten (b, d, g, n, s) ist das *i* lang (geschrieben: *ie*), vor
stimmlosen Konsonanten (f, t, ß, ch) ist es kurz.

Unregelmäßig sind: leiden   litt   gelitten
                     schneiden schnitt   geschnitten

Das Verb *heißen, hieß, geheißen* gehört in die Verbgruppe VII.

21 Ü   Setze die passende Präteritumform ein.

1. (sich streiten) Obwohl sie gute Freunde waren, ... sie sich ständig. 2. (schweigen) Er ließ sich zu keiner Aussage bewegen und . . . .
beharrlich. 3. (übrigbleiben) Es . . . . ihm nichts anderes übrig, als
klein beizugeben. 4. (herumschleichen) Der Kerl . . . . den ganzen
Tag um unser Haus herum. 5. (schreien) Als er den Zahnarzt mit der
Zange sah, ... er wie am Spieß. 6. (reißen) Da . . . . mir die Geduld.
7. (greifen) Als Karlchen dann auch noch in den Honigtopf . . . . ,
verlor die Mutter die Nerven. 8. (sich gleichen) Die beiden Schwestern . . . . sich wie ein Ei dem anderen. 9. (treiben) Er . . . . schon
immer ein falsches Spiel.

II.

Infinitiv	Präteritum	Partizip II
ie	$\bar{o}$	$\bar{o}$
verlieren	verlor	verloren
ie	$\breve{o}$	$\breve{o}$
fließen	floß	geflossen

Vor stimmhaften Konsonanten ist das *o* lang, vor stimmlosen kurz.
Ausnahme: bieten, bot, geboten

Unregelmäßig sind:	ziehen	zog	gezogen
	sieden	sott	gesotten

22 Ü Setze die passende Präteritumform ein.

1. (weiterfliegen) Er hielt sich nur drei Stunden in Kairo auf und
. . . . dann nach Beirut weiter. 2. (gießen) Als er dort ankam, ... es
in Strömen. 3. (anbieten) Sie . . . . uns Kaffee und Kuchen an.
4. (sich wiegen) Sie achtete sehr auf ihr Gewicht und . . . . sich bei
jeder Gelegenheit. 5. (riechen) Im ganzen Haus . . . . es nach Fisch.
6. (frieren) Es war bitterkalt. Wir . . . . sogar im Bett. 7. (schließen)
Er . . . . seine Ansprache mit einem Dank an alle Mitarbeiter. 8. (sich
verkriechen) Als wir nach Hause kamen, ... sich unser Dackel unter dem Sofa. 9. (anziehen) Er . . . . seinen besten Anzug an.
10. (schießen) Müller . . . . das entscheidende Tor.

IIIa.	Infinitiv	Präteritum	Partizip II
	in + Konsonant	*a*	*u*
	binden	band	gebunden
	ing	*a*	*u*
	singen	sang	gesungen
	imm/inn	*a*	*o*
	schwimmen/rinnen	schwamm/rann	geschwommen/geronnen

23 Ü Setze das Partizip II ein.

1. (entrinnen) Er war froh, als er der Gefahr . . . . war. 2. (verschwin-
den) Er wollte auf mich warten, aber plötzlich war er . . . . . 3. (beginnen) Mit den Vorarbeiten haben wir schon 1966 . . . . . 4. (schwimmen, ertrinken) Er ist über den Rhein . . . . , ein Wagnis, bei dem
schon mancher . . . . ist. 5. (empfinden) Alle haben seine Offenheit
als wohltuend . . . . . 6. (gelingen) Es ist mir nicht mehr . . . . , eine
Karte für die heutige Abendvorstellung zu bekommen. 7. (sich besinnen) Vielleicht hat er sich inzwischen anders . . . . . 8. (sinken)
Der Kurs des Dollars im Verhältnis zur D-Mark ist in letzter Zeit erheblich . . . . . 9. (gewinnen, zerrinnen) In einem Sprichwort heißt
es: Wie . . . . , so . . . . .

III b.	Infinitiv	Präsens	Präteritum	Partizip II
	el + Konsonant *er*	*i* → 8 Ü – 13 Ü	*a*	*o*
	schelten	schilt	schalt	gescholten
	sterben	stirbt	starb	gestorben
Ausnahme:	werden	wird	wurde (gehoben: ward)	geworden

24 Ü   Setze die passende Präteritumform bzw. das Partizip II ein.

1. (helfen) Alle haben nur klug dahergeredet, ... hat mir niemand.
2. (verbergen) Er . . . . nur mit Mühe seine Enttäuschung. 3. (sich etwas erwerben) Der Prokurist hat sich große Verdienste um unsere Firma . . . . . 4. (vergelten) Er . . . . Böses mit Gutem. 5. (verderben) Dieser Vorfall hat mir die ganze Freude . . . . . 6. (vorwerfen) Er . . . . mir immer wieder vor, ihn nicht genügend unterstützt zu haben. 7. (ausschelten) Ich habe ihn deswegen gehörig . . . . . 8. (werden) Er . . . . von Tag zu Tag nervöser. 9. (sich überwerfen) Er hat sich mit allen seinen früheren Freunden . . . . .

IV.	Infinitiv	Präsens	Präteritum	Partizip II
	$\bar{e}$	$\bar{\imath} \rightarrow$ 8 Ü - 13 Ü	$\bar{a}$	$\bar{o}$
	stehlen	stiehlt	stahl	gestohlen
	$\breve{e}$	$\breve{\imath} \rightarrow$ 8 Ü - 13 Ü	$\bar{a}$	$\breve{o}$
	treffen	trifft	traf	getroffen

Das a im Präteritum ist immer lang.
Unregelmäßig sind: nehmen ni*mm*t   nahm   geno*mm*en
                              kommen kommt   kam   gekommen

V.	Infinitiv	Präsens	Präteritum	Partizip II
	$\bar{e}$	$\bar{\imath} \rightarrow$ 8 Ü - 13 Ü	$\bar{a}$	$\bar{e}$
	geschehen	geschieht	geschah	geschehen
	$\breve{e}$	$\breve{\imath} \rightarrow$ 8 Ü - 13 Ü	$\bar{a}$	$\breve{e}$
	vergessen	vergißt	vergaß	vergessen

Das a im Präteritum ist immer lang.
Eine Untergruppe bilden:
liegen lag gelegen   bitten bat gebeten   sitzen saß gesessen

25 Ü   Setze das Partizip II ein.

1. (empfehlen) Der Arzt hat mir einen Aufenthalt an der Nordsee . . . . . 2. (vergessen) Hoffentlich hat sie ihren Paß nicht . . . . . 3. (bitten) Ich habe ihn . . . . , das für mich zu erledigen. 4. (antreffen) Du bist ja schon wieder zurück. — Ich habe ihn nicht zu Hause . . . . . 5. (stechen) Du hast ja eine geschwollene Backe! — Mich hat gestern eine Biene . . . . . 6. (geschehen) Hoffentlich ist kein Unglück . . . . . 7. (liegen) Es hat bestimmt nicht in seiner Absicht . . . . , dir Schaden zuzufügen. 8. (sich davonstehlen) Er hat sich heimlich und leise . . . . . 9. (essen) Hast du schon zu Abend . . . . ?

VI.	Infinitiv	Präsens	Präteritum	Partizip II
	$\bar{a}$	$\ddot{a} \rightarrow$ 2 Ü — 6 Ü	$\bar{u}$	$\bar{a}$
	fahren	fährt	fuhr	gefahren
	$\breve{a}$	$\breve{\ddot{a}} \rightarrow$ 2 Ü — 6 Ü	$\bar{u}$	$\breve{a}$
	backen	bäckt	buk	gebacken

aber: schaffen   schafft   schuf   geschaffen

Das *u* im Präteritum ist immer lang.

VII.	Infinitiv	Präsens	Präteritum	Partizip II
		→ 2 Ü – 6 Ü		
	blasen	bläst	blies	geblasen
ebenso:	braten, raten, schlafen			
	lassen	läßt	ließ	gelassen
ebenso:	fallen, halten			
	laufen	läuft	lief	gelaufen
	stoßen	stößt	stieß	gestoßen
	heißen	heißt	hieß	geheißen
	rufen	ruft	rief	gerufen
	fangen	fängt	fing	gefangen
	hängen	hängt	hing	gehangen

26 Ü   Setze die passende Präteritumform ein.

1. (einladen) Sie . . . . uns oft zu sich ein. 2. (blasen) Er . . . . mir den Rauch seiner Zigarette ins Gesicht. 3. (anfangen) Plötzlich . . . . es an zu regnen. 4. (anlassen, losfahren) Er . . . . den Motor an und . . . . los. 5. (stoßen) Wir . . . . auf keine nennenswerten Schwierigkeiten. 6. (vergraben) Er . . . . seine Wertsachen und floh. 7. (hängen) Er . . . . schon immer an seiner Mutter. 8. (halten) Ich sah, daß direkt vor unserem Haus ein Mercedes . . . . . 9. (einschlagen) Er . . . . die falsche Richtung ein. 10. (fallen) Nach dem Tode des Monarchen . . . . der Minister in Ungnade. 11. (überlaufen) Die meuternden Truppen . . . . zum Feind über. 12. (raten) Er . . . . mir, mich von einem Facharzt untersuchen zu lassen.

27 T   Ersetze alle Präsensformen durch Präteritumformen. Ordne die Verben nach schwachen und starken Verben.

Es ist der 12. Februar 1907. Auf dem Schreibtisch des amerikanischen Präsidenten Theodore Roosevelt liegt das Kündigungsschreiben des Chefingenieurs des Panamakanals. Es ist nun schon der zweite Chefingenieur, der vor den Schwierigkeiten des Unternehmens kapituliert. Nach einigem Überlegen überträgt der amerikanische Präsident die Verantwortung für den Kanalbau der Armee, die daraufhin den 49jährigen G. W. Goethals beruft. Seine Berufung stößt bei vielen Kritikern auf Widerstand, zumal er sich vom Präsidenten unumschränkte Vollmachten ausbittet. Die Arbeiter und Ingenieure empfangen ihren neuen Chef kühl und abwartend. Der läßt sich jedoch nicht beirren; schon in aller Frühe sitzt er an seinem Schreibtisch, begutachtet Pläne oder stellt neue auf. Tag für Tag fährt er die 76 km lange Strecke des Panamakanals ab, meistens in einer großen gelben Limousine auf Rädern mit Spurkranz. Die Arbeiter geben dem merkwürdigen Vehikel den Spitznamen ,,die gelbe Gefahr''; sein Anblick stachelt sie zu fieberhafter Arbeit an. Goethals schont sich selbst nicht, aber er fordert auch nicht wenig von seinen Leuten. Wenn beispielsweise abends ein Schiff mit Zement eintrifft, laden die Arbeiter diesen oft noch in

der Nacht auf Sonderzüge um, so daß der Zement rechtzeitig an die Baustellen gelangt. Auch eine Art Wettbewerbssystem führt Goethals ein. So weist er den Heeresingenieuren das Ausbaggern der Zufahrten und den Bau der Schleusen im atlantischen Abschnitt zu, den pazifischen Abschnitt übernehmen die Zivilingenieure. Dadurch entsteht eine die Arbeit beschleunigende Rivalität. Allerdings treten wegen der Ungunst des Geländes immer neue Schwierigkeiten auf; katastrophale Erdrutsche verursachen enorme Schäden und werfen die Arbeiten oft um Wochen und Monate zurück. Aber immer wieder ermutigt Goethals seine Leute, nicht aufzugeben; nie verliert er die Geduld, und so gewinnen sie schließlich gemeinsam den Kampf gegen die Gewalten der Natur.
Über all diesen Aufgaben vergißt Goethals nie den einzelnen. Jeden Sonntagmorgen hält er Sprechstunden ab, und jeden, der vorspricht, hört er geduldig an. Allmählich wächst das Vertrauen der Arbeiter und Ingenieure zu ihrem Chef, so daß er bald allgemeines Wohlwollen genießt. Zwar dauern die Arbeiten am Kanal noch sieben Jahre, aber schließlich ist es geschafft. Am 15. August 1914 morgens 9.15 Uhr passiert das Schiff Ancon die Schleusen an der atlantischen Kanaleinfahrt und gleitet gemächlich durch den Kanal. An Bord befinden sich der panamaische Präsident, der amerikanische Botschafter in Panama und ein Heer von Honoratioren, nicht aber G. W. Goethals. Er zieht es vor, ein letztes Mal in der „gelben Gefahr" am Ufer entlangzufahren. Überall, wo das Schiff vorüberkommt, jubeln ihm Tausende zu. Und als es um 5 Uhr nachmittags auf der pazifischen Seite bei Balboa vor Anker geht, ist der 400 Jahre alte Traum, die Landenge von Panama zu überbrücken, Wirklichkeit geworden.
Das Ereignis findet allerdings kaum Beachtung; denn die Schlagzeilen der Weltpresse gelten dem Ausbruch des Ersten Weltkriegs.
(Nach Thomas Fleming, Der Kanalbau, der unmöglich schien, in: Reader's Digest 3/1973, S. 80 − 92)

Von den meisten starken Verben der Gruppe I. lassen sich Substantive mit dem Artikel *der* und der Endung *-e* im Plural ableiten:

  pfeifen / er pfiff : der Pfiff, die Pfiffe

28 Ü   Wie heißen die Substantive?

   Beispiel: Er braucht nur zu *pfeifen.* Sein Hund reagiert auf
   jeden *Pfiff.*

1. Unseren Briefträger hat ein tollwütiger Hund *gebissen.* So ein . . . . ist äußerst gefährlich. 2. Er *reitet* sehr gern; er macht oft stundenlange . . . . durch Wiesen und Wälder. 3. In Idar-Oberstein werden Edelsteine *geschliffen.* Man sagt, sie hätten einen besonders schönen . . . . 4. Man muß ihn zu jeder Arbeit *antreiben*, er tut nichts aus eigenem . . . . 5. Das Kleid ist wirklich gut *geschnitten.* Nach dem . . . . zu urteilen, muß das Kleid von Dior sein. 6. *Streichen* Sie die Wand doch mit Harzfarbe *an*! So ein . . . . hält garantiert jahrelang. 7. Der Verlag Libermann und Co. *vertreibt* Zeitungen und Bücher in vielen europäischen Ländern; er will nun auch den . . . . in überseeischen Ländern in Gang bringen. 8. Das Garde-Regiment sollte den

Feind vom Rücken her *angreifen*, aber der . . . . scheiterte. 9. An der
Tür, durch die man in die Straßenbahn *einsteigen* soll, steht . . . . ,
an der, durch die man *aussteigen* soll, ... 10. Karlchen hat sich
ein Loch in die Hose *gerissen*. Über dem . . . . werde ich einen großen Flicken aufnähen; dann kann er die Hose zum Spielen noch anziehen.

Von den meisten starken Verben der Gruppe II. lassen sich Substantive mit
dem Artikel *der* und der Endung *-e* im Plural ableiten. Der Stammvokal dieser
Substantive ist *u*, im Plural *ü*:

> gießen / es goß : der Regeng*u*ß, die Regeng*ü*sse

29 Ü   Wie heißen die Substantive?

> Beispiel: Plötzlich *goß* es in Strömen. Mit solchen Regen*güssen*
> muß man in dieser Jahreszeit rechnen.

1. Fahren oder fliegen Sie nach Paris? — Ich *fliege*, ich habe den . . . .
schon gebucht. 2. Die Bankräuber *schossen* auf ihre Verfolger. Zeugen zufolge sollen sie mindestens 10 . . . . abgegeben haben. 3. Eine
elektrische Lokomotive kann leicht einen *Zug* von 60 voll beladenen
Güterwagen *ziehen*. 4. Schon von weitem *roch* es nach gebrannten
Mandeln; dieser *Duft* erinnerte mich an die Jahrmärkte, auf denen
meine Eltern gebrannte Mandeln verkauften. 5. Die *Schublade* ist ver-
klemmt; sie läßt sich weder ziehen noch *schieben*. 6. Wir müssen jetzt
leider *schließen*, meine Dame; sonst kommen wir in Konflikt mit
dem Laden . . . . gesetz. 7. Er *genießt* sein Gläschen Wein; das ist der
einzige . . . . , den er sich noch leisten kann. 8. Zur Feier des Tages
zog er seinen besten . . . . an. 9. Nördlich von Köln *fließt* der Rhein
gemächlich durch eine Tiefebene. Von hier an ist er ein typischer
Tiefland . . . . . 10. Er sieht wieder aus, als hätte er irgendeinen
. . . . gehabt; ihn *verdrießt* aber auch jede Kleinigkeit.

Verben mit „gemischten" Formen: Die drei unten genannten Verben haben
schwache Formen, nur das Partizip II wird nach dem Muster der starken Verben gebildet (Endung: *-en*). Meistens haben diese Partizipien die Funktion von
Adjektiven *(gespaltene Haarspitzen)*.

| mahlen | mahlte | gemahl*en* | salzen | salzte | gesalz*en* |
| spalten | spaltete | gespalt*en* | | | |

(SD 3, 424; DG, 288) → 2 Ü — 6 Ü, 26 Ü

30 Ü   Setze die passenden Formen ein.

1. (mahlen) Hast du den Kaffee schon . . . . ? — Nicht nötig; in letzter
Zeit kaufe ich nur noch . . . . Kaffee. — Um so besser; du . . . . ihn mir
sowieso nie fein genug. 2. (malen/mahlen) Habt ihr im Kindergarten
wieder was . . . . ? / Wer zuerst kommt, ... zuerst. 3. (ausmahlen/
sich etwas ausmalen) Im Krieg bekamen wir immer bräunliches Mehl;

das lag daran, daß man das Getreide zu stark . . . . hat. / Schade! Und
ich hatte mir das alles schon so schön . . . . . 4. (versalzen, salzen) Du
hast ja die Suppe schon wieder . . . . . Warum . . . . du auch immer
so stark? Du weißt doch, daß ich keine stark . . . . Speisen vertrage.
5. (spalten) Wenn man . . . . Haarspitzen hat, sollte man das Haar etwas kürzen lassen. / Die sozialistische Partei hat sich in einen linken
und einen rechten Flügel . . . . .

Unregelmäßige schwache Verben:
vier schwache Verben mit Vokalwechsel

| brennen | brannte | gebrannt | nennen | nannte | genannt |
| kennen | kannte | gekannt | rennen | rannte | gerannt |

zwei schwache Verben mit Vokalwechsel und Änderung des Stammauslauts

| bringen | brachte | gebracht | denken | dachte | gedacht |

(SD 3, 426/427)

31 Ü Setze Präteritumformen bzw. das Partizip II ein.

1. (brennen) Die Feldscheune . . . . lichterloh. In seinem Arbeitszimmer hat die ganze Nacht Licht . . . . . 2. (kennen) Ich . . . . ihn nur
vom Hörensagen. Es ist anzunehmen, daß er den wahren Grund
nicht . . . . hat. 3. (anerkennen) Die Versicherung . . . . die von ihm
erhobenen Schadensersatzansprüche nicht in voller Höhe an. Die
meisten Länder haben diesen Staat nie diplomatisch . . . . .
4. (nennen) Sie . . . . ihn Karl — nach seinem Großvater. Der Teppich-
händler hat uns für das Liebhaberstück keinen festen Preis . . . . .
5. (ernennen) Der Bundespräsident . . . . den früheren Abgeordneten
zum politischen Staatssekretär. Vor kurzem hat man ihn zum Beam-
ten auf Lebenszeit . . . . . 6. (rennen) Die Kinder klingelten bei der
alten Dame und . . . . dann auf und davon. Er hat sich ein Loch in
den Kopf . . . . . 7. (bringen, vorbringen) Er hat es nie zu etwas . . . . .
Er . . . . gegen den Plan immer neue Einwände vor. 8. (zurückdenken,
denken) Er . . . . mit Wehmut an diese Zeit zurück. Er hat immer nur
an seinen eigenen Vorteil . . . . . 9. (nachdenken) So angestrengt er
auch . . . . , es fiel ihm nichts Vernünftiges ein. Über diese Frage habe ich immer wieder . . . . .

Die schwachen Verben *senden* und *wenden* haben neben regelmäßigen Prä-
teritum- und Partizip II-Formen Formen mit Vokalwechsel:
(SD 3, 425; DT 14, 57 ff.)

| senden | sendete gesendet | sandte gesandt |
| wenden | wendete gewendet | wandte gewandt |

Entsprechend der Bedeutung von *senden / wenden* und ihrer Zusammensetzungen verteilen sich diese Formen wie folgt:

	Vokal im Präteritum und Partizip II -e	Vokal im Präteritum und Partizip II -a oder -e	Vokal in Adjektiven und Substantiven -a
senden	Rundfunk- und Fernsehübertragungen	*senden* im Sinne von „schicken"	eingesandte Beiträge/Briefe (an Zeitungen/Zeitschriften) ein Gesandter
wenden	etwas wenden = umwenden, hin- und herwenden sich wenden = die Richtung ändern (Wind) etwas entwenden = stehlen	bei allen übrigen Verwendungsweisen von *wenden* und *sich wenden*	ein gewandter Unterhändler angewandte Wissenschaften verwandte Erscheinungen ein Verwandter

Ob bei den *a/e*-Formen der *a*- oder der *e*-Variante der Vorzug gegeben wird, hängt weitgehend von der Stilebene ab; dabei scheinen die *a*-Formen im allgemeinen einer höheren Stilebene anzugehören.

Außerdem lassen sich bei einigen Verben ganz generell unterschiedliche Gebrauchshäufigkeiten dieser beiden Formvarianten feststellen:

häufiger *e*-Formen	häufiger *a*-Formen
etwas *verwenden* (= gebrauchen, benutzen) Er hat den Ausdruck in seinem Aufsatz nicht weniger als 50mal *verwendet.* Er hat das Geld nutzbringend *verwendet.* eine Gefahr *abwenden* Er hat die Gefahr im letzten Augenblick von uns *abgewendet.*	jn./et. *senden* Cäsar *sandte* Boten zu den Helvetiern in die heutige Schweiz (ebenso: *entsenden, aussenden*) Er *sandte* ihm eine offizielle Einladung. Der US-Präsident *sandte* eine Botschaft an den ägyptischen Staatspräsidenten. Gegenüber: Karl hat mir eine Postkarte aus Italien *geschickt.* Zusammensetzungen von *senden* (= schicken): *absenden, einsenden, nachsenden, übersenden, versenden, zurücksenden, zusenden* Sie bekommen die Unterlagen per Einschreiben *zugesandt.*

32 Ü   Setze die passende Form von *senden* ein.

1. Der Bayerische Rundfunk hat schon in früheren Jahren viele Volksstücke . . . . . 2. Er . . . . uns ein Glückwunschtelegramm. 3. Heute

vormittag wurden Ausschnitte aus der Bundestagsdebatte . *gesendet*
4. Die afrikanischen Staaten *sand*. Beobachter zur Konferenz der erd-
ölexportierenden Länder. 5. Gestern hat das Fernsehen eine Aufnah-
me von den Salzburger Festspielen *gesandt*. 6. In der Sendung für Urlauber werden den ganzen Sommer über Reiserufe *gesendet*. 7. Du
kommst wie gerufen; dich hat der Himmel *gesandt*. 8. Werden um
9 Uhr oder um 10 Uhr Nachrichten *gesendet*? 9. Die Organisation der
politischen Emigranten *sandte* eine offizielle Beschwerde an die Men-
schenrechtskommission der Vereinten Nationen.

33 Ü Zusammensetzungen von *senden*. Bilde von den folgenden Wortketten je einen Satz im Präteritum und im Perfekt.
Beispiel: (Die Feinde) ‖ Späher aussenden

Die Feinde *sandten* Späher *aus*.
Die Feinde *haben* Späher *ausgesandt*.

1. (Die britische Botschaft) ‖ die Unterlagen noch am selben Tag mit
Kurierpost absenden. 2. (Die Firma Meier) ‖ uns regelmäßig Preislisten zusenden. 3. (Man) ‖ ihm alle wichtigen Briefe an seine Urlaubsadresse nachsenden. 4. (Er) ‖ das Protestschreiben ohne Kommentar
an den Absender zurücksenden. 5. (Der Vorstand der Gewerkschaft)
‖ ein Eil-Rundschreiben an alle Mitglieder versenden. 6. (Irische und
schottische Klöster) ‖ christliche Missionare zu den Heiden aussenden. 7. (Die Sowjetunion) ‖ Militärberater nach Ägypten entsenden.
8. (Wir) ‖ die angeforderten Unterlagen termingerecht einsenden.
9. (Das Amtsgericht) ‖ mir eine Kopie des Testaments zusenden.
10. (Er) ‖ mir Grüße von Ihrem Herrn Vater übersenden.

34 Ü Setze die passende Präteritumform bzw. das Partizip II von *wenden*
ein.

1. Der Kleine *wandte* kein Auge von der Torte. 2. Der Braten muß alle
paar Minuten *gewendet* werden. 3. Vor dem Braten *wende* sie das Schnitzel
in Paniermehl. 4. Mit diesem Artikel *wandte* er sich ausschließlich an
Fachleute. 5. Plötzlich *wendete* er den Wagen und fuhr zurück. 6. Es
sieht ganz so aus, als hätte sich das Blatt inzwischen *gewendet*. 7. Er *gewendet*
wandte sich energisch gegen diese Unterstellung. 8. Ich habe den Rock
. . . . ; da kann ich ihn noch eine Zeitlang tragen. 9. Er hat sich an
die nächsthöhere Instanz *gewandt*. 10. Der Wind hat sich *gewendet*; wir bekommen Regen.

35 Ü Zusammensetzungen von *wenden*. Bilde von den folgenden Wortketten je einen Satz im Präteritum und im Perfekt.

Beispiel: (Unbekannte Täter) ‖ aus der Stadt-Apotheke Opiate
entwenden.
Unbekannte Täter *entwendeten* aus der Stadt-Apotheke
Opiate.
Unbekannte Täter *haben* aus der Stadt-Apotheke Opiate
entwendet.

1. (Er) ‖ durch sein Verhandlungsgeschick das Scheitern der Konferenz abwenden. 2. (Er) ‖ sich entsetzt abwenden und aus dem Zimmer rennen. 3. (Der Politiker) ‖ die Theorie konsequent auf seine politischen Entscheidungen anwenden. 4. (Die Polizei) ‖ Gewalt anwenden, um die Demonstranten am Eindringen in das Gebäude zu hindern. 5. (Er) ‖ das Mittel äußerlich anwenden; er hätte es aber auch einnehmen können. 6. (Sie) ‖ viel Zeit und Mühe aufwenden, um ihr Ziel zu erreichen. 7. (Der Geschäftsführer) ‖ dagegen einwenden, daß das Unternehmen zu kostspielig sei. 8. (Sie) ‖ ihm die Notenblätter umwenden. 9. (Sie) ‖ erhobenen Hauptes von dannen schreiten und sich kein einziges Mal umwenden. 10. (Nur drei Lehrer) ‖ das neue Lehrbuch im Unterricht verwenden. 11. (Der Gastgeber) ‖ sich seiner Tischnachbarin zuwenden und ein Gespräch mit ihr beginnen. 12. (Er) ‖ sich danach neuen Aufgaben zuwenden.

Verben, die je nach Bedeutung starke bzw. schwache Formen haben:
(SD 3, 425)

stark	schwach
jn. (zu et.) bewegen (= jn. zu et. veranlassen): bewegen, bewog, bewogen	*sich/et. bewegen* *jn. bewegen* (= jn. rühren, innerlich beschäftigen)
et. schaffen (= et. erschaffen, hervorbringen): (er)schaffen, (er)schuf, (er)- schaffen *et. schaffen* (= Bedingungen, Voraussetzungen schaffen)	*et. schaffen* (= et. erreichen, zu Ende bringen, bewältigen) *et. irgendwohin schaffen* *schaffen* (süddt. = arbeiten) Die zusammengesetzten Verben: *et.* *abschaffen, et. anschaffen, (sich) et.* *beschaffen, sich/jm. et. verschaffen,* *et. beiseite schaffen*
et. schleifen (= et. schärfen, glätten): schleifen, schliff, geschliffen Dazu die zusammengesetzten Verben: *et. abschleifen,* *et. wegschleifen* *jn. schleifen* (= militärisch drillen)	*et. schleifen* (= et. über den Boden ziehen) *et. wegschleifen* (= fortbringen) *jn. irgendwohin schleifen* (= irgendwohin mitnehmen) *jn. mitschleifen* (= jn. zum Mitgehen veranlassen) *schleifen* (= den Boden schleifend berühren)

36 Ü Setze die passende Präteritumform bzw. das Partizip II von *bewegen* ein.

1. Beim Bau des Staudamms wurden mit Spezialbaggern gewaltige Erdmassen *bewegt*. 2. Die Zuhörer wurden von seinen Worten tief *bewegt*. 3. Die schlechten Verdienstmöglichkeiten auf dem Land *bewogen* ihn dazu, in die Stadt zu ziehen. 4. Ein leichter Wind *bewegte die* die Fahnen am Mast. 5. Reitpferde sollten täglich *bewegt* werden. 6. Die Frage, ob die Katastrophe nicht hätte vermieden werden können, *bewegte* mich lange Zeit. 7. Die Preise für Gebrauchtwagen *bewegten sich* damals zwischen 500 und 2 000 Mark. 8. Was mag ihn zu seiner plötzlichen Abreise *bewogen* haben?

37 Ü Setze die passende Präteritumform bzw. das Partizip II von *schaffen* ein.

1. Damit sind nun alle Voraussetzungen für das Gelingen der Arbeit *geschaffen*. 2. Am Anfang *schuf* Gott Himmel und Erde. 3. Er hat die schweren Kisten ganz allein in den Keller *geschafft*. 4. Die Stadtverwaltung von München hat in den letzten Jahren viele neue Kinderspielplätze *geschaffen*. 5. Die Sekretärin hat die Arbeit nicht mehr allein *geschafft*; es mußte eine Aushilfskraft eingestellt werden. 6. In den letzten zehn Jahren wurden in Bayern 28 000 neue Plätze in Altenheimen *geschaffen*. 7. Für heute habe ich's *geschafft*. 8. Durch seine Forschungen wurden die Grundlagen für die weitere Entwicklung dieses Wissenschaftszweiges *geschaffen*. 9. Picasso hat eine nahezu unübersehbare Zahl von Kunstwerken *geschaffen*. 10. Wir haben es nicht *geschafft*, ihn von diesem verrückten Plan abzubringen. 11. Viel hat er nicht gehabt vom Leben; er hat immer nur *geschafft*.

38 Ü Zusammensetzungen von *schaffen*. Bilde von den folgenden Wortketten je einen Satz im Präteritum und im Perfekt.

1. (Er) ‖ sich auf noch nicht geklärte Weise Zutritt zu den Büroräumen verschaffen. 2. (Man) ‖ in vielen Schulen den Lateinunterricht abschaffen. 3. (Er) ‖ sich gefälschte Papiere und eine Aufenthaltsgenehmigung beschaffen. 4. (Er) ‖ alle belastenden Briefe beiseite schaffen. 5. (Die beiden) ‖ sich zunächst das Nötigste für den Haushalt anschaffen.

39 Ü Setze die passende Präteritumform bzw. das Partizip II von *schleifen* ein.

1. Sei vorsichtig! Das Messer ist frisch *geschliffen* . 2. In napoleonischer Zeit wurden viele Festungen im Rheingebiet . . . . . . 3. Dieser Edel-

stein kostet schon jetzt ein Vermögen, obwohl er noch nicht . . . .
ist. 4. Das abgerissene Bremskabel . . . . am Boden. 5. Unser Unter-
offizier hat uns . . . . , daß uns Hören und Sehen vergangen ist.
6. Die Lokomotive erfaßte den Personenwagen und . . . . ihn fast
200 m mit. 7. Sie wollten mir das Münchner Nachtleben zeigen
und . . . . mich von Lokal zu Lokal.

Verben, die stark oder schwach sind, je nachdem, ob sie transitiv oder in-
transitiv gebraucht werden:
(SD 3, 425)

intransitive Verben	transitive Verben
erschrecken, erschrak, er- schrocken	*jn. (er)schrecken* jn. verschrecken jn. abschrecken
aufschrecken, er schrak/schreckte auf	jn. aufschrecken Eier abschrecken

hängen, hing, gehangen
aushängen (Aushang)
durchhängen (Balken)
überhängen (Felsen)
von et. abhängen
mit et. zusammenhängen
einer Idee anhängen
Das hängt ihm noch heute an.
seinen Gedanken nachhängen
	et. irgendwohin hängen
	et. abhängen, anhängen, aufhängen,
	    aushängen, einhängen, umhängen
	    (= an eine andere Stelle hängen),
	    weghängen
	et. mit et. behängen, et. verhängen,
	et. zuhängen
	(sich) et. umhängen
	sich aufhängen, sich erhängen
	sich bei jm. einhängen
	jm. et. aufhängen (= aufdrehen)
	eine Strafe verhängen

40 Ü   Setze die passende Präsens-/Präteritumform bzw. das Partizip II
von *erschrecken* ein.

1. Hast du mich . . . . ! 2. Ich bin zu Tode . . . . , als ich die Rechnung
sah. 3. Über diese Nachricht . . . . er zutiefst. 4. Er . . . . jedesmal,
wenn das Telefon läutet. 5. Allein schon der Gedanke . . . . mich.
6. Er . . . . ahnungslose Passanten, indem er ihnen Knallfrösche vor
die Füße warf. 7. Er hatte ein so schlechtes Gewissen, daß er vor jedem Polizisten . . . . , den er sah.

41 Ü   Setze die passenden Formen ein.

1. (schrecken) Arbeit hat mich noch nie . . . . . Er mochte drohen,
soviel er wollte, das . . . . niemanden mehr. Langanhaltendes Klingeln
. . . . mich aus dem ersten Schlaf. 2. (abschrecken) Sind die Eier
schon . . . . ? Der Verfall des Dollarkurses hat in diesem Jahr viele

Amerikaner davon . . . . , eine Europareise zu machen. Seine rauhe
Art . . . . mich zunächst auch ab; aber er ist sehr zuverlässig und ehr-
lich. Wir haben noch immer niemanden für die freie Stelle gefunden;
die unregelmäßige Arbeitszeit hat bis jetzt noch jeden . . . . . 3. (auf-
schrecken) Kläffend fuhr der Hund unter die Hühner, die . . . . davon-
rannten. Er . . . . aus dem Halbschlaf auf, als es an der Wohnungstür
Sturm läutete. 4. (verschrecken) Das ständige Absinken der Aktienkurse hat viele Kapitalanleger so . . . . , daß sie auf Sachwerte ausgewichen sind. Durch die harte Kritik . . . . , zog er sich verbittert zurück.

42 Ü   Setze die passende Präteritumform bzw. das Partizip II von *hängen*
ein.

1. Das lila Kleid hat jahrelang unbeachtet im Schrank . . . . ; jetzt ist
diese Art Kleider wieder ganz modern. Im Frühjahr werden bei uns
die Wintersachen immer in einen Schrank auf dem Speicher . . . . .
2. Hast du die Wäsche auf den Speicher oder in den Garten . . . . ?
Die Wäsche hat zum Trocknen im Garten . . . . . 3. Sie hat das Bild
von ihrem Verlobten über ihren Schreibtisch . . . . . Das Photo hat
jahrelang über ihrem Schreibtisch . . . . . 4. Man hat ihm den Brot-
korb höher . . . . . Die Haare . . . . ihm immer in die Stirn. 5. Alle
. . . . rote Fahnen aus den Fenstern. Überall . . . . rote Fahnen aus
den Fenstern. 6. Er hat immer sehr an seinem Beruf . . . . . Er hat
seinen Beruf nun endgültig an den Nagel . . . . .

43 Ü   Zusammensetzungen von *hängen*. Setze die passende Präteritumform bzw. das Partizip II ein.

1. (abhängen) Die beiden letzten Wagen werden in Stuttgart . . . . .
Sie war der Star des Abends; alle anderen waren völlig . . . . . Von der
Abiturnote . . . . es ab, ob er Medizin studieren konnte oder nicht.
2. (anhängen) In Ulm wird ein Speisewagen . . . . . Seine kleinbürger-
liche Herkunft . . . . ihm noch an, als er schon längst arriviert war.
Teile der pfälzischen Bevölkerung . . . . der calvinistischen Lehre an.
3. (aufhängen) Heute habe ich die frisch gewaschenen Vorhänge . . . . .
Da haben sie dir aber einen Ladenhüter . . . . . Er hat sich an einem
Heizungsrohr . . . . . 4. (aushängen) Bei uns sind alle Fensterläden
. . . . ; sie sind zur Reparatur beim Schreiner. Die Kandidatenliste für
die Gemeinderatswahl hat im Rathaus . . . . . Es ist doch ausgeschlossen, daß sein Apparat dauernd besetzt ist; er hat wahrscheinlich den Hörer . . . . . 5. (behängen) Sie hat den Weihnachtsbaum
über und über mit Lametta . . . . . 6. (durchhängen) In dem alten

Haus . . . . alle Zimmerdecken durch. 7. (einhängen) Kein Wunder,
daß die Tür nicht schließt; die ist nicht richtig . . . . . Auf dem
Nachhauseweg hat sie sich bei mir . . . . . 8. (sich erhängen) Er hat
sich auf dem Speicher . . . . . 9. (nachhängen) Manchmal zog er sich
völlig aus der Gegenwart zurück und . . . . seinen Erinnerungen nach.
10. (überhängen) Die Felsnase . . . . gut zwei Meter über. 11. (um-
hängen) Ihr habt ja eure Bilder schon wieder . . . . ! Sie . . . . ihre
Tasche um und ging. 12. (verhängen) Sie . . . . alle Fenster, damit
niemand sie beobachten konnte. Die Militärgerichte . . . . drakoni-
sche Strafen gegen die Aufständischen. 13. (weghängen) Hast du die
Wintersachen schon . . . . ? 14. (zuhängen) Die Möbel sind noch
nicht . . . . , und um 8 Uhr sollen die Maler kommen! 15. (zusammenhängen) Wahrscheinlich . . . . seine rheumatischen Beschwerden
mit seinen vereiterten Mandeln zusammen.

44 T   Unterstreiche in dem folgenden Text alle Perfekt-/Plusquamperfekt-
formen: Hilfsverben *haben/sein* + Partizip II.

Rechtsanwalt Mandel ist gerade von einer Gerichtsverhandlung zurückgekommen, die den ganzen Vormittag gedauert hat. Die Sekretärin hatte ihn schon ungeduldig erwartet und sagt gleich bei seinem
Eintreten:

	Sie sind aber lange weggeblieben, viel länger, als Sie
	beabsichtigt hatten.
Anwalt:	Ja, es ist ziemlich spät geworden, dabei habe ich mich
	so beeilt. Ich habe aber einen guten Tag gehabt. Im
	Fall Krause gegen Schmidt bin ich durchgekommen.
	Die Sache ist prima gelaufen. Ich bin froh, daß mir
	das so gut gelungen ist. Im Vergleichsverfahren Müller
	gegen Meier bin ich allerdings gescheitert. — Und hier,
	hat hier alles geklappt, hat's was Besonderes gegeben?
Sekretärin:	Ja, Herr Bertold ist dagewesen. Seine Großtante ist
	gestorben, und nun ist er sich mit seinem Bruder we-
	gen der Erbschaft in die Haare geraten.
Anwalt:	Ein wichtiger Mann für uns. Hat immer pünktlich ge-
	zahlt. Hoffentlich sind Sie freundlich zu ihm gewesen.
Sekretärin:	Ich hab' mir Mühe gegeben. Er hat sich allerdings
	fürchterlich aufgeregt, weil er Sie nicht angetroffen
	hat. „Ich muß sofort den Anwalt sprechen, unbe-
	dingt", hat er immer wieder gesagt, „es ist dringend."
Anwalt:	Und warum hat er dann nicht gewartet?

Sekretärin:	Er ist vielleicht 10 Minuten hiergeblieben. Plötzlich hat er sich's anders überlegt und ist gegangen.
Anwalt:	Er wird sich schon wieder melden. — Haben Sie schon zu Mittag gegessen?
Sekretärin:	Hab' ich doch nicht gekonnt. Ich habe doch auf Sie warten müssen.
Anwalt:	Dann gehen Sie jetzt schleunigst zum Essen!
Sekretärin:	Es hat geläutet.
Anwalt:	Danke, ich gehe schon selbst an den Apparat. Sicher Herr Bertold.

Übersicht über den Gebrauch der Hilfsverben *haben* und *sein* im Perfekt/Plusquamperfekt:

Hilfsverb *haben*	Hilfsverb *sein*	Hilfsverb *haben*
1. *haben*, Modalverben und deren Zusammensetzungen	2. *sein, bleiben* und deren Zusammensetzungen	3. Verben, die ein Akkusativobjekt bei sich haben[1] oder haben können: (den Wagen) *parken* (den Fußboden) *putzen*

Hilfsverb *haben*	Hilfsverb *sein*	Hilfsverb *sein*
4. Verben, mit denen weder der Beginn noch der Abschluß eines Vorgangs bezeichnet wird: *blühen* ← *brennen* → *leben* →	5. Verben, die eine Veränderung oder einen Umschwung angeben: (krank) *werden* *aufblühen* *verbrennen* *sterben* *scheitern*	6. Verben, die eine Ortsveränderung *von* einem Punkt *zu* einem Punkt bezeichnen und die kein Akkussativobjekt bei sich haben: *kommen, fahren*

[1] Ausnahmen:

loswerden	Wir *sind ihn* einfach nicht mehr losgeworden.	
angehen	Wenn *mich* das etwas angegangen *wäre*, hätte ich schon etwas dazu gesagt.	
eingehen	Trotz aller Warnungen *ist* er *weitere Verpflichtungen* eingegangen.	
durchgehen	Gestern abend *bin* ich mit ihm *alle Rechnungen* durchgegangen. seltener: Der Lehrer *hat die Arbeiten* mit den Schülern durchgegangen.	

2*

Hilfsverb *haben*	Hilfsverb *haben*	Hilfsverb *sein*
7. Reflexive Verben: *sich beeilen* Verben wie unter 3., die reflexiv gebraucht werden können: *jn. rasieren* *sich rasieren*	8. Unpersönliche Verben (Witterung, Geräusch, Geruch): *es blitzt* *es klingelt* *es stinkt*	9. Einige Verben, die nur in der dritten Person Singular/Plural gebraucht werden: *geschehen* *gelingen* aber: *Alles hat geklappt.*

(SD 3, 442; DG, 178 f. und 290; DT 14, 74 ff.)

Übungen zu den Punkten 1. bis 9. der obigen Tabelle:

45 Ü (zu 1.)

Beispiel: Ich *kann* wirklich nichts dazu.
Ich *habe* wirklich nichts dazu *gekonnt*[1].

1. Er will dein Bestes. 2. Wir mögen ihn alle nicht. 3. Er kann nichts dafür. 4. Das will er ganz bestimmt nicht. 5. Er hat nie Zeit für uns. 6. Hat er nicht ein Landhaus am Starnberger See? 7. Der Zug hat in Würzburg nur zwei Minuten Aufenthalt. 8. Was hat sie denn heute an? 9. Ich habe viel zuviel Sachen mit.

46 Ü (zu 2.)

Beispiel: Die Uhr *blieb* ganz plötzlich *stehen.*
Die Uhr *ist* ganz plötzlich *stehengeblieben.*

1. Das war schon immer so. 2. Wo warst du denn so lange? 3. Er war von Anfang an dagegen. 4. War er nicht zunächst Englischlehrer? 5. Er blieb nur drei Tage bei uns. 6. Meine Familie blieb diesmal von der Grippe verschont. 7. Er blieb auch weiterhin Vorsitzender des Vereins. 8. Sie blieb seelenruhig sitzen. 9. Die Antwort blieb er uns schuldig. 10. Wir blieben bis Mitternacht auf. 11. Er blieb mit seinem Wagen in einer Schneewehe stecken. 12. Die ganze Arbeit blieb an mir hängen.

47 Ü (zu 3.)

Beispiel: Du *parkst* (den Wagen) schon wieder falsch.
Du *hast* (den Wagen) schon wieder falsch *geparkt.*

1. Er sieht das nicht ein. 2. Er stellt zu hohe Anforderungen an seine Leute. 3. Ich schiebe für Großmutter einen Sessel ans Fenster. 4. Du überholst ja schon wieder falsch. 5. Er bedient mich immer gut.

---

[1] Zum Perfekt der Modalverben + Infinitiv → 175 Ü − 176 Ü

6. Das erwarte ich auch gar nicht. 7. Er fragt schon lange nicht mehr nach dir. 8. Sie schlägt mir nie eine Bitte ab. 9. Er holt sie jeden Abend vom Büro ab. 10. Plötzlich überquert ein alter Mann die Straße.

48 Ü   (zu 4.)
> Beispiel: Das *dauert* mir zu lange.
> Das *hat* mir zu lange *gedauert.*

1. Die Sonne schien gestern den ganzen Tag. 2. Die Obstbäume blühten dieses Jahr schon Anfang April. 3. In seinem Arbeitszimmer brannte die ganze Nacht das Licht. 4. Er lebte äußerst bescheiden und zurückgezogen. 5. Er wachte die ganze Nacht an ihrem Bett. 6. Lag ein begründeter Verdacht gegen ihn vor? 7. Bestand diese Möglichkeit wirklich? 8. Ich wartete jahrelang vergeblich. 9. In den letzten Monaten kränkelte er wieder. 10. Er schlief immer bei offenem Fenster.

Veränderung (Beginn)	Dauer zwischen Beginn und Abschluß	Veränderung (Abschluß)
o	├──────────────┤	o
Das Flugzeug *ist* in Flammen aufgegangen.	Es *hat* lichterloh gebrannt.	Es *ist* völlig ausgebrannt.
Er *ist* in Sachsen geboren.	Er *hat* immer in gesicherten Verhältnissen gelebt.	Er *ist* nach langer schwerer Krankheit gestorben.
Es *ist* über Nacht kalt geworden.	Die Kälte *hat* mehrere Wochen angehalten.	Jetzt *ist* es wieder wärmer geworden.

49 Ü   (zu 5.)
> Schreibe Sätze nach dem folgenden Muster:
> Die Soße *brennt* mir sonst nie *an.*
> Aber heute *ist* sie mir *angebrannt.*

1. Ich schlafe sonst nie beim Fernsehen ein. 2. Ich wache sonst immer rechtzeitig auf. 3. Die Winteräpfel verfaulen sonst nie. 4. Die letzten Tomaten reifen sonst nie erst Ende September. 5. Die Dahlien verblühen doch sonst immer erst im November. 6. Der See friert sonst nie zu. 7. Die Wasserleitung friert doch sonst nie ein. 8. Der Bach trocknet sonst nie aus. 9. Ein Anstrich mit Harzfarbe blättert sonst nie ab. 10. Seine Unternehmungen scheitern sonst nie.

50 Ü   (zu 5.)
> Beispiel: Es *wurde* plötzlich kalt.
> Es *ist* plötzlich kalt *geworden.*

1. Er wurde ein guter Arzt. 2. Es wurde auffallend still um den Schlagersänger. 3. Er wurde gestern 60 Jahre alt. 4. Es wurde Mitternacht, bis sie zu einem Entschluß kamen. 5. Das wurde bei ihr zur fixen Idee. 6. Schließlich wurde er schwermütig. 7. Was wurde denn aus der Sache?

Verben, die eine Ortsveränderung *von* einem Punkt *zu* einem Punkt bezeichnen:

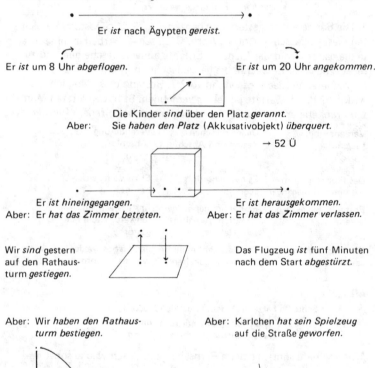

Er *ist* nach Ägypten *gereist*.

Er *ist* um 8 Uhr *abgeflogen*.   Er *ist* um 20 Uhr *angekommen*.

Die Kinder *sind* über den Platz *gerannt*.
Aber: Sie *haben den Platz* (Akkusativobjekt) *überquert*.

→ 52 Ü

Er *ist* hineingegangen.   Er *ist* herausgekommen.
Aber: Er *hat das Zimmer betreten*.   Aber: Er *hat das Zimmer verlassen*.

Wir *sind* gestern   Das Flugzeug *ist* fünf Minuten
auf den Rathaus-   nach dem Start *abgestürzt*.
turm *gestiegen*.

Aber: Wir *haben den Rathaus-*   Aber: Karlchen *hat sein Spielzeug*
turm bestiegen.   auf die Straße *geworfen*.

Die Stehlampe *ist umgefallen*.   Er *ist ausgeglitten*.

51 Ü   (zu 6.)
Beispiel: Er *fuhr* gestern nach Hamburg.
           Er *ist* gestern nach Hamburg *gefahren*.

1. Der Ball rollte ins Tor. 2. Er stolperte über eine Baumwurzel und fiel hin. 3. Der Botschafter flog noch gestern abend nach Rom zu-

rück. 4. Obwohl die Maschine in München pünktlich startete, traf sie
mit erheblicher Verspätung in Rom ein. 5. Er kam bei strömendem
Regen in Rom an. 6. In einem unbewachten Augenblick kletterten
die Kinder auf den Kirschbaum. 7. Das Taxi raste bei Rot über die
Kreuzung. 8. Wir stiegen versehentlich in ein Abteil der 1. Klasse.
9. Sie zogen in einen Neubau um. 10. Er rutschte auf dem frisch gewachsten Parkett aus.

52 Ü   (zu 3. und 6.)
Unterscheide: Er stürzte hin. Er *ist hingestürzt.*

> Man stürzte den Diktator. Man *hat den Diktator
> gestürzt.*

1. Er trat ein, ohne anzuklopfen. / In dem Moment betrat ein Clown
die Arena. 2. Sie gingen Arm in Arm über den Marktplatz. / Sie über-
querten die Straße an der falschen Stelle. 3. Das Taxi überholte uns
rechts. / Er wich dem Lastwagen im letzten Moment aus. 4. Er zog in
eine Wohnung im Stadtzentrum um. / Später bezogen sie eine Neubauwohnung. 5. Das Schiff lief gestern mit Kurs auf Marseille aus. /
Der Frachter lief den Hafen von Rotterdam an. 6. Ein halbes Jahr
später zogen sie wieder aus. / Die Herren zogen ihre Jacken aus.
7. Sie rissen vor uns aus. / Er riß das Steuer herum und bog in einen
Feldweg ein.

Die meisten Verben der Ortsveränderung können in übertragenem Sinne
gebraucht werden.
konkret: Er *ist* vom Stuhl *gefallen.*
übertragen: Die Aktienkurse *sind gefallen.*

Darüber hinaus werden von vielen dieser Verben zusammengesetzte Verben
abgeleitet, deren Bedeutung nicht mehr an eine Ortsveränderung denken
läßt: Der Paß *ist verfallen.*

53 Ü   Wie heißt das Perfekt?

1. Kurz entschlossen ging er hinein. Bolivar ging als Befreier Südamerikas in die Geschichte ein. Uns gingen alle Geranien ein. 2. Im
Dunkeln trat er in eine Pfütze. Er trat in eine Rechtspartei ein. Es
traten unvorhergesehene Schwierigkeiten ein. 3. Der Blumentopf fiel
mitten auf die Straße. Der Dollarkurs fiel gestern auf den diesjährigen Tiefststand. Er verfiel auf die Idee, Sanskrit zu lernen. 4. Er ging
ins Hotel zurück. Die Gewinne gingen im vergangenen Jahr erheblich zurück. Da verging mir die Lust. Auf der Party ging es hoch her.
Da ging's zu! 5. Wir fuhren durch das Stadtzentrum. Der Schreck
fuhr ihm durch alle Glieder. Er verfuhr nicht gerade kollegial mit
ihm. 6. Er lief voraus, um Plätze für uns zu reservieren. Der Vertrag

lief zum Jahresende aus. Es lief alles ab, wie es geplant war. 7. Er
ging oft mit ihr aus. Wie ging denn die Geschichte aus? Uns gingen
die Mittel aus. Plötzlich ging das Licht aus. Da ging mir ein Licht auf.
8. Dann kamen wir in häßliche Industrieviertel. Das Unternehmen
kam in finanzielle Schwierigkeiten. Er kam nie mit seinem Geld aus.
Die Tabletten bekamen ihm nicht. 9. Wir gerieten in einen tiefen, finsteren Wald. Er geriet auf Abwege. Die Familie geriet unverschuldet
in Not. Der Wagen geriet ins Schleudern. 10. Durch einen Seiteneingang gelangten wir wieder auf die Straße. Der Brief gelangte nie in
seine Hände. Er gelangte ans Ziel seiner Wünsche. Viele Wagneropern
gelangten in München zur Uraufführung.

Punkt 3. enthält die Regel, daß alle Verben, die von einem Akkusativobjekt begleitet sind oder begleitet sein können, ihr Perfekt mit dem Hilfsverb *haben* bilden. Vergleiche:

Er *ist* nach München *gefahren*.   Aber: Er *hat den Wagen* (Akkusativob-
                                           jekt) in die Garage *gefahren*.
                                           → 63 Ü

Keine Akkusativobjekte sind:
a. Artikellose Substantive im Singular in Verbindung mit den Verben *fahren*
   und *laufen*. Diese Substantive bezeichnen das Mittel der Fortbewegung.
   fahren: Auto/Motorrad fahren; Roller fahren; Schlitten/Bob fahren;
   Boot/Kahn fahren; Karussell/Riesenrad/Achterbahn fahren
   laufen: Schlittschuh/Rollschuh laufen
   fahren oder *laufen:* Ski fahren/laufen

   Artikellose Substantive in Verbindung mit den Verben *fahren* und *reiten*.
   Diese Substantive bezeichnen die Gangart.
   fahren: Schritt fahren
   reiten: Schritt/Trab/Galopp reiten

   Artikellose Substantive in den folgenden festen Wendungen mit *laufen:*
   Gefahr laufen; Sturm laufen gegen, Amok laufen; Spießruten laufen
   → 54 Ü

b. Akkusative, die räumliche oder zeitliche Erstreckungen bezeichnen:
   Der Ball ist *den Abhang hinunter*gerollt.
   (d.h. die ganze Länge des Abhangs hinunter)
   Wir sind *den ganzen Tag* marschiert.
   (d.h. den ganzen Tag über)
   → 55 Ü

c. Akkusative, die eine Wiederholung bezeichnen:
   Er ist *jeden zweiten Tag* nach München gefahren.
   → 55 Ü

54 Ü   (zu 6.)
         Beispiel: Hans *fährt* jeden Winter *Ski*.
                   Bist du früher auch jeden Winter *Ski gefahren?*

1. Fast jedes Kind läuft gern Rollschuh. 2. Hänschen fährt lieber Riesenrad als Karussell. 3. Alle Schüler meiner Klasse laufen Schlittschuh. 4. Maria fährt gern Kettenkarussell. 5. Michael fährt im Sommer immer Motorboot. 6. Hanna fährt jeden Winter Schlitten. 7. Karl fährt gern Roller. 8. Auf dem Oktoberfest fahre ich immer Achterbahn.

55 Ü (zu 6.)

Beispiel: Er *krabbelte den Abhang hinauf.*
Er *ist den Abhang hinaufgekrabbelt.*

1. Er stieg die Wendeltreppe hinauf. 2. Er purzelte den Hang hinunter. 3. Wir marschierten sieben Kilometer in einer Stunde. 4. Er fuhr zehn Stunden an einem Stück. 5. Der Arzt kam jeden Tag. 6. Sie stürzte die Treppe hinunter. 7. Der Ball rollte noch einige Meter weiter. 8. Er ging weite Strecken zu Fuß. 9. Wir flogen die Strecke München-Hamburg in gut einer Stunde.

56 Ü (zu 7. Verben, die nur reflexiv gebraucht werden)

Beispiel: Er *beeilt sich* sehr.
Er *hat sich* sehr *beeilt.*

1. Er erholt sich immer wieder schnell. 2. Er erkältet sich immer so leicht. 3. Er nimmt sich immer zu viel vor. 4. Ich wundere mich immer wieder über seine Leistungsfähigkeit. 5. Er benimmt sich immer sehr korrekt. 6. Er verspätet sich nur selten. 7. Er kümmert sich um nichts. 8. Er verhält sich nicht immer klug.

57 Ü (zu 7. Verben, bei denen das Akkusativobjekt durch ein Reflexivpronomen ersetzt werden kann)

Bilde Sätze nach dem folgenden Muster:
Der Friseur *rasierte einen Kunden.*
Er *hat sich rasiert.*

1. Er schonte seine Leute nie. 2. Er verletzte ihn am Arm. 3. Er bereitete seine Schüler gründlich auf die Prüfung vor. 4. Er fragte ihn, wie es weitergehen solle. 5. Er verteidigte ihn mit an den Haaren herbeigezogenen Argumenten. 6. Er entschuldigte ihn wegen dieses Fauxpas. 7. Er blamierte uns mit jedem Wort, das er sagte. 8. Er schminkte ihn vor seinem Fernsehauftritt.

Mit den Beispielen in 56 Ü und 57 Ü dürfen Sätze wie der folgende mit einem Verb der Ortsveränderung nicht verwechselt werden:

Sie *sind* sich begegnet. (*sich* ist Dativobjekt)

Hier wird eine reziproke (= wechselseitige) Beziehung ausgedrückt:

A *ist* dem B *begegnet.*
B *ist* dem A *begegnet.* } A und B *sind* sich *begegnet.*

→ 77 Ü − 79 Ü

58 Ü   (zu 6.) Wie heißt das Perfekt?

1. Sie gingen sich nach Möglichkeit aus dem Weg. 2. Sie kamen sich immer wieder in die Quere. 3. Sie gerieten sich wegen der Erbschaft in die Haare. 4. Sie fielen sich in den Rücken. 5. Durch ihre gemeinsamen Interessen kamen sie sich allmählich näher. 6. Sie gingen sich mit ausgebreiteten Armen entgegen. 7. Gerührt fielen sie sich um den Hals. 8. Die beiden Firmen kamen sich beim Aushandeln der Vertragsbedingungen entgegen.

59 Ü   (zu 8.)

Beispiel: (frieren) Heute nacht *hat* es sicher wieder *gefroren.*

1. (schneien) Im Gebirge . . . . es wahrscheinlich schon . . . . . 2. (tauen) Es . . . . , alle Straßen und Felder stehen unter Wasser. 3. (regnen) Diesen Sommer . . . . es zu wenig . . . . . 4. (hageln) . . . . es bei euch gestern auch . . . . ? 5. (klingeln) Ich glaube, es . . . . 6. (klopfen) Es . . . . an der Wohnungstür . . . . . 7. (riechen) Es . . . . , als ob irgendwo Benzin ausgelaufen wäre.
Andere unpersönliche Verben:
8. (fehlen) An der notwendigen Erfahrung . . . . es ihm nicht . . . . , wohl aber an den notwendigen Mitteln. 9. (klappen) . . . . es . . . . mit deinem Stipendium? 10. (drängen) Es . . . . mich nicht . . . . , diese Aufgabe zu übernehmen.

60 Ü   (zu 9. und 7.) Wie heißt das Perfekt?

1. Das kommt hin und wieder mal vor. 2. In diesem langweiligen Laden fällt nie etwas Besonderes vor. 3. Das passiert ja nicht zum ersten Mal. 4. Was ich dir jetzt erzähle, geschah vor vielen, vielen Jahren. 5. Fehler dieser Art unterlaufen ihm nie. 6. Auf Reisen widerfahren ihm die merkwürdigsten Dinge. 7. Wer weiß, was ihm da alles zustößt. 8. Nach der Operation trat eine merkliche Besserung seines Gesundheitszustandes ein. 9. Jeden Tag traten neue Schwierigkeiten auf.
Zur Gruppe 7. gehören: 10. Diese Vorfälle trugen sich am Hofe Ludwigs XIV. zu. 11. Was sich hinter den Kulissen abspielte, ist noch immer nicht aufgeklärt. 12. Über Pfingsten ereigneten sich auf allen bundesdeutschen Autobahnen schwere Verkehrsunfälle.

61 Ü   (zu 9.) Wie heißt das Perfekt?

1. (gelingen) Hoffentlich . . . . es ihm . . . . , mit seinen Vorstellungen durchzudringen. 2. (mißlingen) Was ich auch angepackt habe, es . . . .

mir . . . . . 3. (geraten) Die Einleitung . . . . mir viel zu lang . . . . . 4.
(mißraten) Der Kuchen . . . . mir heute völlig . . . . . 5. (glücken) Vielleicht . . . . es ihm. . . . , die frei gewordene Stelle zu bekommen. 6.
(mißglücken) Der Fluchtversuch . . . . 7. (schiefgehen) Heute
. . . . mir mal wieder alles . . . . . 8. (fehlschlagen) Wir müssen beken-
nen, daß das Experiment . . . .

Einige Verben der Ortsveränderung können das Perfekt/Plusquamperfekt mit
sein oder *haben* bilden. Dabei bezeichnet die Form mit *sein* die lineare Fortbewegung im Raum; oft wird das erreichte Ziel genannt:

Er ist an der Mole entlanggeschwommen.

Er ist ans andere Ufer geschwommen.

Demgegenüber wird mit *haben* die Tätigkeit als solche, oft als sportliche Be-
tätigung, bezeichnet:

> Er hat den ganzen Nachmittag gerudert.
> Er hat im Urlaub jeden Tag eine Stunde ge-
> schwommen.

62 Ü Wie heißt das Perfekt?

1. Sie tanzten bis nach Mitternacht. / Sie tanzten quer über die Tanzfläche bis zur Terrasse. 2. Sie ruderten ans andere Ufer. / Früher ru-
derte er begeistert. 3. Er lief täglich seine 2 000 m, um fit zu bleiben. / Im Dauerlauf lief er zur nächsten Telefonzelle. 4. Sie schwimmt
im Sommer jeden Tag eine halbe Stunde. / Sie schwimmt über den
Bodensee. 5. Sie ritten quer durch den Wald. / Sie ritt jahrelang im
Pfälzer Reiterverein. 6. Sie paddelten am Ufer entlang. / Früher pad-
delte ich sehr gern.

Einige Verben können wie Verben der Gruppe 3. (Verben, die ein Akkusativobjekt bei sich haben oder haben können) oder wie Verben der Gruppe 6.
(Verben der Ortsveränderung) gebraucht werden:

Er *hat den Wagen* selbst *gefahren.*   Er *ist* mit seinem eigenen Wagen *gefahren.*
Er *hat* selbst *gefahren.*

63 Ü Wie heißt das Perfekt?

1. Er flog noch gestern abend nach Paris. / Er flog zum ersten Mal eine Düsenmaschine. 2. Unsere Maschine startete pünktlich. / Der Pilot
startete die Maschine auf Startbahn 7. 3. Die Maschine landete ohne
Zwischenfälle in München-Riem. / Die Alliierten landeten Fallschirmjäger hinter den deutschen Linien. 4. Er fuhr seinen Wagen beim
Technischen Überwachungs-Verein vor. / Er fuhr in seinem Dienst-

Mercedes vor. 5. Er ritt einen Schimmel. / Der General ritt immer auf einem Schimmel zum Exerzierplatz.

Verben, die verschiedene Bedeutung haben, je nachdem, ob sie von einem Akkusativobjekt begleitet sind oder nicht:

64 Ü   Wie heißt das Perfekt?

1. Der Motor sprang einfach nicht an. / Plötzlich sprang ihn ein zottiger Hund an. 2. Er stieß auf erbitterten Widerstand. / In seiner Erregung stieß er die chinesische Vase vom Buffet. 3. Nach einem Krach mit dem Hausbesitzer zog er aus. / Trotz der Hitze im Saal zog keiner der Herren am Vorstandstisch die Jacke aus. 4. Der Tanker lief den Hafen von Rotterdam an. / Die Produktion lief später an als geplant. 5. Wir brachen schon in aller Herrgottsfrühe auf. / Beim Einbruch in die Mohrenapotheke brachen Unbekannte den Giftschrank auf. 6. Der Zug fuhr schon mit Verspätung ab. / Sie fuhren lastwagenweise Schutt ab. 7. Er bog den Draht gerade. / Der Wagen bog in die Luisenstraße ein. 8. Diese Unsitte riß mehr und mehr ein. / Die Nachbarkinder rissen unsere Sandburgen immer wieder ein.

65 Ü   Hilfsverb *sein* oder *haben*?

1. Sie . . . . nur leicht mit dem Kopf genickt. / Nach dem Abendessen . . . . er am Tisch eingenickt. 2. Diese Entscheidung . . . . mir nicht leichtgefallen. / Der Film . . . . mir gar nicht gefallen. 3. Sie . . . . schon immer an allem gezweifelt. / Als sie auch noch dieser Schicksalsschlag traf, ... sie vollends verzweifelt. 4. Sie . . . . zum ersten Mal in den Münchner Kammerspielen aufgetreten. / Er . . . . mich während meines Urlaubs vertreten. 5. . . . . Ihnen gestern die Ohren geklungen? Wir haben von Ihnen gesprochen. / Dieses Thema . . . . gestern in mehreren Vorträgen angeklungen. 6. Er . . . . sich in den Gäßchen der Altstadt verlaufen. / Die Operation . . . . gut verlaufen. 7. Plötzlich . . . . alle ans Fenster gestürzt. / Die Ereignisse . . . . sich überstürzt. 8. Er . . . . gleich mehrere Vorschriften übertreten. / Er . . . . zum Katholizismus übergetreten. 9. Er . . . . mit seinen Sachen immer sehr vorsichtig umgegangen. / Er . . . . alle Schwierigkeiten geschickt umgangen. 10. Die Bankräuber . . . . unter Mitnahme von Geiseln geflüchtet. / Er . . . . sich in ein einsames Kloster geflüchtet.

Verben aus dem Sinnbereich „beginnen" – „enden", die nicht von einem Akkusativobjekt begleitet sind, bilden das Perfekt/Plusquamperfekt teils mit *haben,* teils mit *sein:*

anfangen beginnen einsetzen	aufhören enden aussetzen	Hilfsverb *haben*
angehen losgehen anlaufen anbrechen ausbrechen	ausgehen zu Ende gehen auslaufen ablaufen	Hilfsverb *sein*

66 Ü   Wie heißt das Perfekt?

1. (anfangen, aufhören) Gestern . . . . er bei BMW . . . . . Erst vorgestern . . . . er bei seiner alten Firma . . . . . 2. (anfangen, aufhören)
Plötzlich . . . . es . . . . zu regnen. Es . . . . gar nicht mehr . . . . zu regnen. 3. (einsetzen) Die Oboe . . . . ein klein wenig zu spät . . . . . 4.
(aussetzen) Auch während des Krieges . . . . die Zufuhr wichtiger Gü-
ter nie völlig . . . . . 5. (angehen, ausgehen) Wann . . . . die Vorstellung . . . . ? Wann . . . . die letzte Vorstellung . . . . ? 6. (losgehen) Ich
dachte, es wäre alles schon vorbei; aber da . . . . es erst richtig . . . . .
7. (zu Ende gehen) Der Urlaub . . . . mal wieder viel zu schnell . . . . .
8. (anlaufen) Die Produktion der neuen Serie . . . . gestern . . . . . 9.
(auslaufen) Das Handelsabkommen zwischen Argentinien und der
Bundesrepublik Deutschland . . . . zum Jahresende . . . . . 10. (ablaufen) Die Frist für die Anmeldung des Schadens . . . . inzwischen . . . . .
11. (anbrechen) Mit der Landung eines Menschen auf dem Mond . . . .
ein neues Zeitalter . . . . . 12. (ausbrechen) In dem Erdbebengebiet
. . . . eine Typhusepidemie . . . . .

Von einer Reihe von Adjektiven können Verben abgeleitet werden, die eine
Veränderung bezeichnen (→ Punkt 5.):

reif	:	reifen	Beachte den Vokal in den drei
grau	:	ergrauen	folgenden abgeleiteten Verben:
welk	:	verwelken	
morsch	:	vermorschen	gelb : vergilben
stumm	:	verstummen	rot : erröten
(DG, 879)			dürr : verdorren

67 Ü   Setze von Adjektiven abgeleitete Verben in der passenden Form ein.

1. (reif) Wenn es weiterhin so warm bleibt, ... die Trauben früher
als in anderen Jahren. 2. (faul) Wir müssen mal nach unserem Obst im
Keller sehen. Ich glaube, die Äpfel beginnen schon zu . . . . . 3. (welk)
Schade, daß die Rosen so schnell . . . . 4. (alt) Von den Me-

thoden spricht doch heute kein Mensch mehr; die . . . . längst . . . . .
5. (blaß) Die Vorhänge stammen noch von meiner Großmutter. Der
Stoff ist unverwüstlich, nur die Farben . . . . etwas . . . . . 6. (trocken)
Die obersten Zweige an unserem Mandelbaum . . . . 7. (dürr)
Ihr habt mal wieder den Rasen nicht gesprengt. Kein Wunder, daß
das Gras . . . . 8. (faul) Zu viel Regen ist aber auch nicht gut.
Vor ein paar Jahren . . . . uns das Obst am Baum . . . . . 9. (morsch)
Demnächst wird das Dach über dem Chor einstürzen; alle Balken und
Dachsparren . . . . 10. (öde) Durch giftige Abgase . . . . einige
industrienahe Gebiete bereits . . . . . 11. (gesund) Die soziale Markt-
wirtschaft hat wesentlich dazu beigetragen, daß die Wirtschaft in der
Bundesrepublik schnell . . . . 12. (stark) Den Gewerkschaften
ist es zu danken, daß das Selbstbewußtsein der arbeitenden Bevölkerung in den letzten Jahren weiter . . . .

68 Ü   Setze von Adjektiven abgeleitete Verben in der passenden Form ein.

1. (grau) Vor lauter Sorgen . . . . er vorzeitig . . . . . 2. (müde) Er ist
einigermaßen wiederhergestellt, aber er . . . . noch schnell. 3. (blind)
Nach der Operation ließ seine Sehkraft erheblich nach; vor kurzem
. . . . er . . . . . 4. (rot) Als er sie ins Café einlud, ... sie und sagte, da
müsse sie erst ihre Eltern fragen. 5. (blaß) Als er diesen Namen hörte,
. . . . er. 6. (starr) Er . . . . vor Schreck, als ihm der Mann mit der grünen Maske die Pistole vor die Brust hielt. 7. (stumm) Er . . . . mitten
im Satz und starrte entsetzt auf die gegenüberliegende Wand. 8. (ein-
sam) Er war schon immer kontaktarm, im Alter . . . . er dann völlig
. . . . . 9. (dumm/blöde) Er beschäftigt sich mit nichts, man hat den
Eindruck, daß er völlig . . . . 10. (wach) Das Interesse der Politiker an Fragen des Umweltschutzes . . . . erst in den letzten Jahren
. . . . . 11. (lahm) Er hat sich mit Feuereifer in die Arbeit gestürzt.
Ich fürchte nur, daß sein Arbeitseifer schnell wieder . . . . . 12. (arm)
Durch Inflation und Arbeitslosigkeit . . . . weite Kreise der Bevölkerung . . . . .

Von einer Reihe von Adjektiven können reflexive Verben abgeleitet werden,
die eine Veränderung bezeichnen. Als reflexive Verben bilden sie das Perfekt/
Plusquamperfekt mit dem Hilfsverb *haben* (→ Punkt 7.):

weit	:	sich weiten
rot	:	sich röten
warm	:	sich erwärmen
dunkel	:	sich verdunkeln

69 Ü Setze von Adjektiven abgeleitete reflexive Verben der Veränderung in der passenden Form ein.

1. (eng) Beim Eintritt in die Altstadt . . . . die Straße. 2. (steif) Nach der Operation . . . . sein Knie . . . . . 3. (düster) Bei diesen Worten . . . . seine Miene. 4. (warm) Trotz der fortgeschrittenen Jahreszeit . . . . die Luft nur ganz allmählich.

Sätze vom Typ

| A | hat | B | verändert |

lassen sich häufig in Sätze des folgenden Typs verwandeln:

| B | hat sich | durch   A | verändert.

70 Ü Schreibe Sätze nach dem folgenden Muster:

| Das Eingreifen der Armee | hat | die Lage | noch verschärft.

| Die Lage | hat sich | durch das Eingreifen der Armee | noch verschärft.

1. Die Salbe hat den Ausschlag noch verschlimmert. 2. Die neuen Schaufenster haben das Straßenbild belebt. 3. Die gestiegenen Ölpreise haben die wirtschaftliche Lage der Entwicklungsländer verschlechtert. 4. Seine unbedachten Äußerungen haben die Fronten noch mehr verhärtet. 5. Dieser Konflikt hat die Aussichten auf Frieden in der Welt verringert. 6. Die diplomatische Tätigkeit Kissingers hat die Spannungen im Vorderen Orient entschärft. 7. Das militärische Patt der Supermächte hat die Friedenschancen vergrößert. 8. Die Entschlußlosigkeit der Regierung hat die Unsicherheit in der Bevölkerung noch verstärkt. 9. Die letzte Bundestagsdebatte hat die Kluft zwischen den Regierungsparteien und der Opposition noch vertieft.

Ähnlich ist die Beziehung zwischen den Sätzen in den beiden folgenden Satzpaaren:

| etwas | ärgert | jemanden | etwas | empört | jemanden |

| jemand | ärgert sich | über etwas | jemand | empört sich | über etwas |

(= gibt seiner Empörung über etwas Ausdruck)

→ 71 Ü   → 72 Ü

71 Ü Schreibe Sätze nach dem folgenden Muster:

| Ihr Geschenk | hat | ihn | sehr gefreut.

| Er | hat sich | über ihr Geschenk | sehr gefreut.

1. Seine Rücksichtslosigkeit hat mich wirklich geärgert. 2. Die altklugen Bemerkungen des Kleinen haben uns sehr amüsiert. 3. Seine ab-

lehnende Haltung hat mich nicht im geringsten gewundert. 4. Ihr rei-
zender Brief hat mich sehr gefreut. 5. Ihre abfälligen Bemerkungen
haben mich sehr geärgert.

72 Ü

1. Die Unordnung in unserem Büro hat ihn aufgeregt. 2. Sein Verhalten hat sogar seine besten Freunde entrüstet. 3. Das Vorgehen der Polizei hat die Öffentlichkeit empört.
(SD 3, 56, 318, 606 f.; DG, 157 ff., 664 ff.) → 56 Ü, 57 Ü

Vielfach stehen sich zwei sinnverwandte Verben gegenüber, von denen nur eines reflexiv ist, z.B.:

> Er hat bei mir *angefragt,* ob ich auch mitkäme.
> Er hat *sich* bei mir *erkundigt,* ob ich auch mitkäme.

73 Ü Entscheide, welches der beiden Verben ein reflexives Verb ist.
Schreibe Sätze nach dem obigen Muster.

1. (gedulden, warten) Können Sie (. . . .) nicht noch einen Augenblick . . . . ? 2. (sein, befinden) Das Büro des Chefs . . . . (. . . .) am
Ende des Gangs. 3. (wagen, trauen) Ich habe (. . . .) nicht . . . ., ihn
danach zu fragen. 4. (überlegen, besinnen) Er hat (. . . .) nicht lange
. . . . und hat die Gelegenheit beim Schopfe ergriffen. 5. (gehen, handeln) Es . . . . (. . . .) um eine private Angelegenheit. 6. (aufstehen, erheben) Er . . . . und verließ unter Protest den Saal. 7. (zufriedengeben, zufrieden sein) Er . . . . (. . . .) mit dem Erreichten . . . . .
8. (bestehen, zusammensetzen) Die Übung 68 . . . . (. . . .) aus 12 Sätzen (. . . .). 9. (erhöhen, steigen) Die Produktionskosten . . . . (. . . .)
laufend. 10. (beschließen, entschließen) Wir haben (. . . .) . . . ., eine
Eigentumswohnung zu kaufen. 11. (garantieren, verbürgen) Ich . . . .
(. . . .) dafür, daß die Arbeiten rechtzeitig abgeschlossen werden.
12. (ergeben, folgen) Aus alldem . . . . (. . . .), daß unsere Entscheidung richtig war. 13. (staunen, wundern) Ich . . . . (. . . .) immer wieder darüber, daß ihm noch niemand auf die Schliche gekommen ist.
14. (abheben, abstechen) Die Ordnung hier . . . . (. . . .) wohltuend
von dem Durcheinander in unserem Büro ab. 15. (erstrecken, reichen)
Der Wald . . . . (. . . .) bis an den Fuß des Gebirges. 16. (es ablehnen,
weigern) Er hat (. . . .) . . . ., über diesen Punkt zu verhandeln.

74 Ü Ersetze die Verben in den Sätzen 1 − 6 durch die Verben in Klam-
mern.

1. (sich begeben) Die Teilnehmer an der Konferenz sind schon in den
Konferenzraum gegangen. 2. (sich einfinden) Die ersten Gäste sind

bereits gestern abend eingetroffen. 3. (sich herausstellen) Bei dieser
Gelegenheit ist herausgekommen, daß er auch an früheren Einbrüchen
beteiligt war. 4. (sich ereignen) In der Zwischenzeit ist nichts Besonderes vorgefallen. 5. (sich zutragen) Ich weiß nicht mehr genau, wann
das geschehen ist. 6. (sich abspielen) Wer weiß, was da alles passiert
ist.

Bei einigen Verben steht das Reflexivpronomen im Dativ:

Er hatte /sich\ | die Arbeit | leichter vorgestellt.

       Dativ   Akkusativ

75 Ü   Setze das Reflexivpronomen ein.

1. Ich mußte . . . . in kürzester Zeit die Kenntnisse aneignen, die meine Kollegen in jahrelangem Studium erworben hatten. 2. Ich habe ein
miserables Gedächtnis; ich kann . . . . z.B. keine Telefonnummern
merken. 3. Bildest du . . . . etwa ein, du könntest mich hier rumkom-
mandieren wie einen Rekruten? 4. Das muß ich . . . . noch mal überlegen. 5. Ich habe . . . . vorgenommen, mich zu bessern. 6. Ich maße
. . . . nicht an, darüber ein Urteil abzugeben.

Vergleiche die beiden folgenden Sätze:

Er ersehnte | ein Leben in Ruhe und Frieden |.   Akkusativobjekt

Er sehnte sich | nach einem Leben in Ruhe und Frieden |.   Präpositionalobjekt

76 Ü   Ersetze die Verben in den Sätzen 1 — 6 durch die Verben in Klammern.

1. (sich auf et. beziehen) Meine Kritik betrifft besonders den zweiten
Teil des Buches. 2. (sich für et. entscheiden) Er hielt sich mehrere
Krawatten vor; schließlich wählte er eine rote. 3. (sich um et. bemü-
hen) In all seinen Beschlüssen strebt der Betriebsrat eine Verbesserung des Betriebsklimas an. 4. (sich gegen et. aussprechen) Der Betriebsrat hat diese Regelung mit Mehrheit abgelehnt. 5. (sich für et.
aussprechen) Der Vorstand hat diese Maßnahme befürwortet. 6. (sich
auf et. belaufen) Die Zinsen betragen jährlich etwa 200 Mark.

Unter „reziproker" Beziehung versteht man eine wechselseitige Beziehung:
        Hans ←————————→ Emil
        Hans und Emil hassen sich.
(DG, 668) → 58 Ü

Im einzelnen lassen sich in Zusammenhang mit der reziproken Beziehung
vier Gruppen von Verben unterscheiden:

1. Er unterstützt sie. Sie unterstützt ihn.	Er und sie unterstützen sich.	
2. Er ähnelt ihr. Sie ähnelt ihm.	Er und sie ähneln sich.	
3. Er duzt sie. Sie duzt ihn.	Er und sie duzen sich.	Er duzt sich mit ihr. Sie duzt sich mit ihm.
4.	Er und sie streiten sich den ganzen Tag.	Er streitet sich den ganzen Tag mit ihr. Sie streitet sich den ganzen Tag mit ihm.

77 Ü   (zu 4.)   Schreibe Sätze nach dem folgenden Muster:
Er und ich/wir haben uns über den Termin geeinigt.
Er hat sich mit mir über den Termin geeinigt.

1. Hans und Emil haben sich inzwischen angefreundet. 2. Frau Meier und Frau Müller haben sich wegen der Treppenreinigung verkracht. 3. Hans und Fritz haben sich zu gemeinsamer Arbeit zusammengetan. 4. Der Geschäftsinhaber und der Geschäftsführer haben sich wegen der Höhe des Werbeetats überworfen. 5. Die revoltierenden Matrosen und die streikenden Arbeiter verbrüderten sich. 6. Die Kommunisten und die linke Mitte haben sich gegen die Rechtsparteien verbündet. 7. Für das Abschlußkommuniqué einigten sich Nixon und Breschnew auf eine Kompromißformel.

78 Ü   (zu 4.)   Schreibe Sätze nach dem folgenden Muster:
Er verträgt sich wieder mit ihr.
Er und sie/die beiden vertragen sich wieder.

1. Er zankte sich mit ihm um die Beute. 2. Er zerstritt sich mit seinen Verwandten wegen der Verteilung der Erbschaft. 3. Die Stadt München teilt sich mit dem Freistaat Bayern in die Kosten des Projekts. 4. Sie verband sich mit ihm zu gemeinsamem Vorgehen. 5. Er hat sich mit allen seinen früheren Freunden verfeindet. 6. Wenn er sich mit ihr einmal offen ausgesprochen hätte, wäre es zu vielen Mißverständnissen gar nicht erst gekommen. 7. Die Konservativen haben sich mit den Rechtsliberalen zu einer neuen Partei zusammengeschlossen.

In den Beispielen in 77 Ü und 78 Ü ist nur von Personen die Rede; reziproke Beziehung kann aber auch zwischen „Sachen" bestehen; greifen wir die Punkte 3. und 4. heraus:

Zu 3: A berührt B.   Zu 4: ———————————
          A und B berühren sich.   A und B vereinbaren sich nicht.
          A berührt sich mit B.   A vereinbart sich nicht mit B.

79 Ü Schreibe Sätze nach dem folgenden Muster:
Sein Interessengebiet berührt sich mit meinem Interessengebiet.
Unsere beiden Interessengebiete berühren sich.

(zu 3.)

1. Der Kreis A überschneidet sich mit dem Kreis B. 2. Die Gerade AB schneidet sich mit der Geraden CD im Punkt Y. 3. Der erste Bereich überlappt sich mit dem zweiten Bereich.

(zu 4.)

4. Die Aussage von Müller deckt sich nicht mit der Aussage von Meier. 5. Das eine Prinzip vereinbart sich nicht mit dem anderen. 6. Mein Brief hat sich mit deinem Brief gekreuzt.

Nach Präpositionen wird die reziproke Beziehung durch *einander* ausgedrückt:

	Hans ←——mit——→ Emil
mit jemanden sprechen	Hans und Emil sprechen nicht mehr miteinander.
	Hans ←——auf——→ Emil
sich auf jemanden verlassen	Hans und Emil können sich aufeinander verlassen.

80 Ü Bezeichne die reziproke Beziehung durch Präposition + *einander*.

1. Seid nett . . . . ! 2. Wir sollten mehr Rücksicht . . . . nehmen. 3. Man hatte den Eindruck, daß sie Angst . . . . hatten. 4. Sie hielten nicht viel . . . . . 5. Sie gingen wie die Kampfhähne . . . . los. 6. Sie intrigierten . . . . , wo sie nur konnten. 7. Die beiden Banken bürgten . . . . 8. Sie fanden Gefallen . . . . und wurden gute Freunde. 9. Sie kamen immer gut . . . . aus. 10. Unter Tränen nahmen sie Abschied . . . . 11. Statt sich zu unterstützen, haben sie immer nur . . . . gearbeitet. 12. Die Gegensätze zwischen den beiden Positionen prallten unvermittelt . . . . .

81 Ü Bezeichne die reziproke Beziehung durch Präposition + *einander*.

1. Sie ließen sich nie im Stich und setzten sich immer . . . . ein. 2. Jeder der beiden machte, was er wollte, sie schienen sich kaum noch . . . . zu kümmern. 3. Jeder mußte merken, daß sie sich . . . . verliebt hatten. 4. Erst klappte es gar nicht mit der Zusammenarbeit, aber jetzt haben sich die beiden . . . . eingespielt. 5. Moderne Städte unterscheiden sich kaum noch . . . . . 6. Sie haben sich jetzt schon zum dritten Mal beim Chef . . . . beschwert. 7. Die beiden dürften sich wohl kaum noch . . . . erinnert haben. 8. Sie fürchteten sich geradezu . . . . .

Unterscheide:

reflexiv	*reziprok*
Sie haben sich selbst in aller Öffentlichkeit beschuldigt, ihre Pflichten vernachlässigt zu haben.	Sie haben einander öffentlich beschuldigt, ihre Pflichten vernachlässigt zu haben.
Sie standen sich selbst im Wege.	Sie standen einander im Wege.
Sie haben immer nur an sich gedacht.	Sie haben immer aneinander gedacht.

Das Partizip I

82 T   Unterstreiche in dem folgenden Text alle Partizip I-Formen (z.B.: kräftig-*end*).

Activator — eine echte Hilfe bei Leistungsabfall, Streß und vorzeitigem Altern. Activator ist ein lebenssteigernder Kraftspender mit umfassender Wirkungsbreite. Jede Kapsel dieses Präparats enthält hochwertige bio-aktive Substanzen: Mineralien, Vitamine sowie Stoffe, die leberschützend und durchblutungsfördernd sind und kräftigend, kreislauffördernd, aktivierend, regenerierend, konzentrations- und gedächtnisfördernd wirken. Activator schenkt Ihnen neue gesteigerte Lebenskraft. Activator ist rezeptfrei. Verlangen Sie noch heute Activator bei Ihrem Apotheker. Es liegt an Ihnen, ob Sie sich helfen lassen wollen.
(Nach einer Reklame; der Name des Präparats wurde geändert.)

einfaches Verb	sein + Partizip I	anderes Verb + Partizip I
Dieses Argument *überzeugt*.	Dieses Argument *ist überzeugend*.	Dieses Argument *wirkt*⎫ *überzeugend*. *klingt*⎭
	→ 83 Ü, 84 Ü	→ 85 Ü

Einige Partizipien I können durch *un-* verneint werden:

Das Ergebnis ist *nicht* befriedigend.	Das Argument ist *nicht* überzeugend.
Das Ergebnis ist *un*befriedigend.	——

(SD 3, 413)

83 Ü   Ersetze das Verb durch *ist/war* + Partizip I.

1. Dieser Schluß liegt nahe. 2. Die Ruhe hier draußen tut wohl. 3. Diese Behauptung trifft nicht zu. 4. Das Buch unterhält und belehrt zu-

gleich. 5. Ein kaltes Bad erfrischt. 6. Mit unserer neuen Wohnung sind wir ganz zufrieden; nur der Verkehrslärm stört. 7. Diese Beweisführung leuchtete ein. 8. Seine Antwort entlarvte ihn.

84 Ü   Schreibe Sätze nach dem folgenden Muster:

Seine Reaktion überraschte | uns |.

Seine Reaktion war überraschend | für uns |.

1. Die Fülle der Argumente verwirrte die Zuhörer. 2. Die lange Serie von Rückschlägen entmutigte ihn. 3. Die dauernden Streßsituationen rieben ihn auf. 4. Das Unverständnis seiner Umgebung deprimierte ihn. 5. Seine Äußerungen beleidigten das Andenken des Verstorbenen. 6. Die langen Spaziergänge ermüdeten den alten Herrn. 7. Solche Gewaltmärsche strengten ihn zu sehr an. 8. Das beharrliche Schweigen der offiziellen Stellen beunruhigte die Bevölkerung.

85 Ü   Schreibe Sätze nach dem folgenden Muster:

Seine ständige Kritik lähmte | den Arbeitseifer seiner Mitarbeiter |.

Seine ständige Kritik wirkte lähmend | auf den Arbeitseifer seiner Mitarbeiter |.

1. Seine Worte beruhigten die aufgeregte Menge. 2. Seine positive Kritik befruchtete die Arbeit seiner Kollegen. 3. Die Arroganz dieser Leute stieß uns ab. 4. Staatlicher Dirigismus hemmt die Initiative des einzelnen. 5. Diese Rückschläge ernüchterten selbst die größten Optimisten. 6. Die harten Strafen sollen eventuelle Täter abschrecken.

86 Ü   Schreibe Sätze nach dem folgenden Muster:

Terpentin | löst den Schmutz |.   Prämien | steigern die Leistung |.

Terpentin wirkt | schmutzlösend |.   Prämien wirken | leistungssteigernd |.

→ 114 Ü

1. Matetee reinigt das Blut. 2. Kräuterpillen fördern die Verdauung. 3. Ein Gläschen Obstsaft vor dem Essen regt den Appetit an. 4. „Restrictor"-Tabletten hemmen den Appetit. 5. Diese Tabletten lösen den Krampf und lindern den Schmerz. 6. Ihre Hilflosigkeit erregte Mitleid. 7. Schaumstoffplatten dämpfen den Schall. 8. Bestimmte Substanzen, die Waschmitteln zugesetzt werden, bremsen den Schaum. 9. Das Präparat „Activator" fördert Konzentration und Gedächtnis. 10. Konzentrationsschwäche und Nervosität mindern die Leistung. 11. Erhöhte Nachfrage und Spekulation treiben die Preise in die Höhe. 12. Die Erhöhung des Diskontsatzes sollte die Konjunktur dämpfen.

Das Adjektiv

87 T   Unterstreiche alle Adjektive und ihre Endungen (z.B.: *klein/en*).

Die Bühne zeigt die Ecke einer Vorstadtstraße mit vielen kleinen winkeligen Giebeln und Dächern über- und hintereinander. Im Vordergrund eine armselige Bretterhütte mit Türe und zwei schmalen Fenstern mit je einem Laden. An der linken Ecke des Häuschens ein staubiger Fliederbusch und zwei riesige aufgeblühte Sonnenblumen. Rechts ein Gartenzaun, ein winkeliges Gäßchen mit Schuppen, hinter welchem eine Kastanie hervorschaut, aufgehängte Arme-Leute-Wäsche und weitere Dächer und Mansardengiebel.

(Karl Valentin's Großes Lachkabinett, S. 63)

(SD 3, 547 ff.)

Adjektive, die allein vor Substantiven stehen, haben dieselben Endungen wie die Pronomen.

Deklination der Pronomen

| Singular |

I. Das Pronomen steht allein: II. Substantivbegleiter:

Pr 1   Dies*er* war's.   Dies*er* Mann war's.

	m.	n.	f.[1]		m.	n.	f.
Nom.	-er	-es	-e	Nom.	-er	-es	-e
Akk.	-en	-es	-e	Akk.	-en	-es	-e
Dat.	-em	-em	-er	Dat.	-em	-em	-er
				Gen.	-es	-es	-er

Pr 2   Das ist mein*er*.   Das ist mein Stift.

	m.	n.	f.		m.	n.	f.
Nom.	-er	-s[2]	-e	Nom.	—	—	-e
Akk.	-en	-s	-e	Akk.	-en	—	-e
Dat.	-em	-em	-er	Dat.	-em	-em	-er
				Gen.	-es	-es	-er

| Plural |

Pr 1 +   Dies*e* waren's.   Dies*e* Männer waren's.
Pr 2   Das sind mein*e*.   Das sind mein*e* Stifte.

Nom.	-e	Nom.	-e
Akk.	-e	Akk.	-e
Dat.	-en	Dat.	-en
		Gen.	-er

[1] m. = maskulin (*der* Tisch), n. = neutrum (*das* Haus), f. = feminin (*die* Straße)

[2] Bei *mein-, dein-, sein-, ein-* und *kein-* genügt als Endung *-s* allein. Bei den übrigen Possessivpronomen lautet die Endung *-es* (*ihr/es, Ihr/es, unser/es, eur/es*).

Zu [Pr 1] gehören: *dies-, jen-, welch-, jed-; der, das, die*.

Zu [Pr 2] gehören: *ein, kein* und alle Possessivpronomen (*mein, dein, sein* usw.).

88 Ü   Welche Endungen fehlen?

1. Jetzt schreibt doch mein . . Kugelschreiber schon wieder nicht mehr! — Dann nimm mein . . . — Du weißt doch, daß ich mit dein . . nicht schreiben kann; der hat so eine harte Mine. — Ich hab' aber kein . . anderen. 2. Kannst du mir mal dein . . Englischbuch leihen? Ich hab' mein . . verloren. — Mein . . ist aber eine ältere Auflage. Außerdem stehen in mein . . überall Notizen. Frag doch mal Inge, ob die dir ihr . . nicht leihen kann.

Deklination des Adjektivs

[A 1]   Adjektiv allein vor Substantiv:

alt/*er* Wein, hell/*es* Bier,   gebrannt/*e* Mandeln
saur/*e* Milch

Singular			Plural	
m.	**n.**	**f.**		
Nom.	-er	-es	-e	Nom.	-e
Akk.	-en	-es	-e	Akk.	-e
Dat.	-em	-em	-er	Dat.	-en
Gen.	*-en*	*-en*	-er	Gen.	-er

Adjektive, die allein vor Substantiven stehen, haben dieselben Endungen wie die Substantivbegleiter unter [PR 1] ; Ausnahme: Endung des Genitivs Singular m. + n.: wegen grob/*en* Unfugs, wegen technisch/*en* Versagens.

89 Ü   Welche Endungen fehlen?

1. Schwarz . ., ungesüßt . . Kaffee weckt die Lebensgeister. Manche meinen, schwarz . . Tee tät's auch. 2. Meine Frau schwört auf französisch . . Cognac. Ich halte mich an russisch . . Wodka für hart . . Männer. 3. Heiß . . Milch mit aufgelöst . . Honig soll gut sein gegen Husten und Heiserkeit. Bei mir wirkt heiß . . Tee mit hochprozentig . . Rum besser. 4. Deutsch . . Weine haben es schwer, sich gegen die französischen durchzusetzen. So gilt französisch . . Rotwein als unübertroffen. Es gilt auch als feiner, statt deutsch . . Sekts französisch . . Champagner zu schlürfen. Als ob deutsch . . Sekt zu verachten wäre! 5. Zum Nachtisch gibt es italienisch . . Eis, fein . . Waffelgebäck und gemischt . . Früchte.

Das Adjektiv in Satzgliedern aus Präposition + Adjektiv + Substantiv:

Präp. + Akkusativ	Präp. + Dativ	Präp. + Genitiv
wider besser/*es* Wissen	aus gut/*em* Grund	wegen schlecht/*en* Wetters

90 Ü   Welche Endungen fehlen?

1. Trotz größt . . Vorsicht lassen sich Betriebsunfälle dieser Art nicht völlig vermeiden. 2. Trotz schärfst . . Protests von seiten der deutschen Botschaft wurden die verhafteten deutschen Touristen noch immer nicht auf freien Fuß gesetzt. 3. Trotz ausgezeichnet . . Verkehrsverbindungen ist es bisher nicht gelungen, in diesem Gebiet in nennenswert . . Umfang Industrie anzusiedeln. 4. Trotz vermindert . . Nachfrage sind die Preise stabil geblieben. 5. Wegen überhöht . . Geschwindigkeit mußte er eine Strafe von DM 200 zahlen. 6. Er erhielt einen Verweis wegen ungebührlich . . Benehmens. 7. Der Flugverkehr auf dem Flughafen München-Riem wurde wegen dicht . . Nebels vorübergehend eingestellt. 8. Aus zuverlässig . . Quelle will das Blatt erfahren haben, daß in der Hauptstadt des Landes ein Militärputsch niedergeschlagen wurde. 9. Bei anhaltend . . Zufuhr atlantischer Kaltluft ist mit weiteren Niederschlägen zu rechnen. 10. Bei ausgefahren . . Antenne ist der Empfang noch wesentlich besser. 11. Er wurde gestern in all . . Stille auf dem Waldfriedhof beigesetzt. 12. Ich hatte Ihnen doch die Wohnung in tadellos . . Zustand übergeben! 13. Er bedrohte ihn mit vorgehalten . . Pistole. 14. Wir kamen mit erheblich . . Verspätung in München an. 15. Mit relativ gering . . Aufwand wurde viel erreicht. 16. Nach eingehend . . Beratung lehnte das Bundesverfassungsgericht den Antrag des Freistaates Bayern ab. 17. Wie von gewöhnlich gut unterrichtet . . Seite zu erfahren war, ist mit dem Abschluß der Ausschußberatungen nicht vor Ende dieses Jahres zu rechnen. 18. Ab heute Ausverkauf zu sensationell niedrig . . . Preisen! 19. Für langjährig . . treu . . Mitarbeit wurde ihm ein Geschenk mit Urkunde überreicht. 20. Das Zugunglück soll durch menschlich . . Versagen verursacht worden sein.

A 2   Das Adjektiv steht zwischen bestimmtem Artikel/Pronomen der Gruppe
    Pr 1 und einem Substantiv:

der blau/*e* Teppich, *das* blau/*e*   *die* blau/*en* Vorhänge
Kissen, *die* blau/*e* Decke

	Singular					Plural	
	m.	n.	f.				
Nom.	-e	-e	-e		Nom.	-en	
Akk.	-en	-e	-e		Akk.	-en	
Dat.	-en	-en	-en		Dat.	-en	
Gen.	-en	-en	-en		Gen.	-en	

91 Ü   Schreibe Sätze nach dem folgenden Muster:

(Der Vertrag läuft in Kürze aus.)
Der in Kürze *auslaufende* Vertrag soll nicht noch einmal verlängert
werden.
(Mehrere Bäume sind auf die Fahrbahn gestürzt.)
Die auf die Fahrbahn *gestürzten* Bäume blockierten den Verkehr.

1. (Dieses Verfahren ist veraltet.) Dieses . . . . Verfahren sollte man
endlich aufgeben. 2. (Das Interesse der Käufer läßt nach.) Das . . . .
Interesse der Käufer hat zu Absatzschwierigkeiten geführt. 3. (Ein Ge-
witter zog auf.) Trotz des . . . . Gewitters marschierten wir los. 4. (Die
Verhandlungen laufen noch.) Wir müssen das Ergebnis der . . . . Verhandlungen abwarten. 5. (Die Löhne und Gehälter sind gestiegen.)
Man macht es sich sehr einfach, wenn man alle Preiserhöhungen den
. . . . Löhnen und Gehältern zuschreibt. 6. (Ihm gebührt Dank für seine Arbeit.) Er wartete vergebens auf den ihm . . . . Dank. 7. (Die
Geldentwertung hält an.) Bei der . . . . Geldentwertung nimmt die
Sparneigung der Bevölkerung weiterhin ab. 8. (Diese Behauptungen
treffen nicht zu.) Er wird sich wegen dieser . . . . Behauptungen ver-
antworten müssen. 9. (Das Benehmen dieses Mannes empörte alle.) Es
fand sich niemand, der das . . . . Benehmen dieses Mannes verteidigt
hätte. 10. (Die Unruhe in der Bevölkerung wächst.) Wegen der . . . .
Unruhe in der Bevölkerung sah sich die Regierung zu einer beschwich-
tigenden Erklärung gezwungen. 11. (Das Vertrauen in die Politik der
Regierungsparteien schwindet.) Trotz des . . . . Vertrauens in die Politik der Regierungsparteien konnten die Oppositionsparteien bei den
letzten Wahlen keine entscheidenden Stimmengewinne erzielen.
12. (Dem Parteichef mangelt es an Führungskraft.) Die . . . . Führungskraft des Parteichefs hat die Partei viele Stimmen gekostet.

Vergleiche:
Das ist der jüngste Sohn
von Herrn Müller.

Das ist { Herrn Müllers / dessen } jüngster Sohn.

Er ist der beste Freund
von Vater.

Er ist   Vaters   bester Freund.

Das Adjektiv steht zwischen
bestimmtem Artikel und Substantiv. → A 2

Adjektiv allein vor einem Substantiv.
→ A 1

92 Ü   Schreibe Sätze nach dem folgenden Muster:

Das ist der neu*e* Wagen von Herrn Müller.
Das ist Herrn Müllers neu*er* Wagen.

1. Darf ich auch mal auf dem neuen Fahrrad von Anna fahren?
2. Das Geschenk stammt von der besten Freundin von Mutter. 3. Auf
dem Maskenball hatte sie den alten Zylinder von Vater auf. 4. Als
kleines Mädchen mußte ich immer die abgelegten Kleider von Anna
auftragen. 5. Fritzchen hat mit der neuen Tabakspfeife von Vater
Fußball gespielt. 6. Das ewige Geschimpfe von Vater ist nicht mehr
auszuhalten. 7. Gerade sind die alten Klassenkameraden von Vater
gekommen, um ihn zu einem Vatertagsausflug abzuholen. 8. Sie ist
mit dem ältesten Sohn von Herrn Meier verheiratet. 9. Der jüngste
Sohn von Herrn Meier studiert in München Soziologie. 10. Das neueste Buch von Professor Meier ist eine Sensation auf dem Buchmarkt.

| A 3 | Das Adjektiv steht zwischen unbestimmtem Artikel/Pronomen der

Gruppe | Pr 2 | und einem Substantiv:

ein blau/er Teppich, *ein* blau/es
Kissen, *eine* blau/e Decke

| | *Singular* | | | *Plural* |1 |
	m.	n.	f.		
Nom.	-er	-es⌉	-e⌉		
Akk.	-en	-es⌋	-e⌋		
Dat.	-en	-en	-en		
Gen.	-en	-en	-en		

Das ist mein Wagen.
Das ist mein/er.   Das ist mein neu/er Wagen.

Das ist mein Fahrrad.
Das ist mein/s.   Das ist mein neu/es Fahrrad.

93 Ü   Schreibe Sätze nach dem folgenden Muster:
(Das Angebot war verlockend.) Das war ein *verlockendes* Angebot.
(Der Plan war gut durchdacht.) Er legte einen gut *durchdachten*
Plan vor.

1. (Der Erfolg war überwältigend.) Die Premiere war ein . . . . Erfolg.
2. (Seine Bemerkung war zutreffend.) Das war eine durchaus . . . .
Bemerkung. 3. (Das Buch sollte anregend sein.) Können Sie mir eine
. . . . Lektüre empfehlen? 4. (Er ist immer sehr unausgeglichen.) Wegen seines . . . . Temperaments ist eine Zusammenarbeit mit ihm
äußerst schwierig. 5. (Die Arbeit hätte abgeschlossen sein sollen.)

---

1 Vergleiche: mein alter Schulfreund — meine alt/en Schulfreunde → | A 2 |

ein alter Schulfreund —   alt/e Schulfreunde → | A 1 |

→ 94 Ü

Statt einer .... Arbeit legte er nicht mehr als einen Entwurf vor.
6. (Seine Antwort war hinhaltend.) Wir mußten uns mit einer ....
Antwort zufriedengeben. 7. (Das Ergebnis war äußerst zufriedenstel-
lend.) Mit einem derart .... Ergebnis hatte niemand mehr gerechnet.
8. (Der Verdacht, daß er der Täter gewesen sei, war naheliegend.) Das
war ein .... Verdacht. 9. (Sein Talent ist vielversprechend.) Er gilt
als ein .... Nachwuchsschauspieler. 10. (Die Ähnlichkeit zwischen
diesen beiden Auffassungen war auffallend.) Zwischen den beiden
Auffassungen bestand eine .... Ähnlichkeit. 11. (Dieser Punkt ist
entscheidend für die weitere Entwicklung.) Wir sind an einem ....
Punkt der Entwicklung angelangt. 12. (Die Atmosphäre war ge-
spannt.) Die Verhandlungen fanden in einer .... Atmosphäre statt.

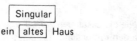

Singular	Plural
ein	altes	Haus	alte	Häuser

Das Adjektiv steht zwischen unbe-
stimmtem Artikel und Substantiv.→ A 3

Adjektiv allein vor Substantiv.
→ A 1

94 Ü Wie heißt der Plural?

Wir haben *einen langen Spaziergang* gemacht.
Wir haben   *lange   Spaziergänge* gemacht.
Wir haben damit *keinen großen Erfolg* gehabt.
Wir haben damit *keine   großen Erfolge* gehabt.

1. Er konnte für sein Verhalten keinen vernünftigen Grund angeben.
2. Wegen eines technischen Fehlers muß die ganze Anlage überholt
werden. 3. Ich weiß von keiner schriftlichen Abmachung. 4. Er hat
einen ganz brauchbaren Vorschlag gemacht. 5. Das ist doch kein neuer Gesichtspunkt. 6. Wegen einer unbedachten Äußerung wurde er
von der Gestapo verhaftet. 7. Er gab mir keine klare Auskunft. 8. Es
ist zu einer heftigen Auseinandersetzung zwischen den beiden gekommen. 9. Ein bedauerliches Mißverständnis war der Anlaß für ihre
Feindschaft. 10. Die Experimente haben zu keiner neuen Erkenntnis
geführt. 11. Am Marktplatz gibt es kein billiges Hotel. 12. Er hat sich
aus einem mir unbekannten Grund aus dem Unternehmen zurückgezogen. 13. Ein anständiger Mensch tut so etwas nicht. 14. Der Bau eines
modernen Hochhauses erfordert Millionen. 15. Er hat sich als Autor eines originellen Hörspiels einen Namen gemacht. 16. In einem langen
Gespräch legte er mir seinen Standpunkt dar. 17. Meines Wissens gibt
es darüber keine vertragliche Abmachung. 18. Er hat mir einen langen
Vortrag gehalten, wie ich alles viel besser hätte machen können.

0 % ——————————————————————————→ 100 %

keine	(nur) wenige	mehrere	einige	viele	alle
			etliche	zahlreiche	sämtliche
		zwei, drei usw., ein paar		zahllose unzählige	

neu/*en*	neu/*e*	neu/*en*
→ A 2	→ A 1	→ A 2
Es haben sich keine neu/*en* Gesichtspunkte mehr ergeben. (DG, 568 ff.)	Es haben sich einige/nur wenige neu/*e* Gesichtspunkte ergeben.	Alle neu/*en* Gesichtspunkte wurden berücksichtigt.

95 Ü   Wähle aus der obigen Tabelle die passenden Wörter aus und gib den Adjektiven die entsprechenden Endungen.

1. Er führte uns durch. . . . alt . . Räume des Schlosses. 2. Bei der Redaktion der Zeitung trafen. . . . zustimmend . . Leserbriefe ein. 3. In diesem Café trafen sich. . . . unzufrieden . . Elemente. 4. In dieser Liste werden. . . . brauchbar . . Bücher zu diesem Spezialgebiet aufgeführt. 5. Von dieser Briefmarke sind. . . . ausgezeichnet . . Fälschungen in Umlauf. 6. Auf dem internationalen Jugendkongreß waren. . . . studentisch . . Organisationen vertreten. 7. Die Arzneimittelfirma hat in. . . . einschlägig . . Fachzeitschriften für das neue Präparat geworben. 8. Sie mag. . . . poppig . . Farben. 9. Er besitzt . . . . dunkl . . Anzüge. 10. Als wir an die Kasse kamen, waren nur noch Karten für. . . . teur . . Plätze zu haben.

Typ des Adjektivs	Besonderheit
dunk*el* teu*er*, sau*er*	Das *e* in *-el* fällt vor Endungen aus, oft auch das *e* in *-er* (besonders nach *eu* und *au*): *ein dunkles Zimmer* *ein teurer Spaß, saure Gurken*
Fremdwörter auf *-bel*; *-ber*, *-ger*, *-ter*: akzepta*bel*; maka*ber*, inte*ger*, illu*ster*	Das *e* in *-bel*; *-ber*, *-ger*, *-ter* fällt vor Endungen aus: *ein akzeptabler Vorschlag; ein makabrer Scherz, ein integrer Mann, eine illustre Familie* → 96 Ü

müde, vage	Das auslautende *e* verschmilzt mit dem *e* der Endung: *müde Augen, vage Vorstellungen* → 96 Ü
Adjektive auf *-a*: *prima* (DG, 517)	Diese Adjektive haben im geschriebenen Deutsch in der Regel keine Endung: *prima Qualität* → 97 Ü
Fremdwörtliche Farbadjektive: *oliv* (DG, 517)	Vor Substantiven sind nur Zusammensetzungen mit *-farben* gebräuchlich: *olivfarbene Vorhänge* → 97 Ü

96 Ü   Setze die Adjektive mit den passenden Endungen ein.

1. (heikel) Ich befand mich in einer . . . . Lage. 2. (übel) Er kam schon mit . . . . Laune ins Büro. 3. (eitel) Ich habe noch nie einen so . . . . Menschen kennengelernt wie ihn. 4. (miserabel) Wenn du noch mal ein so . . . . Zeugnis nach Hause bringst, kannst du was erleben! 5. (unrentabel) Im Rahmen der Rationalisierungsmaßnahmen wurden alle . . . . Zweigwerke stillgelegt. 6. (plausibel) Das wäre die einzig . . . . Erklärung. 7. (flexibel) Ohne seine . . . . Verhandlungsführung wäre die Konferenz schon lange gescheitert. 8. (ungeheuer) Er erschlägt einen geradezu mit seinem . . . . Wissen. 9. (sauer) Er machte eine . . . . Miene, als er um einen Vorschuß gebeten wurde. 10. (makaber) In ihren gegenseitigen Beschuldigungen boten sie ein . . . . Schauspiel. 11. (rege) Bis in die Nachtstunden hinein herrscht in den Lokalen an der Hauptstraße . . . . Betrieb. 12. (böse) Das wird ein . . . . Erwachen geben. 13. (weise) Ob das eine . . . . Entscheidung war, steht dahin. 14. (spröde) Es ist ihm gelungen, diesen . . . . Stoff anschaulich darzustellen.

97 Ü   Setze Adjektive auf *-a* bzw. zusammengesetzte Adjektive auf *-farben* ein.

1. (prima) Wir führen nur . . . . Ware. Sehen Sie sich mal diese türkischen Teppiche an; das ist doch noch . . . . Handarbeit. 2. (rosa) Der Täufling war ganz in Rosa: ein . . . . Strampelhöschen, ein . . . . Jäckchen, ein . . . . Mützchen — sicher ein Mädchen. 3. (lila) Die alte Dame war ganz in Lila: ein . . . . Kostüm, ein . . . . Schal, ... Handschuhe, blaß . . . . Strümpfe, sogar das Haar hatte einen leichten . . . . Schimmer. 4. (orange) Im kommenden Frühjahr trägt die modebe-

wußte junge Dame Orange. .... Kleider und Pullis sieht man schon
vereinzelt in den Schaufenstern. Eine .... Hose würde mir nicht gefallen, aber gegen einen .... Pullover hätte ich nichts. 5. (beige) ....
Kleider wirken dezent und damenhaft. .... Mäntel sind begehrt,
weil sie zu allem passen. Beige ist eine Farbe für jeden Typ. Eine ....
Hose sowie ein .... Rock sollten daher zur Grundgarderobe der Dame gehören. 6. (türkis) Türkis macht blaß und ist daher nichts für jeden Typ. Die dunkelhaarige Annemarie sah allerdings sehr flott aus in
ihrem .... Kleid. Annemarie schwärmt überhaupt für Türkis; sie hat
sogar .... Kacheln im Bad.

98 Ü   Welche Endungen fehlen?

DIE FRAU trägt über ihrem Kleid eine blau . . Schürze mit weiß . .
Kante, später kommt sie . . . mit einem komisch . . Kapotthut, den
sie aber schließlich gegen den weiß . . „Theaterschal" vertauscht.
DER MANN ist gut genährt, hat einen struppig . . Vollbart und eine
Glatze, die nur durch wenige zur Seite gekämmt . . Haare gegen die
Stirn abgegrenzt ist. Seine weit . . , dunkl . . Hose schlägt viele Fal-
ten, die hell . . , oft geflickt . . Weste ist aufgeknöpft. Sein Chemisett
hat einen niedrig . . , breit . . Gummiumlegekragen, unter dem eine
altertümlich . . schwarz . . Binde, wie sie früher die Handwerker trugen, durchgezogen ist, deren Enden sich über der Brust kreuzen und
steif zur Seite stehen. Später zwängt er sich in einen alt . . Gehrock
und eine dunkl . . Weste, zu der er eine gestreift . . Hose trägt. Die
Schnürbänder seiner unförmig . . schwarz . . Schuhe sind oft ge-
knotet, ...
(Karl Valentin's Großes Lachkabinett, S. 118/119)

Vergleich (Komparation)

Positiv

| A | A und B sind gleich lang. |
| B | A ist {so / ebenso / genauso} lang wie B.   B ist {so / ebenso / genauso} lang wie A. |

Komparativ

C	C und D sind nicht gleich lang.	C ist nicht so lang wie D.
D	C ist *kürzer* als D.	C ist *die kürzere* Strecke.
	D ist *länger* als C.	D ist *die längere* Strecke.

Superlativ

E ├───┤   E ist *die kürzeste* Strecke.

F ├─────┤   Von allen Strecken ist E *am kürzesten.*

G ├───────┤   H ist *die längste* Strecke.

H ├───┤   Von allen Strecken ist H *am längsten.*

(SD 3, 562 ff.)

Bildung des Komparativs/Superlativs:

reich	reich-*er*	*am* reich-*st-en*
	die/eine reich-*er*/e Familie	das reich-*st*/e Land der Erde

Der Stammvokal *a, o, u* einiger häufig gebrauchter einsilbiger[1] Adjektive wird im Komparativ/Superlativ umgelautet. Zu diesen Adjektiven gehören die folgenden sechs Gegensatzpaare:

lang	≠	kurz	stark	≠	schwach
warm	≠	kalt	krank	≠	gesund
alt	≠	jung	klug	≠	dumm

Ferner die folgenden sechs Adjektive, deren Gegenwörter (Antonyme) den Diphthong *ei* bzw. den Vokal *ie* haben:

nah	≠	weit	hart	≠	weich	hoch	≠	niedrig
groß	≠	klein	grob	≠	fein			
arm	≠	reich						

Schließlich: *scharf* und *arg* (Seine Schmerzen wurden immer ärger.)

99 Ü   Wie heißt der Komparativ?

1. (gesund) Leben Sie . . . . ! Essen Sie mehr Obst. 2. (kalt) Heute ist es viel . . . . als gestern. 3. (warm) Wenn du dich nicht . . . . anziehst, wirst du dich erkälten. 4. (nah) Was ist . . . . , Gründorf oder Weinhausen? 5. (dumm) Er ist . . . . , als die Polizei erlaubt. 6. (lang) Mal sehen, wer den . . . . Atem hat, du oder ich. 7. (kurz) Nicht geradeaus! Fahren Sie hier rechts ab, das ist der . . . . Weg. 8. (jung) Seitdem er die Kur gemacht hat, sieht er viel . . . . aus. 9. (alt) Er ist fast drei Jahre . . . . als sein Bruder. 10. (grob) Dieses Sandpapier ist mir zu fein; haben Sie kein . . . . ? 11. (hoch) Die Personalkosten sind in diesem Jahr viel . . . . als im vergangenen Jahr. 12. (klug) Es wäre . . . . gewesen, wenn du den Mund gehalten hättest. 13. (krank) Nach der Operation fühlte er sich noch . . . . . 14. (hart) Leute, die von ihren Ersparnissen leben müssen, werden von der Geldentwertung . . . . betroffen als Berufstätige.

---

[1] Ausnahme: gesund

Neben diesen Komparativen/Superlativen, in denen immer Umlaute auftreten, gibt es Komparative/Superlative mit oder ohne Umlaut, z. B.:

schmal ⟨schmäler / schmaler, der schmalste⟩

fromm ⟨frömmer; der frömmste / frommer, der frommste⟩

In einigen Fällen werden die beiden Bildungsweisen zur Kennzeichnung einer Bedeutungsdifferenzierung ausgenutzt:
Er sieht wieder *gesünder* aus.
Unter *gesunderen* wirtschaftlichen Verhältnissen hätte die Wirtschaftspolitik der Regierung eine Chance gehabt.

In der folgenden Übung kommen nur Komparative vor, die einen Umlaut haben müssen bzw. keinen Umlaut haben dürfen.

100 Ü   Wie heißt der Komparativ?

1. (schlank, jung) Seitdem ich . . . . geworden bin, fühle ich mich viel
. . . . . 2. (alt, starr) Wenn Sie mal 20 Jahre . . . . sind, werden Ihre
Ansichten auch . . . . werden. 3. (mager, scharf) Das Kotelett wäre
perfekt, wenn es etwas . . . . und eine Idee . . . . gewürzt wäre.
4. (scharf, straff) Er hätte . . . . durchgreifen und die Arbeit
noch . . . . organisieren müssen. 5. (schlaff, matt, krank) Ich fühle
mich jeden Tag . . . . , ... und . . . . :

Typ des Adjektivs	Besonderheit bei der Bildung des Komparativs
dunk*el* teu*er*	Das *e* in -*el* fällt vor -*er* aus, oft auch das *e* in teu*er*: *ein dunkleres Zimmer, ein teureres Kleid*
Fremdwörter auf -*bel*	Das *e* in -*bel* fällt vor -*er* aus: *eine akzeptablere Lösung*
müd*e*, weis*e*	Das auslautende *e* verschmilzt mit dem -*er* des Komparativs: *Er wurde von Tag zu Tag müder.* *Nicht alle Leute werden im Alter weiser.*

101 Ü → 96 Ü   Wie heißt der Komparativ?

1. (dunkel) Sie hat . . . . Haar als ich. 2. (übel) Die Sache hätte noch
weit . . . . ausgehen können. 3. (sensibel) Ein . . . . Mensch hätte eine
solche Bemerkung übelgenommen. 4. (nobel) Ein noch . . . . Angebot
konnten Sie kaum erwarten. 5. (eitel) Ich kann mir keinen . . . . Menschen vorstellen als ihn. 6. (teuer) Von morgen an werden die Stra-
ßenbahnkarten schon wieder . . . . . 7. (plausibel) Eine . . . . Erklärung fällt mir im Moment nicht ein. 8. (akzeptabel) Diese Konzession
macht Ihren Vorschlag auch nicht . . . . . 9. (leise) Können Sie Ihr
Radio nicht etwas . . . . stellen?

Die Vergleichswörter *als* und *wie* verteilen sich im allgemeinen wie folgt:

Als nach Komparativ:

Das Verfahren A ist   *billiger*   *als* das Verfahren B.

Das Verfahren A ist $\begin{Bmatrix} minder \\ weniger \end{Bmatrix}$ kostspielig *als* das Verfahren B.

Der Kerl ist   *eher*   gerissen   *als* unverschämt[1].

Wie nach *so*:

Das Verfahren A ist   *so* teuer   *wie* das Verfahren B.

Das Verfahren A ist $\begin{Bmatrix} (nur) \ halb \\ doppelt \\ dreimal \end{Bmatrix}$ *so* teuer *wie* das Verfahren B.

Dem Komparativ können abstufende Gradadverbien vorangehen:

Das Verfahren A ist $\begin{Bmatrix} ein \ bißchen \\ ein \ wenig \\ etwas \\ viel \\ weit(aus) \\ bei \ weitem \\ erheblich \\ bedeutend \\ wesentlich \end{Bmatrix}$ *billiger* als das Verfahren B.

102 Ü *als* oder *wie*?

Unterstreiche die abstufenden Gradadverbien vor den Komparativen.

1. Die Vorbereitungen halte ich für ebenso wichtig . . . . die eigentliche Arbeit. 2. Die Vorbereitungen halte ich für nicht minder wichtig . . . . die eigentliche Arbeit. 3. Das ist jetzt viel wichtiger . . . . alles andere. 4. Das neue Verfahren ist weit weniger umständlich . . . . das alte. 5. Der Absatz im Geschäftsjahr 1974 war nur halb so hoch . . . . im Vorjahr. 6. Das Risiko bei einer solchen Operation ist heute wesentlich geringer . . . . noch vor ein paar Jahren. 7. Jetzt sind wir genauso weit . . . . vorher. 8. Diese Versuche sind ebenso kostspielig . . . . nutzlos. 9. Unsere Firma arbeitet heute bei weitem rentabler . . . . früher. 10. Sie hat in der Prüfung erheblich besser abgeschnitten . . . . ich. 11. Er war eher leichtsinnig . . . . tapfer. 12. Ich fühle mich heute ein bißchen besser . . . . gestern.

---

[1] Die Feststellung, daß er gerissen ist, dürfte eher zutreffen als die Feststellung, daß er unverschämt ist.

Typ des Adjektivs	Bildung des Superlativs
Partizip I passend Partizip II gefrag*t* gefürch*tet*	die passend-*st*/e Erklärung die gefragt-*est*/en Artikel der gefürchtet-*st*/e Lehrer
einsilbige oder endbetonte Adjektive auf -*d*/-*t*: mild — gesund hart — interessant -haft : gewissenhaft	 der mild-*est*/e Winter seit Jahren das gesünd-*est*/e der drei Kinder der härt-*est*/e Winter seit Jahren der interessant-*est*/e Vortrag der gewissenhaft-*est*/e Mitarbeiter
Adjektive, die auf -*s* auslauten: heiß kurz -*los* : hilflos aber : groß	 der heiß-*est*/e Tag des Jahres auf dem kürz-*est*/en Wege das hilflos-*est*/e Wesen der *größt*/e Bahnhof Europas
einsilbige Adjektive auf -*sch:* rasch aber : komisch	 So geht es am rasch *est*/en. die komisch-*st*/e Figur
Adjektive, die auf Diphthong oder Vokal auslauten: genau schlau zäh	schwankend: die genau-*est*/e Untersuchung die schlau-*st*/e Lösung Sie hielten am zäh-*est*-en daran fest.

(SD 3, 571 ff.; DG, 614 ff.)

103 Ü Wie heißt der Superlativ?

1. (berühmt) Er war einer der . . . . Sänger seiner Zeit. 2. (lebhaft) Karlchen ist das . . . . der drei Kinder. 3. (geschickt) Er ist der . . . . Unterhändler, den man sich vorstellen kann. 4. (überzeugend) Seine Beweisführung war für mich die . . . . . 5. (gefürchtet) Krebs ist eine der . . . . Krankheiten. 6. (borniert) Er ist der . . . . Mensch, der mir je begegnet ist. 7. (schwarz) Das war der . . . . Tag in der Geschichte der zivilen Luftfahrt. 8. (falsch) Das war so ziemlich die . . . . Entscheidung, die man in dieser Situation treffen konnte. 9. (hübsch) Andrea ist die . . . . der vier Schwestern. 10. (energisch) Er ist der . . . . Geschäftsführer, den wir je hatten. 11. (gewissenlos) Selbst der . . . . Mensch hätte so etwas nicht mitmachen können. 12. (treu) Er ist einer seiner . . . . Anhänger. 13. (schlau) Du hast es mal wieder am . . . . angefangen. 14. (früh) Die spanischen Höhlenmalereien gehören zu den . . . . Zeugnissen der menschlichen Kultur.

Adverbien, die die Form des Superlativs haben oder vom Stamm des Superlativs abgeleitet sind:

Er hat den Raum	eiligst	verlassen.
Er hat alles	schnellst-ens	erledigt.
Er hatte alles	aufs best-e	geregelt.
Das ist ja	höchst	interessant.
So etwas kommt	äußerst	selten vor.

(DG, 621)

104 Ü Setze Superlativadverbien ein: *eiligst.*

1. (billig) Gut erhaltener Kühlschrank . . . . abzugeben. 2. (sehnlich) Da kommen Sie ja endlich. Ich habe Sie schon . . . . erwartet. 3. (höflich) Wir bitten Sie wegen dieses Versehens . . . . um Entschuldigung. 4. (gründlich) Der Arzt hat mich . . . . untersucht, aber nichts gefunden. 5. (peinlich) Alle Vorschriften sind . . . . genau zu befolgen. 6. (gröblich) Er wurde seines Postens enthoben, weil er seine Aufsichtspflicht . . . . verletzt hatte. 7. (sparsam) Der Bund der Steuerzahler erwartet, daß mit Steuergeldern . . . . gewirtschaftet wird. 8. (hoch) Sie können sich vorstellen, daß das für mich eine . . . . peinliche Situation war.

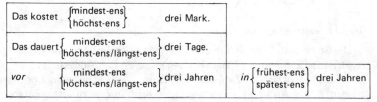

105 Ü Entnimm der Tabelle ein passendes Adverb.

1. Wir werden Ihren Antrag sofort bearbeiten. Sie bekommen in . . . . acht Tagen Bescheid. 2. In Hamburg habe ich länger zu tun; ich komme in . . . . drei Tagen zurück. 3. Für diesen alten Wagen bekommen Sie . . . . noch 300 Mark. 4. Das ist ein echter Perserteppich; der kostet . . . . 4 000 Mark. 5. So schnell geht das nicht. Das dauert . . . . acht Tage. 6. So lange ist das noch gar nicht her; das liegt . . . . zehn Jahre zurück.

106 Ü Ersetze die kursiv gedruckten Wörter durch ein Superlativadverb: *aufs beste.*

1. Wir wurden *überaus freundlich* empfangen. 2. Er hieß uns *sehr herzlich* willkommen. 3. Von dieser Nachricht waren alle *tief* betrof-

3*

fen. 4. Alle unsere Angaben wurden *sehr genau* überprüft. 5. Er war
mit allem *sehr gut* versorgt. 6. Er wies diese Unterstellung *ungewöhnlich heftig* zurück. 7. Er wies diesen Verdacht *sehr energisch* von sich.
8. In der Presse wurde dieser Vorgang *ungemein scharf* kritisiert.
9. Diese beiden Probleme sind *sehr eng* miteinander verknüpft.

Vergleiche:

der *neugierige* Mann der *Neugierige*	die *neugierige* Frau die *Neugierige*	die *neugierigen* Leute die *Neugierigen*
ein *neugieriger* Mann ein *Neugieriger*	eine *neugierige* Frau eine *Neugierige*	*neugierige* Leute *Neugierige*

(SD 3, 557 ff.)

Unsere Tabelle zeigt, daß manche Adjektive zu personenbezeichnenden Substantiven werden können. Sie werden dekliniert wie Adjektive.
Zu diesen Substantiven gehören auch:

der Angestellt/e	- ein Angestellt/er	der Abgeordnet/e	- ein Abgeordnet/er
der Beamt/e	- ein Beamt/er	der Gesandt/e	- ein Gesandt/er
der Bekannt/e	- ein Bekannt/er	der Reisend/e	- ein Reisend/er
der Verwandt/e	- ein Verwandt/er	(= Geschäftsreisender)	
der Angehörig/e	- ein Angehörig/er	der Vorsitzend/e	- ein neu/*er* Vor-
der Verlobt/e	- ihr Verlobt/er		sitzend/*er*

107 Ü Welche Endungen fehlen?

1. Die Streikend . . forderten eine 15%ige Lohnerhöhung und längeren Urlaub. 2. Beamt . . haben im Gegensatz zu den Angestellt . .
kein Streikrecht. 3. Die Zahl der Arbeitslos . . ist saisonbedingt gestiegen. 4. Für Alt . . und Krank . . wird noch immer zu wenig getan.
5. Sobald er eine Wohnung gefunden hat, will Ahmed seine Angehö-
rig . . aus der Türkei nachkommen lassen. 6. In Hamburg kann ich jederzeit bei meinen Verwandt . . übernachten. 7. Herr Müller wurde
zum neuen Vorsitzend . . des Philatelistenverbandes gewählt. 8. Er ist
ein typischer Intellektuell . . . 9. Als Beinamputiert . . ist er auf eine
sitzende Arbeit angewiesen. 10. Bei dem Brandstifter soll es sich um
einen Geistesgestört . . handeln. 11. Er hat geschrien und getobt wie
ein Wahnsinnig . . . 12. Der Klüger . . gibt nach.

das Alte und *das* Neue   Alt*es* und Neu*es*
(= das, was alt ist)
(= das, was neu ist)

feste Wendungen:
Er *zieht* alles *ins* Lächerliche.
(SD 3, 557 ff.)

108 Ü Welche Endungen fehlen?

1. Sie dürfen nicht immer gleich mit dem Schlimmst . . rechnen. 2. Aus Zeitmangel muß ich mich hier auf das Wesentlich . . beschränken. 3. Er hat Hervorragend . . geleistet. 4. Man kann ihm nicht absprechen, daß er das Best . . gewollt hat. 5. Wenn wir die Raten für unsere Möbel abbezahlt haben, sind wir aus dem Gröbst . . heraus. 6. Sicher haben Sie schon Ähnlich . . erlebt. 7. Unser Ältester ist mehr fürs Praktisch . . als fürs Theoretisch . . . 8. Wenn man vom Dunkl . . ins Hell . . kommt, ist man zunächst wie blind. 9. Sie können froh sein, daß er nicht Gleich . . mit Gleich . . vergolten hat. 10. Nehmen Sie das nicht so ernst; er verspricht jedem das Blau . . vom Himmel herunter. 11. Die Sache hat auch ihr Gut . . . 12. Ich habe jetzt Wichtiger . . zu tun als in Vergangen . . herumzukramen.

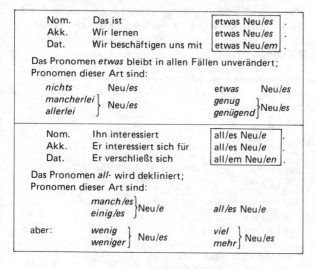

Nom.	Das ist	etwas Neu/*es*	.
Akk.	Wir lernen	etwas Neu/*es*	.
Dat.	Wir beschäftigen uns mit	etwas Neu/*em*	.

Das Pronomen *etwas* bleibt in allen Fällen unverändert; Pronomen dieser Art sind:

nichts	Neu/*es*	*etwas*	Neu/*es*
mancherlei ⎫		*genug* ⎫	
allerlei ⎭	Neu/*es*	*genügend* ⎭	Neu/*es*

Nom.	Ihn interessiert	all/*es* Neu/*e*	.
Akk.	Er interessiert sich für	all/*es* Neu/*e*	.
Dat.	Er verschließt sich	all/*em* Neu/*en*	.

Das Pronomen *all-* wird dekliniert; Pronomen dieser Art sind:

	manch/es ⎫		
	einig/es ⎭ Neu/*e*	*all/es* Neu/*e*	
aber:	*wenig* ⎫	*viel* ⎫	
	weniger ⎭ Neu/*es*	*mehr* ⎭ Neu/*es*	

109 Ü Welche Endungen fehlen?

1. Gestern ist mir etwas ganz Komisch . . passiert. 2. Er hat einiges Richtig . . gesagt, aber auch viel Unsinnig . . . 3. Ich kann nur wenig Positiv . . über ihn sagen. 4. Er wußte nicht viel Neu . . zu berichten. 5. Mir reicht's jetzt; ich habe genug Schlimm . . durchgemacht. 6. Wir haben auf dem Speicher unsere ausrangierten Möbel stehen; vielleicht finden Sie da einiges Verwertbar . . . 7. Er wußte von seinen Reisen allerlei Lustig . . zu berichten. 8. Manches Wichtig . . hat sie unbe-

rücksichtigt gelassen. 9. Sie lehnt alles Einseitig . . und Extrem . . ab.
10. Aus der Sache wird doch nichts Vernünftig . . . 11. Er fühlte sich
zu etwas Besser . . berufen. 12. Ich wünschte, ich könnte mehr Positiv . . berichten.

110 T   Unterstreiche im folgenden Text alle Pluralfomen von Substantiven. Ordne die Substantive nach der Art der Pluralbildung.

Meiers waren heute mit ihren Kindern im Zoo. Natürlich haben sie
Löwen und Tiger, Wölfe und Bären gesehen; aber die gibt's ja wohl in
jedem Zoo. Etwas Auffallenderes waren da schon die Alligatoren und
Krokodile, die ganz faul und träge dalagen und nur hin und wieder
mit den Augen blinzelten. Besonders lustig fanden Meiers die Pingu-
ine, jene arktischen Vögel, die aussehen wie Oberkellner im Frack.
Daß Zebus zur Familie der Rinder gehören und Gazellen eine Antilo-
penart sind, hatten die Kinder gerade in der Schule gelernt. Daß Nas-
hörner und Elefanten Dickhäuter sind, sieht man auch so. Für die
Aquarien blieb am Schluß kaum noch Zeit; die haben sich Meiers für
das nächste Mal vorgenommen.

Übersicht über die Pluralbildung bei **Substantiven**

I.	-e		-er	
der Pfad	die Pfade		der Geist	die Geister
das Brot	die Brote		das Kind	die Kinder
die Drangsal	die Drangsale		——	
der Fluß	die Flüsse		der Wald	die Wälder
das Floß	die Flöße		das Kalb	die Kälber
die Hand	die Hände		——	

keine Endung	
der Balken	die Balken
das Muster	die Muster
——	
der Vater	die Väter
das Kloster	die Klöster
die Mutter	die Mütter

In Verbindung mit der Pluralendung -er werden alle umlautfähigen Stammvokale umgelautet: das Bad, die Bäder; das Volk, die Völker; das Buch, die Bücher;
das Haus, die Häuser.
die-Substantive aller Deklinationen haben in den Singularformen keine Endung:
bei Einbruch der Nacht.

der/das-Substantive der Gruppe I. haben im Genitiv Singular die Endung -(e)s:
der Abt des Klosters, längs des Flusses. Alle Substantive der Gruppe I. haben
im Dativ Plural die Endung -n: mit ihren Kindern, mit beiden Händen.

II.

-s	
der Park	die Parks
das Kino	die Kinos
die Kamera	die Kameras

der/das-Substantive der Gruppe II. haben im Genitiv Singular die Endung *-s*:
der Besitzer des Kinos.

III.

-en/-n	
der Mensch	die Mensch/en
der Bayer	die Bayer/n
die Frau	die Frau/en
die Tasche	die Tasche/n

der-Substantive der Gruppe III. haben die Endung *-en/-n* auch in allen Singularformen, außer im Nominativ:
Ich kenne diesen Menschen nicht.
Ich will mit diesem Menschen nichts zu tun haben.
die Entwicklungsgeschichte des Menschen

111 Ü Wie heißen die Substantive im Plural?

1. (Kurzgeschichte, Erzählung, Hörspiel, Roman, Gedicht) Er ist ein
ungewöhnlich vielseitiger Schriftsteller; er hat . . . . , ... , ... ,
. . . . und . . . . geschrieben. 2. (Regal, Reagenzglas, Flasche, Chemika-
lie) In den . . . . standen . . . . und . . . . mit . . . . . 3. (Straße, Ver-
kehrsampel, Autoschlange) In den . . . . der Innenstadt stauten sich
vor den . . . . lange . . . . . 4. (Dekorateur, Schaufenster, Pullover,
Bluse) Die . . . . dieses Textilgeschäfts scheinen nicht viel Phantasie
zu haben. In allen . . . . sieht man nichts als . . . . und . . . . . 5. (Lohn,
Gehalt) Die . . . . und . . . . sind im letzten Jahr um durchschnittlich
10 % gestiegen. 6. (Kino, Vorstellung, Film, Untertitel) In allen . . . .
der Innenstadt werden in den Matinee- . . . . ausländische Original-
. . . . mit deutschen . . . . gezeigt. 7. (Fahrplan, Zubringerbus, Ab-
fahrtszeit, Zug) Die . . . . für die . . . . sind auf die . . . . der Bundes-
bahn abgestimmt worden. 8. (Gottesdienst, Katholik, Protestant) In
dieser Kirche gibt es gemeinsame . . . . für . . . . und . . . . .

112 Ü Beachte, daß die *der*-Substantive der Gruppe III. auch im Singular
die Endung *-en* oder *-n* haben; nur der Nominativ ist endungslos.

1. (Student) Meine Schwester ist mit einem Medizin . . . . verlobt.
2. (Photograph) Ich gehe nur schnell zum . . . . , um meine Paßbilder
abzuholen. 3. (Experte) An Ihrer Stelle würde ich einmal einen . . . .
fragen. 4. (Spezialist) Vielleicht wäre es nicht uninteressant, die Meinung eines . . . . zu hören. 5. (Patient) Der . . . . muß jeden Tag zur

Bestrahlung kommen. 6. (Nachkomme, Zar) Er behauptet von sich, er wäre ein . . . . des russischen . . . . . 7. (Fürst) Ich habe mit dem . . . . von Monaco persönlich gesprochen. 8. (Pädagoge, Kronprinz) Da er in dem Ruf stand, ein ausgezeichneter . . . . zu sein, kam er als Erzieher des . . . . an den Hof. 9. (Elefant) An der Form der Ohren kann man erkennen, ob es sich um einen indischen oder einen afrikanischen . . . . handelt. 10. (Drogist) Vertrau dich deinem . . . . an.

Einige Substantive mit der Endung -en/-n im Plural (→ III.) haben im Singular die Merkmale der Substantive der Gruppe I.:

-en/-n/-ien		Genitiv Singular
der Staat	die Staaten	des Staates
der Proféssor	die Proféssóren	des Proféssors
der Muskel	die Muskeln	des Muskels
das Reptil	die Reptilien	des Reptils
das Zentrum	die Zentren	des Zentrums
das Konto	die Konten	des Kontos
das Drama	die Dramen	des Dramas
das Epos	die Epen	des Epos
das Virus	die Viren	des Virus

113 Ü Wie heißt der Singular?

1. Er ist als Autor *von historischen Dramen* berühmt geworden. 2. Die Berufung *von Professoren* erfolgt durch den Kultusminister des zuständigen Bundeslandes. 3. Er sammelt *Materialien* für ein neues Buch. 4. Die Entwicklung *neuer Autotypen* bis zur Produktionsreife nimmt Jahre in Anspruch. 5. Die Grenzen *dieser Staaten* werden durch ein internationales Abkommen garantiert. 6. Er hat Firmengelder auf *Privatkonten* in Liechtenstein überwiesen. 7. Er ist ein derartiger Antiquitätennarr, daß er sich *Betten* aus der Barockzeit für sein Schlafzimmer angeschafft hat. 8. Er hat *mehrere langatmige Epen* geschrieben. 9. Im 5. Kapitel dieser Grammatik wird die Funktion *der Adverbien* behandelt. 10. Wieviel Stoff brauche ich für *zwei Hemden*?

Fugenzeichen in Zusammensetzungen

das *Rind*	des *Rinds*	die *Rinder*
das *Rind*fleisch	das *Rind*sgulasch	der *Rinder*braten
das *Schwein*	des *Schweins*	die *Schweine*
der *Schwein*igel	das *Schwein*sohr	der *Schweine*stall
das *Land*	des *Lands*	die *Länder*
das *Land*gericht	der *Land*smann	die *Länder*kunde
	des *Landes*	
	die *Landes*regierung	

Darüber hinaus gibt es Fugenzeichen, die sich nicht auf Genitiv- oder Plural-
endungen zurückführen lassen:

die Hilfe	hilf - los	Hilf*s* - verb
	Hilfe - angebot	
die Liebe	lieb - los	Liebe*s* - brief
	liebe - voll	

Das *-s* in der rechten Spalte nennt man „Fugen-s''.
(SD 3, 778)
Das Fugen-*s* steht regelmäßig nach femininen Substantiven auf *-ung, -heit,
-keit, -schaft, -ion* und *-tät*, z.B.: *Zeitung/s/leser.*

114 Ü Wie heißen die Zusammensetzungen?
Beispiel: Regierung + Koalition = Regierung*s*koalition

1. (Regierung, Meinung, Mitbestimmung) Innerhalb der . . . .koalition
soll es zu . . . .verschiedenheiten über das . . . . modell gekommen
sein. 2. (Fraktion, Union, Inflation) Der . . . . chef der . . . . parteien
äußerte sich beunruhigt über die ständig steigenden . . . . raten. 3. (Geschwindigkeit, Sicherheit) Durch . . . . begrenzungen und die Einfüh-
rung von . . . .gurten konnte die Zahl der Unfallopfer erheblich gesenkt werden. 4. (Elektrizität, Kapazität) Die bayerischen . . . . werke
sind bis nahe an die . . . . grenze ausgelastet. 6. (Weltmeisterschaft,
Gemeinschaft) Die Aufnahmen von den . . . . spielen werden in einer
. . . . sendung aller bundesdeutschen Fernsehanstalten übertragen.

Bei maskulinen und femininen Substantiven der Gruppe III. tritt bei Zusammensetzungen meistens ein Fugen-(e)*n* ein:

der Elefant	des Elefanten	der *Elefanten*zahn
	die Elefanten	
der Invalide	des Invaliden	die *Invaliden*rente
	die Invaliden	
die Frau	die Frauen	das *Frauen*zimmer
die Straße	die Straßen	die *Straßen*bahn

115 Ü Wie heißen die Zusammensetzungen?
Beispiel: Tasche + Tuch = Tasche*n*tuch

1. (Kabine, Nummer) Vor unserer Haustür steht schon seit Tagen ein
halb verrosteter . . . .roller ohne . . . .schild. 2. (Pute, Suppe, Hase)
Unser heutiges Sonderangebot: . . . .keulen direkt aus den USA, ma-
geres . . . .fleisch und gespickter . . . .rücken. 3. (Aktie, Börse) Seit
Herr Müller zwei Kleinaktien besitzt, interessiert er sich nur noch für
. . . .kurse und hört regelmäßig den . . . .bericht. 4. (Oper, Operette)

Jeder . . . .- und . . . .freund wird von unserer Kassette mit zehn Lang-
spielplatten begeistert sein. 5. (Lunge, Höhe) Dr. Bergmann übernahm
die Leitung der neuen . . . .heilstätte in dem . . . .kurort Fichtenberg.
6. (Wolke, Katastrophe) Die Bevölkerung in dem von Überschwem-
mungen und . . . .brüchen heimgesuchten . . . .gebiet wird durch Hub-
schrauber mit Lebensmitteln und Medikamenten versorgt.

Die Apposition
(SD 3, 208 ff.)

Bezugswort	
Nominativ	*Bayern,* das beliebte Ferienland, bietet für jeden etwas.
Akkusativ	Besuchen Sie *den Ammersee,* einen der schönsten Seen im Voralpengebiet.
Akkusativ nach Präp.	Nachmittags: Ausflug *auf die Zugspitze,* den höchsten Berg Deutschlands.
Dativ	Bayern bietet *jedem* etwas, dem Erholungsuchenden ebenso-gut wie dem kunstsinnigen Touristen.
Dativ nach Präp.	Mittagessen *in Mittenwald,* der Geigenbauerstadt am Fuße der Alpen.
Genitiv	Montag: Besichtigung *des Schlosses Herrenchiemsee,* des bayerischen Versailles.
Genitiv nach Präp.	*Trotz Massentourismus,* der Völkerwanderung unserer Tage, individuelle und zuvorkommende Bedienung in allen unseren Hotels.

Manchmal bezieht sich die Apposition auf den Inhalt des gesamten vorausgehenden Satzes. Sie steht dann im Nominativ:

Einflußreiche Persönlichkeiten aus Wirtschaft und Politik sollen aus bayeri-
schem Staatsbesitz Bauland weit unter Preis erhalten haben — ein Skandal, der
die Gemüter aufs äußerste erregt hat.

116 T Unterstreiche die Appositionen.

Bayern, eines der beliebtesten Feriengebiete Deutschlands, bietet alles, was sich ein Urlauber nur wünschen kann. Ganz gleich, ob Sie
sich für Mittenwald entscheiden, die Geigenbauerstadt, für Garmisch-
Partenkirchen, den internationalen Luftkurort, für Oberammergau,
den Schauplatz der Passionsspiele, oder für Bad Kohlgrub, das weithin anerkannte Moorbad, Sie werden zufrieden sein. Der Naturfreund
fährt auf die Zugspitze, den höchsten Berg Deutschlands, oder pad-
delt auf dem Kochelsee, einem der reizvollen oberbayerischen Seen.

Der technisch Interessierte kann das Walchenseekraftwerk, ein Zentrum der Stromerzeugung, besichtigen. Der Kunstfreund besucht Ettal, die berühmte Benediktiner-Abtei, oder die Wieskirche, eine der schönsten Rokokokirchen Deutschlands. Der Romantische wird sich die Schlösser Ludwigs II., des schwermütigen Märchenkönigs, nicht entgehen lassen. Kurz: Ferien in Bayern — ein Erlebnis für den erholungsuchenden Touristen wie den verwöhnten Feriengast.

Vergleiche:

Selbständiger Satz (meist eingeschoben):	Mittenwald — die Stadt wird die Geigenbauerstadt genannt — ist das Zentrum der bayerischen Streich- und Zupfinstrumentenherstellung.
Relativsatz:	Mittenwald, das als Geigenbauerstadt bekannt ist, liegt an der Mittenwaldbahn, die Garmisch mit Innsbruck verbindet.
Apposition:	Mittenwald, die Geigenbauerstadt, ist ein Luftkurort im Karwendelgebirge.

Die Apposition kann wie der selbständige Satz adverbiale Bestimmungen enthalten:
Der Fahrer des Volkswagens — *vermutlich* handelt es sich um einen Textilvertreter — fand bei dem Unfall den Tod.
Der Fahrer des Volkswagens, *vermutlich* ein Textilvertreter, fand bei dem Unfall den Tod.

117 Ü Verwandle die selbständigen Sätze in Appositionen.

1. Die Fünf-Tage-Woche — sie ist für uns heute eine Selbstverständlichkeit — konnte von den Gewerkschaften erst nach langen Kämpfen durchgesetzt werden. 2. Seine Dissertation — es handelt sich um eine Abhandlung über das österreichische Barocktheater — ist inzwischen im Druck erschienen. 3. Einer der Bankräuber — es handelt sich vermutlich um den Chef der Bande — konnte inzwischen in einem Kölner Hotel festgenommen werden. 4. Der Verdacht fiel zunächst auf einen gewissen Jacques Beauregard — er ist ein internationaler Ganove, dessen Name seit langem auf den Fahndungslisten von Interpol steht. 5. Von Ludwig Meier — er ist der Hintermann des Spions — fehlt seitdem jede Spur. 6. Er soll in Begleitung Greta Garbos — es handelt sich um die einst gefeierte Filmschauspielerin — gesehen worden sein.

118 Ü Setze die Artikel und die fehlenden Endungen ein.

1. Die Konferenz fand in Kairo, ... Hauptstadt Ägyptens, statt.
2. Als Verhandlungsort ist Beirut, die Hauptstadt des Libanon, vorgesehen. 3. Istanbul, ... alt .. Konstantinopel, war bis zum Ende der osmanischen Dynastie die Hauptstadt des Türkischen Reiches.
4. Kennedy, ... 35. Präsident der Vereinigten Staaten von Amerika, wurde 1963 in Dallas ermordet. 5. Auf Kennedy, ... 35. Präsident .. der Vereinigten Staaten von Amerika, wurde 1963 ein Attentat verübt. 6. Die Regierungschefin mußte sich wegen einer plötzlichen Erkrankung, vermutlich ein .. Nervenentzündung, bei den entscheidenden Verhandlungen vertreten lassen. 7. Im Urlaub erkrankte er an Gürtelrose, ein .. schmerzhaft .. Erkrankung nervösen Ursprungs. 8. Er hat den Robinson Crusoe, ... bekanntest .. Roman von Daniel Defoe, ins Deutsche übersetzt. 9. Das Ehepaar erklärte sich bereit, das Kind, ein .. 5jährig en Jungen, zu adoptieren. 10. Der neue Regierungschef Argentiniens hat der militanten Linken, sein en Bundesgenossen von gestern, den Kampf angesagt. 11. Wirtschaftsexperten befürchten, eine Drosselung der Automobilproduktion, des wichtigst en Erwerbszweig es in der Bundesrepublik, werde verheerende Folgen für die Gesamtwirtschaft haben. 12. Anstelle des erkrankten Bundesverkehrsministers, ein .. energisch : . Verfechter .. der Geschwindigkeitsbegrenzung, begründete der Staatssekretär die Gesetzesvorlage.

Zu den Appositionen werden auch Ausdrücke aus *als* + Substantiv gerechnet: Nur Dr. Müller *als der behandelnde Arzt* (= in seiner Eigenschaft als behandelnder Arzt) kann die Einweisung ins Krankenhaus veranlassen.

Bezugswort	
Nominativ	*Der Bundespräsident* als das Staatsoberhaupt der Bundesrepublik Deutschland darf kein anderes besoldetes Amt, kein Gewerbe und keinen Beruf ausüben.
Akkusativ	Man hat *Herrn Müller* als Betriebsratsvorsitzenden zu den Verhandlungen hinzugezogen.
Akkusativ nach Präp.	Die Kritik richtete sich vor allem *gegen Herrn Meier* als den Hauptverantwortlichen für diese Entscheidung.
Dativ	Ich habe *ihm* als dem Älteren den Vortritt gelassen.
Dativ nach Präp.	Die Verhandlungen wurden *von ihm* als dem zuständigen Abteilungsleiter geführt.
Genitiv	Man forderte die Bestrafung *des Majors* als des für diesen Befehl verantwortlichen Offiziers.

(DG, 1306 ff.)

119 Ü Setze die Artikel und die fehlenden Endungen ein.

1. Der Nahost-Konflikt hat die Rolle der Großmächte als . . . . Garanten des Weltfriedens erneut sichtbar gemacht. 2. Man gedachte des Wirkens dieses Mannes als ein . . mutig . . Vorkämpfer . . für Freiheit und Demokratie. 3. Er berief sich dabei auf Engels als ein . . der Haupttheoretiker des Marxismus. 4. Ich wende mich heute an Sie als ein . . der bedeutendsten Vertreter unseres Fachgebiets. 5. Der Haftbefehl wurde von ihm als . . . . zuständig . . Richter erlassen. 6. In dieser Krimiserie spielt Maigret als unerschrocken . . Kriminalkommissar die Hauptrolle.

Beinamen und Zahlwörter als Appositionen:
Kaiser Karl *der Große* regierte von 768 – 814.
Unter der Regierung König Ludwigs I. (zu lesen; *des ersten*) entstand das moderne München.

120 Ü Setze die Appositionen ein.

1. (der Fromme, der Große, der Kaiser, der Deutsche, der Kahle) Ludwig . . . ., der Sohn Karls . . . ., teilte das Reich unter seine drei Söhne: Lothar, ..., Ludwig . . . . und Karl . . . . . 2. (der fünfte) Das Reich Karls . . . . war so groß, daß der Kaiser sagen konnte, in seinem Reich gehe die Sonne nicht unter. 3. (der erste, der zweite) Die Ludwigstraße in München ist nach König Ludwig . . . ., die Maximilianstraße nach König Maximilian . . . . genannt. 4. (der dreiundzwanzigste, der zwölfte) Papst Johannes . . . . war der Nachfolger des Papstes Pius . . . . .

Datumsangabe als Apposition:

Apposition im Dativ
Die Eröffnung der Ausstellung findet am Montag, *dem 12. März*, statt.

Apposition im Akkusativ
Die Eröffnung wurde auf Montag, *den 12. März*, vorverlegt.
(DG, 1301)

Sogenannter adverbialer Akkusativ:

Die Eröffnung der Ausstellung findet am Montag, *den 12. März* statt.

München, *den 12. März* 1974

121 Ü Setze die Artikel ein.

1. Er hat uns am Montag, ... 11. März, besucht. 2. Die nächste Sitzung wurde für Donnerstag, ... 25. April, anberaumt. 3. Er mußte seine Abreise auf Dienstag, ... 2. September, verschieben. 4. An-

träge sind bis Montag, ... 8. Juli, im Sekretariat abzugeben. 5. Am
28. August, : . . . . Sonntag, trafen sich die Minister in der Dienstvilla
des Kanzlers. 6. Ab kommenden/em Montag, ... 4. Juni, bleibt unser Geschäft für 14 Tage geschlossen.

Präpositionen, mit denen räumliche Beziehungen bezeichnet werden
können
(SD 3, 728 ff.)

I.

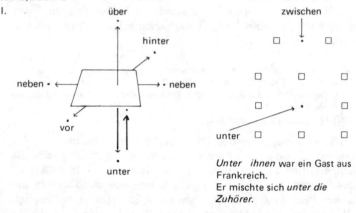

Unter *ihnen* war ein Gast aus
Frankreich.
Er mischte sich *unter die
Zuhörer.*

Sich irgendwo befinden
(Präposition + Dat.):

Der Möbelwagen steht
vor der Haustür.

*Eine neue Position einnehmen,
in eine neue Position kommen*
(Präposition + Akk.):

Der Dicke setzte sich
direkt *vor mich.*

122 Ü   Setze Artikel, Pronomen, Endung ein.

1. Sie saß beim Abendessen neben . . . . Gastgeber. 2. Er setzte sich
neben . . . . und begann eine Unterhaltung mit ihr. 3. Wir haben über
unser . . Haustür ein Schutzdach anbringen lassen. 4. Ich meine, die
Lampe müßte über, nicht neben . . . . Eingangstür. 5. Ein Reklame-
flugzeug kreiste über . . . . Stadt. 6. Unter . . . . Karlsplatz in München
ist ein Einkaufszentrum angelegt worden. 7. Als wir nach Hause kamen, kroch unser Dackel unter . . . . Sofa, ein sicheres Zeichen, daß
er etwas angestellt hatte. 8. Stelle einen Untersetzer unter . . . .
Schüssel, damit es keinen Ring auf der Tischplatte gibt. 9. Wenn er
sich nicht zwischen . . . . beid . . gestellt hätte, wäre es wahrscheinlich zu einer Prügelei gekommen. 10. Er stand zwischen . . . . beid . .

und versuchte, sie zu beschwichtigen. 11. Er mischte sich unter . . . .
Versammlungsteilnehmer, um mit ihnen zu diskutieren. 12. Unter
. . . . Zuschauern saß auch der Ex-Boxweltmeister Max Schmeling.
13. Er fertigte mich vor . . . . Haustür ab. 14. Sie stellte sich schüt-
zend vor . . . . Kind. 15. Ich hätte zu gern mal hinter . . . . Vorhang
geschaut. 16. Er hatte sich hinter ein . . Litfaßsäule versteckt.

Beachte: Bei Verben wie *et. anbringen, et. befestigen* wird der Ort hervorgeho-
ben, *wo* etwas angebracht wird:
Er brachte die Lampe *über der Tür* an.
Er befestigte das Schild *neben der Tür.*

Bei Verben wie *sich verstecken, sich verkriechen* wird ebenfalls meist gesagt,
wo sich jemand versteckt, verkriecht:
Er versteckte sich *hinter einem Baum.*
Sie verbarg sich *hinter seinem Rücken.*
Der Hund verkroch sich *unter dem Sofa.*

II.

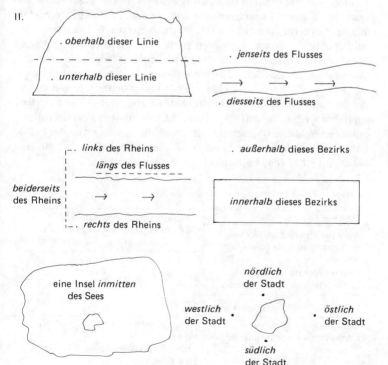

Nähe — Ferne: *in der Nähe* des Hauptbahnhofs
                   unweit der Brücke
                   abseits der Hauptstraße

Nach den Präpositionen der Gruppe II. steht der Genitiv. In Verbindung mit geographischen Namen sind auch Anschlüsse mit *von* + Dativ gebräuchlich:

innerhalb *Berlins*   :   innerhalb *von Berlin*
diesseits *des Rheins* :   diesseits *vom Rhein*

Nach *längs* findet man auch Dativformen:
längs *des Flusses,* längs *den Gärten* des Palastes

123 Ü Setze Artikel, Pronomen, Endung ein.

1. Oberhalb . . . . Dorf . . liegt die Ruine eines ehemaligen Raubritterschlosses. 2. Unterhalb . . . . Befestigungsanlage befindet sich die mittelalterliche Altstadt. 3. Die Altstadt liegt diesseits . . . . Fluss . . . 4. Der Forst jenseits . . . . Bundesstraße gehört schon nicht mehr zu unserem Landkreis. 5. Die rechts . . . . Rhein . . gelegenen ehemaligen Mainzer Vororte gehören heute zu Wiesbaden. 6. Der Frachter ist unweit . . . . Küste auf eine Sandbank aufgelaufen. 7. Wir übernachteten in einer Herberge abseits . . . . Hauptverkehrsstraße. 8. Die Bahnlinien beiderseits . . . . Rhein . . gehören zu den meistbefahrenen Strecken in der Bundesrepublik. 9. Die Ringstraße verläuft längs . . . . alt . . Stadtmauer. 10. Das Schloß Herrenchiemsee liegt auf einer Insel inmitten . . . . Chiemsee . . . 11. Das Photo zeigt den 90jährigen inmitten sein . . Kinder, Enkel und Urenkel. 12. Der heutige Nordfriedhof lag früher weit außerhalb . . . . Stadt. 13. Die meisten Versicherungen gewähren Versicherungsschutz nur innerhalb . . . . Grenzen der EG-Länder. 14. Zwischen den Ländern nördlich und südlich . . . . Alpen haben seit jeher enge kulturelle Beziehungen bestanden.

III. Nähe — Ferne (Präpositionen mit Dativ):

Potsdam liegt *bei* Berlin.	Er wohnt nicht *weit von* uns.
Nahe der alten keltischen Siedlung errichteten die Römer ein Kastell.	Er wohnt nicht *weit weg von* uns. Er wohnt nicht *weit entfernt von* uns.
Er starb *fern* der Heimat. Er starb *fern von* seiner Familie.	

gegenüber (Präposition mit Dativ)

Er wohnt *uns gegenüber.* *Gegenüber von uns* wohnen Müllers.	*Dem Bahnhof* (schräg) *gegenüber* liegt die Post. (Schräg) *gegenüber dem Bahnhof* liegt die Post.

IV. □ = Raum

1.

in + Akk.	in + Dat.	aus + Dat.
Er ging	Er saß	Er kam
ins Zimmer.	im Zimmer.	aus dem Zimmer.

2.   Stadt/Land/Kontinent

nach + Dat.

Er fuhr	Er wohnt	Er ist gestern
nach Paris.	in Paris.	aus Paris zurückgekommen.

Ist die geographische Bezeichnung mit einem Artikel verbunden, so verwendet man meist *in* + Akk.:

in die Schweiz einreisen   *in der Schweiz* wohnen   *aus der Schweiz* kommen

124 Ü Setze Präposition und Artikel ein.

1. Ist noch Cognac . . . . Flasche? / Er hat den Cognac gleich . . . .
Flasche getrunken. 2. Das Buch hat doch eben noch . . . . Regal ge-
standen. / Haben Sie gesehen, wer das Buch . . . . Regal genommen
hat? 3. Er hat alle Regeln . . . . Kopf. / Er kann sie . . . . Gedächtnis
hersagen. 4. Er hat jahrelang . . . . Ausland gelebt. / Er ist vorgestern
. . . . Ausland zurückgekommen. 5. Der Artikel stand . . . . Abendzeitung. / Er hat den Artikel . . . . Abendzeitung ausgeschnitten. 6. Er
hat diese Regel . . . . Duden-Grammatik gefunden. / Er hat diese Regel . . . . Duden-Grammatik abgeschrieben. 7. Der Wagen war . . . .
Straßengraben gerutscht. / Wir wußten nicht, wie wir ihn wieder . . . .
Straßengraben bringen sollten. 8. Du mußt sofort . . . . Bett. / Karlchen ist heute nacht . . . . Bett gefallen. 9. Er ist vorgestern . . . . Bundesrepublik gekommen. / Da er nicht im Besitz eines gültigen Passes
war, wurde er . . . . Bundesrepublik ausgewiesen. 10. Er ist heute . . . .
Schweiz eingereist. / Morgen will er . . . . Frankreich weiterreisen.

V.

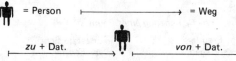

zu + Dat.		von + Dat.
Ich muß *zum Arzt*.	*bei* + Dat.	Ich komme gerade *vom Arzt*.
	Ich habe *beim Arzt* drei Stunden warten müssen.	

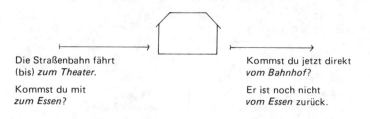

Die Straßenbahn fährt
(bis) *zum Theater.*

Kommst du mit
zum Essen?

Kommst du jetzt direkt
vom Bahnhof?

Er ist noch nicht
vom Essen zurück.

125 Ü Setze Präposition, Artikel, Pronomen, Endung ein.

1. Können Sie mir sagen, wie ich . . . . hier . . . . Hauptbahnhof komme? — Fahren Sie mit der Linie 8, die fährt bis . . . . Bahnhofsvorplatz.
2. . . . . Metzger gehe ich nicht mehr; . . . . wird man immer so
schlecht bedient. 3. Er ist vor zwei Jahren . . . . sein . . Großmutter
gezogen. / Er wohnt nun schon seit zwei Jahren . . . . sein . . Großmutter. 4. Heute hat er einen Antrittsbesuch . . . . sein . . neu . . Chef
gemacht. / Er kam ganz beschwingt . . . . dies . . Besuch zurück.
5. Als ich . . . . Frühschicht ging, bin ich Herrn Meier begegnet, der
gerade . . . . Nachtschicht zurückkam. 6. Er fährt immer mit dem
Fahrrad . . . . Arbeit. / Gegen halb sechs Uhr kommt er . . . . Arbeit
nach Hause. 7. Die U-Bahn braucht . . . . Marienplatz bis . . . . Universität nur drei Minuten.

VI.

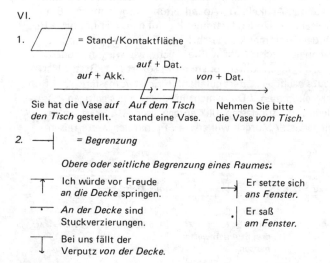

1. = Stand-/Kontaktfläche

auf + Dat.

auf + Akk.   *von* + Dat.

Sie hat die Vase *auf*   *Auf dem Tisch*   Nehmen Sie bitte
den Tisch gestellt.   stand eine Vase.   die Vase *vom Tisch.*

2. = *Begrenzung*

Obere oder seitliche Begrenzung eines Raumes:

Ich würde vor Freude
an die Decke springen.

Er setzte sich
ans Fenster.

An der Decke sind
Stuckverzierungen.

Er saß
am Fenster.

Bei uns fällt der
Verputz *von der Decke.*

auf dem Berg

ein Haus *am Berg*

Begrenzung einer Fläche:

auf dem Blatt →

Er schrieb sich Notizen *an den Rand.*

Am Rand stand ein Fragezeichen.

Er saß *an unserem Tisch.*

auf dem Tisch

Er setzte sich *an unseren Tisch.*

auf dem See

ans Ufer

am Ufer

Begrenzung einer Strecke:

auf dieser Linie

am Anfang   *am Ende*

126 Ü Setze Präposition und Artikel ein.

1. Lehn dich nicht . . . . frisch gestrichene Wand! / Geh . . . . frisch gestrichenen Wand weg! 2. Der Lehrer hat die Mathematikaufgaben . . . . Wandtafel geschrieben. / Wir haben die Aufgaben . . . . Tafel abgeschrieben. 3. Ihm ist ein Blumentopf . . . . Kopf gefallen. / Der Wind hat mir den Hut . . . . Kopf gerissen. 4. . . . . obersten Ast hängen noch drei Äpfel. / Bei dem Sturm sind alle Äpfel . . . . Baum gefallen. 5. Er ist . . . . Stuhl eingeschlafen. / Er ist . . . . Stuhl gefallen. 6. In den Ferien fahre ich . . . . Ostsee. / Er ist ganz braungebrannt . . . . See zurückgekommen.

127 Ü Setze Präposition, Artikel und Endung ein.

1. Er hat . . . . link . . Straßenseite geparkt. / Er hat seinen Wagen . . . . Straßenrand stehenlassen. 2. Er hatte sich die Telefonnummer

. . . . Zettel notiert. / . . . . Rand hat er ein Ausrufezeichen gemacht.
3. Das Denkmal steht mitten . . . . Marktplatz. / Wir wohnen . . . .
Marktplatz. 4. Das Essen stand schon . . . . Tisch. / Er setzte sich zu
uns . . . . Tisch. 5. Wir haben eine Dampferfahrt . . . . Rhein gemacht.
/ Boppard liegt . . . . Rhein. 6. Er hat seinen Urlaub . . . . Nordsee ver-
bracht. / Das Schiff wurde . . . . hoher See von einem Orkan überrascht. 7. Der Wagen blieb mitten . . . . Kreuzung stehen. / Es wird
höchste Zeit, daß . . . . dies . . Kreuzung eine Ampel kommt. 8. . . . .
Berg steht ein Aussichtsturm. / Unser Haus liegt . . . . Hang. 9. Wo-
chenkarten bekommen Sie . . . . Schalter 13. / . . . . Schild steht aber,
daß der Schalter geschlossen ist.

VII.   1.   Hotelzimmer, gemietetes Zimmer

> *auf + Akk.*    • *auf + Dat.*

Bringen Sie das Gepäck von   Der Herr ist nicht *auf (in)*
dem Herrn *auf Zimmer 17.*   *seinem Zimmer.*

2.   Schule, Universität

> *auf + Akk.*

Er geht *auf eine Handelsschule.*
(= besucht eine Handelsschule.)
Daneben:
Er kommt Ostern *in die Schule.*
(= wird Ostern eingeschult.)

Er geht noch *zur/in die Schule.*
(= ist noch schulpflichtig.)

> *an + Akk.*   • *an + Dat.*

                                          Er studiert *an der Universität
                                          München.*

Er hat einen Ruf   Er hat einen Lehrstuhl
an die Universität München   *an der Universität München.*
bekommen.

Er will später mal   Er ist Lehrer
an die Schule.   *an einer Handelsschule.*

3.   Arbeitgeber

> *zu + Dat.*   • *bei + Dat.*

Er will später mal *zur Post /*   Er arbeitet *bei der Post / bei*
zur Bahn / zum Staat.   *der Bahn / beim Staat.*
                                          Er ist Ingenieur *bei Siemens.*

                                          Er ist *bei der Staatsbank* ange-
                                          stellt.

4. Büros, staatliche Ämter, Banken und ähnliche Einrichtungen mit
Publikumsverkehr

auf + Akk.	• *auf* + Dat.
Er muß schon um 8 Uhr aufs (ins) *Büro*.	Er arbeitet *auf* (*in*) *einem Anwaltsbüro*.
Bringen Sie das Paket *auf die* (*zur*) *Bahn* / *auf die* (*zur*) *Post*.	Versicherungsmarken bekommen Sie *auf* (*in*) *jedem Postamt*.

128 Ü Setze Präposition, Artikel, Endung ein.

1. Hat der Herr . . . . Zimmer 375 sein Frühstück schon bekommen?
2. Ich habe mir das Frühstück . . . . Zimmer bringen lassen. 3. Wenn
Sie wünschen, können Sie Ihr Frühstück auch . . . . Ihr . . Zimmer
einnehmen. 4. Leider hatte ich kein Telefon . . . . mein . . Zimmer.
5. Der Angestellte . . . . Reisebüro hat uns ausgezeichnet beraten.
6. Mein Mann ist Beamter . . . . Bahn. 7. Sie sollen . . . . Postamt kommen; es ist ein Paket für Sie da. 8. Ich bin . . . . Finanzamt bestellt
worden; wahrscheinlich habe ich bei der Steuererklärung etwas verkehrt gemacht. 9. Ich war heute morgen . . . . Bank und habe mir unsere Kontoauszüge geben lassen. 10. Nächste Woche fängt er . . . .
BMW an. 11. Er ist . . . . Deutsch . . Bank angestellt. 12. Er ist Verwaltungsbeamter . . . . Bundeswehr. 13. Mein Vetter ist . . . . Polizei.
14. Herr Meier arbeitet . . . . Einwohnermeldeamt. 15. Mein Freund
studiert Germanistik; er will später mal . . . . Schule. 16. Als junger
Studienassessor kam er . . . . Ludwigsgymnasium. 17. Mein Bruder
geht . . . . Oskar-von-Miller-Gymnasium. 18. Wann kommt denn der
Kleine . . . . Schule? 19. Wenn er seine Gesellenprüfung bestanden
hat, will er . . . . Fachschule gehen. 20. Dr. Müller ist Englischlehrer
. . . . Max-Gymnasium.

VIII.

Da kommt er gerade *um die Ecke*.

Sie liefen im Dauerlauf *um die neue Turnhalle*.

Die neue Ringstraße führt *um den alten Stadtkern*.

Den ganzen Fluß entlang liegt eine Industrieanlage neben der anderen.

Daneben:
Wir machten einen Spaziergang *an der alten Stadtmauer entlang.*

Der Wagen raste *gegen einen Laternenpfahl.*
in Richtung auf . . .: Er hielt das Negativ *gegen das Licht.*

von ├────────── *über* ──────→ (bis) zu
                                (bis) nach/bis

Die Linie 8 fährt   *über den Schloßplatz*   (bis) zum Nordfriedhof
vom Hauptbahnhof   (bis) nach/bis Kleinhausen.

*durch*queren

                im Wald: Wir gingen *durch den Wald.*

                auf der Wiese: Wir gingen *über die Wiese.*

*über*queren

                Der Fastnachtszug kommt *durch die Bahnhofstraße.*

                Er ging *über die Straße.*

Nach den Präpositionen der Gruppe VIII. steht der Akkusativ.

129 Ü *durch* oder *über?*

1. Timbuktu liegt *in der Sahara.* / Die Karawane zog . . . . die Sahara.
2. Das Schiff wurde *auf dem Atlantik* von einem Sturm überrascht. / Wir fuhren auf der südlichen Route . . . . den Atlantik. 3. Mitten *auf der Straße* stand eine Kuh. / Daß die Hühner auch immer im letzten Moment über die Straße rennen müssen! 4. Er stand bis zum Bauch *im Wasser.* / Wir wateten . . . . den Fluß ans andere Ufer. 5. Gestern haben wir *auf dem Starnberger See* gerudert. / Wir sind . . . . den Starnberger See gerudert. 6. Er stand *in der Tür.* / Das Sofa ging nicht . . . . die Wohnzimmertür, wir haben es . . . . den Balkon ins Wohnzimmer hieven müssen! 7. Die Trasse der Linie 2 wird verlegt. Sie soll nicht mehr wie bisher . . . . die Bahnhofstraße, sondern . . . . die Villenstraße führen. / Der Betrunkene verlor die Gewalt über den Wagen und raste quer über die Straße in ein Schaufenster. 8. Wenn ein Käfer

durch .... das Gras krabbelt, muß es für ihn sein, wie wenn wir .*durch*.. einen Wald gehen. / Wir gingen quer *über* eine Wiese bis zum nächsten Dorf. 9. *Über* eine Zugbrücke gelangt man in den Schloßhof. / Die Belagerten entkamen *durch* einen unterirdischen Geheimgang.

130 Ü Setze Präposition (um, gegen, entlang) und Artikel ein.

1. Der neue Besitzer hat eine zwei Meter hohe Mauer rings .... Grundstück errichten lassen. 2. Wenn man die Briefmarke .... Licht hält, ist das Wasserzeichen deutlich zu erkennen. 3. In den letzten Jahren hat man .... ganzen Strand .... Hotelhochhäuser gebaut. 4. Der Wagen drehte sich .... seine eigene Achse und prallte .... Leitplanke.

Koppelung von präpositionalen Ausdrücken und *hervor, hindurch, her, vorüber, vorbei, entlang, heraus, herein, dahin, hinweg*

Präposition + Dativ:

hinter ... } unter ... } hervor	vor ... } hinter ... neben ... } her über ... unter ... }	an ... vorüber an ... } bei ... } vorbei an ... entlang	
zwischen ... } unter ... } (hin)durch		zu ... { heraus { herein auf ... dahin	

Präposition + Akkusativ:

über ... { hinweg
         { dahin

131 Ü Wie heißt die Präposition?

1. Wenn Sie ....m Postamt vorbeikommen, bringen Sie mir bitte ein paar Zahlkarten mit. 2. Sie lugte schelmisch .... dem Vorhang hervor. 3. Ich möchte nur wissen, wie es die Katze fertiggebracht hat, sich .... den beiden Zaunlatten durchzuzwängen. 4. Die Hühner von unserem Nachbarn sind .... dem Gartenzaun hindurch in unseren Garten gekommen und haben alle Salatpflanzen abgepickt. 5. Als wir ihm ein Stück Wurst hinhielten, kroch unser Dackel schwanzwedelnd .... dem Sofa hervor. 6. Auf der Stadtrundfahrt sind wir auch .... der Alten Pinakothek vorbeigekommen. 7. Er ging achtlos .... dem Gemälde vorüber. 8. Wie ein Wirbelwind kam sie ....r Tür herein. 9. Mit einem Höllenlärm raste die Düsenmaschine .... die Dächer hinweg. 10. Winkend lief er .... dem Zug her. 11. Der Großvater

würde sich sicher sehr freuen, wenn Sie mal . . . . ihm vorbeikämen;
er ist immer so allein. 12. Ohne uns eines Blickes zu würdigen, ging
sie . . . . uns vorüber. 13. Gehen Sie immer . . . . der Mauer entlang;
dann kommen Sie direkt zur Einfahrt. 14. Der Dicke rannte keu-
chend . . . . uns her. 15. Mit unnachahmlicher Grazie glitt die Eisläu-
ferin . . . . das/dem Eis dahin. 16. Er fuhr . . . . uns her, um uns den
Weg zu zeigen. 17. Wir standen auf der Brücke und beobachteten, wie
die Schiffe . . . . uns herfuhren. 18. Als wir klingelten, schaute die
Hausmeisterin . . . .m Fenster heraus. 19. Wir sind immer . . . .m Fluß
entlanggefahren. 20. Die Mengenlehre hängt mir . . . .m Halse raus.

Präpositionale Richtungsergänzungen werden häufig durch Richtungsadverbien
verstärkt, die dieselbe Präposition enthalten:

Wir stiegen

> auf den Rathausturm.
> *auf* den Rathausturm hin*auf*.

Er riß ein Blatt

> aus seinem Notizbuch.
> *aus* seinem Notizbuch her*aus*.

Vergleiche demgegenüber:
     Ich gehe nur schnell mal | zu Müllers | rüber | .
     Wir schleppten die Kisten | in den Keller | hinunter |

132 Ü   Welche Präposition fehlt?

1. Gehen Sie nicht zu nahe . . . . die Bahnsteigkante heran. 2. Ich hätte nicht den Mut gehabt, ... die Leute hinzutreten und einen solchen
Quatsch zu erzählen. 3. Er legte die frisch gebügelten Hemden vorsichtig . . . . den Koffer hinein. 4. Die Hauptstraße führt mitten . . . .
das Dorf hindurch. 5. Die Delegierten saßen . . . . einen großen Kon-
ferenztisch herum. 6. Sie winkte . . . . uns herüber. 7. Als sich der
Umzug näherte, liefen alle . . . . die Straße hinaus. 8. Von der Berg-
kapelle führt ein Fußgängerweg bis . . . .s Tal hinunter. 9. Bei den or-
kanartigen Böen wurden mehrere Fernsehantennen . . . . den Dächern
heruntergerissen. 10. Er reichte mir einen Zettel . . . . den Tisch herüber.

Verteilung der Präpositionen in Verbindung mit Zeitbegriffen
(SD 3, 731)

I. | wann? |

am 1. Januar	in der Nacht	um/gegen 12 Uhr
am Neujahrstag	in der Frühe	um/gegen Mitternacht
an meinem Geburtstag	in der nächsten Woche	
am Montag	im März	bei Tagesanbruch
	im Sommer	bei Sonnenaufgang
am Morgen	im Jahr(e) 2000	bei Sonnenuntergang
am Vormittag	in unserem Jahrzehnt	bei Einbruch der Nacht
am Nachmittag	im 20. Jahrhundert	
am Abend		

zu Neujahr	Anfang ⎫	
(zu) Ostern	Mitte ⎬ April / 1974	
(zu) Pfingsten	Ende ⎭	
(zu) Weihnachten	aber:	
zu Silvester	zu Beginn des Monats	
südd.: an Ostern/an	April/des Jahres 1974	
Pfingsten usw.		

Nach allen Präpositionen der obigen Tabelle steht der Dativ.
Ausnahme: *um/gegen* + Akk.

133 Ü Setze Präposition, Artikel, Endung ein.

1. . . . . Beginn des nächsten Jahres soll die Wohnung bezugsfertig
sein. . . . . 1. Februar wollen wir dann einziehen. 2. . . . . Herbst
kommt Karl in die Schule. 3. . . . . Weihnachten besucht uns Peter.
. . . . zweit . . Weihnachtstag wollen wir gemeinsam für ein paar Tage
in die Berge fahren. 4. Wenn wir uns . . . . Tagesanbruch auf den Weg
machen, können wir so . . . . 1 Uhr im Gasthof zur Post in Kleinhausen zu Mittag essen. 5. Das ist ein sogenanntes Tagescafé, das nur . . . .
Werktagen geöffnet ist. 6. . . . . kommenden Woche habe ich wenig
Zeit, aber besuchen Sie mich doch mal . . . . August; da habe ich Urlaub. 7. Können Sie nicht . . . . Nachmittag kommen? Das wäre mir
lieber. 8. Sie brachen schon . . . . all . . Herrgottsfrühe auf und waren
erst . . . . Einbruch der Dunkelheit wieder zu Hause. 9. Wann beginnt
die nächste Vorstellung, ... 8 Uhr oder . . . . halb neun? 10. . . . .
Jahre 2000 wird die Welt anders aussehen als heute. 11. . . . . sein . .
60. Geburtstag habe ich ihn zum letzten Mal gesehen. Das war voriges
Jahr . . . . 19. April. 12. Unsere Firma wurde . . . . zweiten Hälfte des
19. Jahrhunderts gegründet. 13. Diese Probleme werden . . . . achtzi-
ger Jahren eine noch größere Rolle spielen. 14. . . . . Nacht sind alle
Katzen grau. 15. . . . . Abend wird die Faule fleißig. 16. . . . . Mitternacht beginnt die Geisterstunde.

134 Ü   *in, zu* oder *um?*

1. Diese Probleme sind erst .*zu/in*. jüngster Zeit in das Bewußtsein der Öffentlichkeit gedrungen. 2. Dienst ist Dienst, und Schnaps ist Schnaps; alles *zu* seiner Zeit. 3. Um 11 Uhr können Sie den nicht mehr anrufen; *um* die Zeit liegt der schon längst im Bett. 4. Die Entdeckung Amerikas fällt *in* die Regierungszeit der Katholischen Könige. 5. Tizian lebte *zur* Zeit Karls V. 6. Schon *in* seiner Jugendzeit träumte er davon, in ferne Länder zu reisen. 7. Großmutter sagt immer: ,, .*zu* meiner Zeit mußten wir spätestens um 8 Uhr zu Hause sein.'' 8. *In* letzter Zeit hat sein Arbeitseifer merklich nachgelassen. 9. Sie werden staunen; .*in* der Zwischenzeit hat sich hier so viel verändert, daß Sie sich kaum noch auskennen werden. 10. Dieser Artikel ist .*zur* Zeit nicht lieferbar.

II.

1. | wann? |

jetzt, der Moment,
in dem ich spreche

•←——————   ——————→•

vor 10 Minuten   *in* 10 Minuten

Uhrzeit   beim Essen / im Unterricht

•←——————   ——————→••   ••←—————— ⊢——⊣ ——————→•

5 Minuten   5 Minuten   *vor* dem Essen/   *nach* dem Essen/
vor 12 (Uhr)   *nach* 12 (Uhr)   Unterricht   Unterricht

2. | seit wann? |

jetzt, der Moment,
in dem ich spreche

⊢——————————→•

Seit drei Wochen warte ich vergeblich auf eine Antwort.

Aus einem Lexikon:
Platen, August (1796 − 1835): . . . ; *seit 1826* lebte er fast ständig in Italien.

3. | von wann an? /bis wann? |

vom 1. Januar *an*   *bis* (*zum*) 31. Dezember
ab kommende*m/n* Montag   *bis* kommende*n* Montag

vom 1. Januar *bis* (*zum*) 31. Januar
zwischen dem 1. und dem 31. Januar

4. | in welcher Zeit? |

Er hat das *in* zwei Tagen geschafft. (= er hat nur zwei Tage dazu gebraucht)

Gesetzte Frist:

Er verpflichtete sich, das Manuskript *binnen 2 Monaten* (Dativ)/ *binnen eines Jahres* (Genitiv) abzuliefern.
Er verpflichtete sich, das Manuskript *innerhalb von 2 Monaten* / *innerhalb eines Jahres* abzuliefern.

5.

während des Unterrichts	*innerhalb der* Unterrichtszeit
	außerhalb der Unterrichtszeit

Feste Wendung: *zeit* seines Lebens

135 Ü   *in* oder *nach*?

1. Heute geht es leider nicht, kommen Sie bitte . . . . einer Woche wieder. / . . . . seinem Examen will er erst mal ein paar Wochen gar nichts tun. 2. Bis zum Beginn der Nachrichten, ... drei Minuten, noch ein paar Takte Musik. / Drei Minuten . . . . Beginn der zweiten Halbzeit fiel das entscheidende Tor. 3. Ich gehe schnell einkaufen; . . . . spätestens einer Stunde bin ich zurück. / Schon . . . . den ersten Minuten war klar, daß unsere Mannschaft gegen den überlegenen Gegner keine Chance hatte. 4. Bei der Visite hat der Arzt gesagt, daß ich . . . . spätestens 14 Tagen entlassen werden kann. / Er wurde Anfang Januar operiert; schon . . . . acht Tagen konnte er entlassen werden. 5. . . . . vier Wochen bekommen wir Ferien. / Bei der schweren Form der Malaria tropica bleibt das Fieber oft tagelang hoch, und ohne ärztliches Eingreifen kann der Kranke schon . . . . wenigen Stunden bewußtlos werden.

136 Ü   Schreibe Sätze nach dem folgenden Muster:

Er hat *vor* zwei Jahren geheiratet.
Er ist *seit* zwei Jahren verheiratet.

1. Er hat sich vor einigen Tagen erkältet. 2. Wir sind erst vor zehn Minuten zurückgekommen. 3. Ich habe ihn vor etwa zwölf Jahren kennengelernt. 4. Der Hauptfilm hat vor 20 Minuten begonnen. 5. Ich habe vor zwei Monaten das Rauchen aufgegeben. 6. Sie hat vor kurzem aufgehört zu arbeiten. 7. Er kam vor sechs Wochen ins Kranken-

haus. 8. Mein Großvater ist vor einem Jahr gestorben. 9. Das Zweigwerk in Hinterhausen wurde vor einigen Monaten geschlossen. 10. Die
neue Schleuse wurde erst vor drei Monaten in Betrieb genommen.
11. Dr. Müller hat die Leitung des Betriebs vor einem halben Jahr
übernommen. 12. Professor Dr. Huber wurde vor kurzem Chefarzt
der Universitäts-Kinderklinik.

137 Ü (zu II. 3) Setze die passende Präposition ein.

1. Der Film „Die Abenteuer des Gaucho" läuft . . . . nächster Woche
im Gloria Film-Palast. 2. . . . . nächsten Monat . . . . beträgt die wö-
chentliche Arbeitszeit nur noch vierzig Stunden. 3. Ich nehme . . . .
23. Dezember . . . . Anfang Januar Urlaub. 4. . . . . Weihnachten und
Neujahr bleibt unser Büro geschlossen. 5. Die Arbeiten müssen . . . .
. . . . Jahresende abgeschlossen sein. 6. . . . . kommenden Montag
bleibt unser Büro nachmittags geschlossen. 7. Sie arbeitet oft . . . .
tief in die Nacht hinein. 8. Der Augenarzt hatte . . . . 4. . . . . 8. Januar keine Sprechstunde. 9. Das hat Zeit . . . . nächstes Jahr.

138 Ü *während, innerhalb* oder *außerhalb?*

1. . . . . seines Urlaubs ist er in dringenden Fällen unter der Nummer
904207 zu erreichen. 2. Sie bekommen . . . . der nächsten zwei Tage
Bescheid. 3. Keine Bedienung . . . . der Geschäftszeit. 4. Wir bitten,
. . . . der Vorstellung nicht zu rauchen. 5. Die liegengebliebene Kor-
respondenz mußte . . . . einer Woche aufgearbeitet werden. 6. Toilet-
ten bitte nicht . . . . des Aufenthalts in Bahnhöfen benutzen! 7. . . . .
der Dienstzeit ist er unter seiner Privatnummer zu erreichen.

Vergleiche: Das ist ein Brot *von* voriger Woche.
                Das ist ein Kleid *aus* dem vorigen Jahrhundert.

139 Ü *aus* oder *von?*

1. Ich habe noch nicht einmal meine Schulden . . . . letzten Jahr bezahlt. 2. Er besitzt eine Sammlung von Flugblättern . . . . den letzten
Jahren der Weimarer Republik. 3. Das sollen frische Brötchen sein!
Die sehen aus, wie wenn sie . . . . voriger Woche wären. 4. Der Sam-
melband enthält 30 Kurzgeschichten . . . . der Zeit nach 1945. 5. Dieses Gesetz stammt noch . . . . der Gründungszeit der Bundesrepublik.

6. Ich danke Ihnen für Ihren Brief . . . . 12. Februar dieses Jahres.
7. Manche Kleider von heute könnten . . . . der Zeit unserer Groß-
mütter stammen. 8. Experten zufolge stammt das Bild . . . . der zweiten Hälfte des 15. Jahrhunderts. 9. Haben Sie noch eine Zeitung . . . .
gestern? 10. Das Film-Museum konnte drei weitere Stummfilme . . . .
den zwanziger Jahren erwerben. 11. Haben Sie noch einen Merian
. . . . letzten Monat? 12. Das Museum besitzt wertvolle Ausgrabungen
. . . . der Völkerwanderungszeit.

Präpositionale Ausdrücke mit *auf* (+ Akk.), *für* und *um*:

1. Dieses Jahr fällt der Heilige Abend *auf* einen Dienstag.
   Das Ereignis fiel *in* die erste Aprilwoche / *in* das Jahr 1420 / *in* die erste
   Hälfte des 15. Jahrhunderts / *in* das 15. Jahrhundert / *in* die Zeit um
   Christi Geburt.

2. Etwas *auf* einen bestimmten Termin legen:

et. festsetzen	et. vorverlegen	et. verlegen
et. festlegen	et. vorziehen	et. verschieben
et. legen		et. vertagen
et. ansetzen		
et. anberaumen		jn. vertrösten

3. Etwas *auf* einen bestimmten Tag datieren:

et. datieren	et. vordatieren	et. zurückdatieren

4. Etwas *für* einen bestimmten Termin planen / vormerken:

et. anberaumen	sich (mit jm.) verabreden
et. ansetzen	
bestimmte Personen	
einberufen	
jn. bestellen	sich einschreiben
et. planen	sich / jn. eintragen
(sich) et. vormerken	
(sich) et. notieren	

5. Etwas *um* eine bestimmte Zeitspanne verlängern / verlegen:

et. verkürzen	et. vorverlegen	et. verlegen
et. verlängern	et. vorziehen	et. verschieben
	et. vordatieren	et. zurückdatieren

140 Ü   *auf, für* oder *um*?

1. Auf seinen Wunsch habe ich die Rechnung . . . . den 12. März vordatiert. 2. Aus buchungstechnischen Gründen wurde die Rechnung
. . . . drei Tage vordatiert. 3. . . . . das kommende Wochenende wurde eine Sondersitzung des Rechtsausschusses anberaumt. 4. Leider
müssen wir den Termin nochmals . . . . eine Woche verschieben.

5. .... kommende Woche ist ein weiteres Treffen der EG-Außenminister geplant. 6. Ich habe mir Ihren Besuch .... morgen nachmittag um 3 Uhr vorgemerkt. 7. Heute ist mir etwas dazwischengekommen; wir müssen unsere Besprechung .... ein anderes Mal verschieben. 8. In diesem Jahr fällt mein Geburtstag .... einen Sonntag. 9. Der Arzt hat mich .... heute abend zur Bestrahlung bestellt. 10. Heute nachmittag geht es leider nicht mehr; wenn es Ihnen recht ist, trage ich Sie .... morgen nachmittag ein. 11. Wäre es Ihnen recht, wenn wir die Sitzung dieses Mal .... einen Freitag legen? 12. Wir haben uns .... morgen abend mit Schmidts verabredet. 13. Der Abgabetermin für Ihre Steuererklärung wird nunmehr endgültig .... den 1. August festgesetzt. 14. Meine Schuhe sind noch nicht repariert; der Schuster hat mich .... nächste Woche vertröstet. 15. Die Eröffnung der neuen Konzerthalle wurde .... den 3. März vorverlegt. 16. Der Parlamentarische Untersuchungsausschuß hat .... nächste Woche die Vernehmung weiterer Zeugen angesetzt. 17. Die Veröffentlichung des Schlußkommuniqués ist .... heute abend vorgesehen. 18. Reisepässe werden nur noch einmal, und zwar .... fünf Jahre, verlängert. 19. Die Ausbildungzeit für Studienreferendare wurde .... ein halbes Jahr verkürzt. 20. Wenn man den Beginn der Tagung .... zwei Tage vorziehen würde, könnte die Tagesordnung ohne Zeitdruck erledigt werden.

Einige Verwendungsweisen der Präposition *mit* und verwandter Präpositionen

1. | zusammen mit: mit, samt, mitsamt, nebst |

Beispiele: Kaffee *mit* Milch und Zucker
Schreinerwerkstatt *samt* (= einschließlich) Maschinen und Werkzeug zu verkaufen.
Wurst *mitsamt* der Haut (= ohne die Haut abzulösen) essen
Herzliche Grüße aus dem sonnigen Süden,
Karl Meier *nebst* (= und) Familie.

141 Ü (zu 1.) *mit, samt, mitsamt, nebst?*

1. Was wünscht der Herr zum Frühstück? − Ich hätte gern ein Kännchen Kaffee und Rührei .... Schinken. 2. Morgen Schlachtfest im Gasthaus „Zum Goldenen Lamm''. Auf Ihren Besuch freuen sich Ludwig Lang .... Frau Emilie. 3. Heute gehe ich .... meiner Frau ins Kino. 4. Gutgehende Gastwirtschaft .... Biergarten umständehalber zu verkaufen. Verhandlungsbasis: DM 800.000. 5. Wenn man Löwenzahn nicht .... der Wurzel ausreißt, wächst er sofort wieder nach.

6. Gott sei Dank, daß Bock nicht auch noch gekommen ist; .... ihm
wären wir dreizehn gewesen. 7. Tabakgeschäft .... Einrichtung (Ver-
kaufstisch, Regale) preisgünstig zu verkaufen. 8. Zimmer (25 qm) ....
Bad und Balkon in günstiger Lage zu vermieten. 9. Bereits im Jahr
1980 wird sich ihr Sparkapital .... Zinsen und Zinseszinsen auf
DM 20.480 belaufen. 10. Fast neuwertiger Opel Kapitän .... vielen
Extras (eingebautes Radio, Antenne, Pelzbezüge u.a.) zu verkaufen.
11. Beim Großbrand im Anwesen des Landwirts Hinterhuber brann-
ten die Stallungen .... Vieh und Futtervorräten bis auf die Grund-
mauern nieder. 12. Von der Automobilindustrie .... ihren Zuliefe-
rern, der Reifenindustrie und den Armaturenwerken, ist heute jeder
siebte Arbeitnehmer in der Bundesrepublik abhängig. 13. Im Alter
von 80 Jahren verstarb gestern unser lieber Vater, Herr Adolf Beil,
Postobersekretär a.D. . In tiefer Trauer: Ludwig Beil .... Geschwi-
stern. 14. Bei vorzeitigem Ausscheiden aus einer Firma werden noch
ausstehende Rückzahlungsraten von Arbeitgeberkrediten .... Zinsen
sofort fällig.

2. *mit etwas;* d.h. mit etwas, was als Hilfs-/Arbeitsmittel zur Erreichung eines
bestimmten (technischen) Zwecks eingesetzt wird:

mit, mit Hilfe + Gen./von, mittels + Gen.

die Dicke einer Metallfolie { mit einer Mikrometerschraube / mit Hilfe einer Mikrometerschraube / mittels (einer) Mikrometerschraube } bestimmen

Messungen { mit Präzisionsinstrumenten / mit Hilfe von Präzisionsinstrumenten / mittels Präzisionsinstrumenten[1] } durchführen

Vergleiche:
Benutztes Verkehrsmittel: er ist *mit* dem Fahrrad gekommen, ich bin *mit* dem
Bus / der Straßenbahn / dem Zug gefahren

Was wird mit dem Einsatz von Verkehrsmitteln erreicht?

Mit Hilfe der modernen Verkehrsmittel / *mit* den modernen Verkehrsmitteln /
mittels moderner Verkehrsmittel ist es dem Menschen gelungen, den Raum zu
überwinden.

Benutztes Mittel: Sie hat den Linoleumfußboden *mit* Hartwachs gewachst.

Was wird mit der Verwendung des Mittels erreicht?

Benutzen Sie Durowachs! *Mit Hilfe* von Durowachs / *mit* Durowachs geben Sie
Ihrem Linoleum dauerhaften Glanz.

---

[1] *mittels* + Dativ Plural statt des formal nicht erkennbaren Genitivs.
(DG, 833)

3. Bewirkendes Medium, *durch* das etwas erreicht wird:

durch, vermittels

eine Ansprache *durch* Lautsprecher übertragen
In seinen politischen Satiren bringt er seinem Leserpublikum politische Inhalte
vermittels spannender Unterhaltung nahe.

142 Ü (zu 2. und 3.) Was paßt: *mit*
                                      mit / mit Hilfe / mittels
                                      durch / vermittels?
Achte auf Artikel und die Endungen der Adjektive und Substantive.

1. Bist du . . . . Auto oder . . . . Zug gekommen? 2. . . . . . Kohlestoff-
assimilation entsteht in der grünen Pflanze als erstes sichtbares Erzeug-
nis die Stärke. 3. Der Aktenschrank wurde nicht aufgebrochen; er
muß . . . . Nachschlüssel geöffnet worden sein. 4. Nur . . . . sein . .
persönlich . . Einfluß kam es nicht zu größeren Spannungen unter
den Mitarbeitern. 5. Er schlug ihm . . . . Faust ins Gesicht. 6. . . . .
Druckausgleich wird die Luft im Innenraum der Kabine auch bei
großen Flughöhen nie dünner als Bergluft in 2500 m Höhe. 7. . . . .
gut . . Fleckenwasser können Sie die Flecken leicht entfernen. 8. Er
hatte die Posters . . . . Stecknadeln an der Wand befestigt. 9. Der
Clown hatte seine Jacke vorn . . . . riesig . . Sicherheitsnadel zuge-
steckt. 10. . . . . sein . . gut . . Beziehungen zu allen Beteiligten
konnte er die streitenden Parteien an den Verhandlungstisch bringen.
11. Man entschloß sich, das Raumschiff . . . . dreistufig . . Rakete in
die Umlaufbahn zu befördern.

eingesetztes Hilfsmittel		
Er hat die Tür	mit einem Nachschlüssel	geöffnet.
die Kiste	mit dem Stemmeisen	
Frage: *Womit* hat er die Tür / die Kiste geöffnet?		

Erscheinungsbild/Körperhaltung		
Ich habe ihn noch nie	mit / ohne Hut	gesehen.
Er sagte das	mit erhobenem Zeigefinger	

Vergleiche:
Er hat sich *mit einer Krawatte* erhängt.
(Er benutzte eine Krawatte, um sich zu erhängen.)
Er hat sich *mit Krawatte* erhängt.
(Er hatte eine Krawatte um, als er sich erhängte.)

143 Ü Eingesetztes Mittel oder Erscheinungsbild?

1. Beginn des Kostümfests 20 Uhr. Einlaß nur . . . . Maske. / Er hatte sein Gesicht . . . . Maske verdeckt. 2. . . . . neu . . Brille kann ich viel besser sehen. / . . . . Brille sieht er gleich viel bedeutender aus. 3. Auf allen Fotos sieht man ihn . . . . Regenschirm. / Er schlug . . . . Regenschirm auf den Köter ein. 4. Der Gauner, der sich . . . . falsch . . Bart unkenntlich gemacht hatte, konnte unerkannt entkommen. / . . . . Bart sieht er viel älter aus. 5. Er kam . . . . ausgestreckt . . Hand auf mich zu. / Er kann . . . . link . . Hand ebenso gut schreiben wie . . . . recht . . 6. Schuldbewußt und . . . . gesenkt . . Kopf hörte er sich die Strafpredigt an. / Er lenkte den Ball . . . . Kopf ins Aus.

Die Präpositionen *aus* und *vor* zur Bezeichnung des Grundes:

Er hat *aus Überzeugung* gehandelt.
Ihr fielen *vor Müdigkeit* die Augen zu.
Aus Angst vor Strafe hat sie zu Hause nichts gesagt.
Sie wußte nicht ein noch aus *vor Angst*.

Beweggrund, der jemanden zu einem Tun veranlaßt, Motiv:	Auswirkung eines Grundes auf eine Person, Auslösen eines unwillkürlichen Verhaltens:
Aus Angst vor Strafe wagte er sich nicht nach Hause.	Er zitterte *vor Angst*.
Der Mord geschah *aus Eifersucht*.	Er wurde halb wahnsinnig *vor Eifersucht*.

144 Ü *aus* oder *vor*?

1. . . . . Protest gegen die Zustände in der Haftanstalt traten die Häftlinge in den Hungerstreik. 2. Er sieht den Wald . . . . lauter Bäumen nicht. 3. . . . . gutem Grund habe ich diese Klausel in den Vertragstext aufnehmen lassen. 4. . . . . Abneigung gegen Unterordnung sperrt er sich gegen jede Art von Teamarbeit. 5. . . . . juristischen Bedenken lehnte er die Unterzeichnung des Vertrages ab. 6. Vorsicht ist ja ganz gut. Sie dürfen es aber nicht so weit treiben, daß Sie . . . . lauter Bedenken zu gar keinem Entschluß mehr kommen. 7. Seine Augen funkelten . . . . Zorn. 8. . . . . Eitelkeit will sie keine Brille tragen. 9. Er konnte sich . . . . Schwäche kaum noch auf den Beinen halten. 10. Er gibt jedem Druck nach, ob . . . . Schwäche oder . . . . Gleichgültigkeit, ist nicht zu entscheiden. 11. Er überschrie sich . . . . Erregung. 12. Wir waren starr . . . . Verwunderung, als er uns seine Pläne entwickelte. 13. Mir können Sie nicht weismachen, daß Sie . . . . reiner Unkenntnis in die Sache reingeraten wären. 14. Das Publikum

tobte . . . . Begeisterung. 15. Ich könnte . . . . Freude an die Decke
springen. 16. Sie müssen mir schon glauben, daß ich mich nicht . . . .
reiner Freude zu diesem Schritt entschlossen habe. 17. Er hat Ihnen
nicht . . . . Nächstenliebe, sondern . . . . purem Egoismus geholfen; er
erwartet sich etwas davon. 18. Er schrie . . . . Schmerzen. 19. Als wir
das hörten, waren wir sprachlos . . . . Staunen. 20. Er beschäftigt sich
mit diesen Dingen . . . . Liebe zur Sache, nicht um damit Geld zu verdienen. 21. Ich glaube nicht, daß er das . . . . eigenem Antrieb getan
hat. 22. . . . . alter Gewohnheit treffen wir uns jeden Dienstagabend
zum Kegeln. 23. Seine Stimme bebte . . . . Zorn. 24. Er schäumte
. . . . Wut. 25. . . . . Enttäuschung zog er sich aus der Parteipolitik zurück.

Abgrenzung von präpositionaler Lage-/Richtungsergänzung und Präpositionalobjekt:

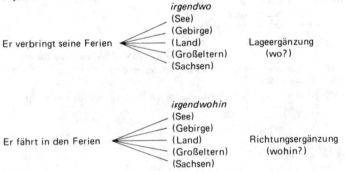

In der Lage- bzw. Richtungsergänzung treten die verschiedensten Präpositionen
auf.

Lage: *an* der See, *im* Gebirge, *auf* dem Land, *bei* seinen Großeltern, *in* Sachsen
Richtung: *an* die See, *ins* Gebirge, *aufs* Land, *zu* seinen Großeltern, *nach* Sachsen

Von der Art des Verbs hängt es ab, ob es mit einer Lage- oder einer Richtungsergänzung verbunden werden kann. Die Wahl der Präposition innerhalb der La-
ge- bzw. Richtungsergänzung wird durch die inhaltlichen Merkmale der Substantive bestimmt, die den Kern der Ergänzung bilden.

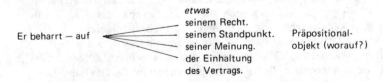

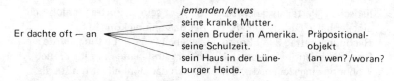

Die Verbindung zwischen dem Verb und seinen substantivischen Ergänzungen wird hier jeweils durch eine bestimmte Präposition hergestellt. Diese Präposition ist durch das gewählte Verb festgelegt. Präpositionale Ergänzungen dieser Art werden Präpositionalobjekte genannt. Sie können nur mit der Präposition erfragt werden, die in der Ergänzung vorkommt:
An wen dachte er? Wo*ran* dachte er?

Nach einigen Verben mit Verbzusatz ist die Wahl der Präposition in der Richtungsergänzung eingeschränkt; die Präposition in der Richtungsergänzung ist fest gekoppelt mit dem Verbzusatz:

Verbzusatz	Präposition in der Richtungsergänzung
ein an auf	*in* + Akk. an + Akk. auf + Akk.
aus *ab*	aus + Dat. *von* + Dat.

Beispiele:
Er ist versehentlich *in ein Abteil* der ersten Klasse *ein*gestiegen.
In München wird *an den D-Zug Hamburg-Wien* ein Schlafwagen *an*gehängt.
Er ist *auf den fahrenden Zug auf*gesprungen.
Er wurde wegen Paßvergehens *aus der Schweiz aus*gewiesen.
Wir sind in der Dunkelheit *vom Weg ab*gekommen.

Viele Verben dieser Gruppe werden in übertragenem Sinne gebraucht:
Dieses Buch führt *in die Grundbegriffe* der Sprachwissenschaft *ein.*
Er ging nicht *von seiner Forderung ab.*

145 Ü Setze Präposition, Artikel, Endung ein.

1. Der Frachter ist heute morgen . . . . Überseehafen ausgelaufen.
2. Der Schmuggler hatte Heroin-Päckchen . . . . sein . . Jacke eingenäht. 3. Er hatte vergessen, ... Akte einen Laufzettel anzuheften.
4. Er ließ sich . . . . Ärmel seiner Jacke Lederherzen aufnähen. 5. Zum Jahresende scheidet er . . . . unser . . Firma aus. 6. Inzwischen ist man . . . . dies . . Methode wieder abgekommen. 7. Er konnte die neuen Forschungsergebnisse nicht mehr . . . . sein . . Aufsatz einarbeiten. 8. Er wurde wegen parteischädigenden Verhaltens . . . . Sozia-

listisch . . Partei ausgeschlossen. 9. . . . . sein . . Vortrag schlöß sich eine lebhafte Diskussion an. 10. Bei Barzahlung können Sie . . . . Rechnungsbetrag 3 % Skonto abziehen. 11. . . . . Leitung wurde ein Sicherheitsventil eingebaut. 12. Müllers sind heute . . . . ihr . . neu . . Wohnung eingezogen. 13. Bei Einbruch der Dunkelheit mußte die Polizei . . . . Verfolgung ablassen. 14. . . . . dies . . Entscheidung hängt viel für mich ab. 15. Enttäuscht trat er . . . . Verein wieder aus. 16. Er ließ . . . . sein . . Bericht auch einige kritische Bemerkungen einfließen. 17. Die Grundierungsfarbe nur ganz dünn . . . . zu lackierende Holzfläche auftragen. 18. Dieser Punkt wurde . . . . Tagesordnung abgesetzt. 19. Man nimmt an, daß das Gas . . . . ein . . undicht . . Leitung ausgeströmt ist. 20. . . . . . Hauptgebäude soll im Westen ein Seitenflügel angebaut werden.

146 Ü Setze Präposition, Artikel, Endung ein.

1. Wir sollten auch die Ergebnisse anderer Wissenschaften . . . . unser . . Untersuchungen einbeziehen. 2. Dieser Punkt würde nur . . . . eigentlich . . Thema ablenken. 3. Er ließ sich durch nichts . . . . sein . . Meinung abbringen. 4. Als er die Geschäftspraktiken seiner Partner durchschaute, stieg er . . . . Unternehmen aus. 5. Er lehnte sich eng . . . . Ausführungen seines Vorredners an. 6. Dieser Tag wird als ein schwarzer Tag . . . . Geschichte der zivilen Luftfahrt eingehen. 7. Der . . . . Zirkus ausgebrochene Löwe wurde im Stadtpark gesichtet. 8. In den ersten Jahrhunderten nach Christus fielen germanische Stämme . . . . römisch . . Grenzprovinzen ein. 9. Der Arzt hat mir dringend . . . . dies . . Mittel abgeraten. 10. Der empfohlene Richtpreis ist . . . . Packung aufgedruckt. 11. Ich habe nicht die Absicht, mich . . . . Ihr . . Privatangelegenheiten einzumischen. 12. Plötzlich scherte er . . . . Autokolonne aus und setzte zum Überholen an. 13. Er hat . . . . Textilgeschäft eingeheiratet. 14. Wir konnten ihn leider nicht . . . . ein . . Anzeige abhalten. 15. Viele enttäuschte Einwanderer sind . . . . dies . . Land wieder ausgewandert. 16. Das Land Bayern ist . . . . sieben Regierungsbezirke eingeteilt. 17. Bei dichtem Nebel ist ein Frachter vor der bretonischen Küste . . . . Riff aufgelaufen. 18. Inzwischen sind viele seiner früheren Anhänger . . . . ihm abgefallen. 19. Je mehr ich . . . . Geheimnisse der deutschen Grammatik eindringe, desto mehr wundere ich mich, daß ich Deutsch kann. 20. Dieser Satz wurde von einem späteren Schreiber . . . . Handschrift eingefügt.

Beachte: Er konnte *auf den Vorarbeiten* (Dativ) seines Vorgängers *auf*bauen.

Bei einer Reihe der obengenannten Verben ist der Sprachgebrauch schwankend: neben *in, an, auf* + Akk. kommt auch *in, an, auf* + Dat. vor. Die Beobachtung zeigt, daß die Schwankung im allgemeinen nur dort auftritt, wo die Verben in konkret räumlichem Sinne gebraucht werden:

Der Feind ist *in unser Land/ in unserem Land* eingedrungen.

In das Mosaik/in dem Mosaik sind einige Steine von späterer Hand eingefügt worden.

In die Leitung/in der Leitung wurde ein Sicherheitsventil eingebaut.

Er hat sich *an den Türpfosten/ an dem Türpfosten* angelehnt.

Er hat sein Fahrrad mit einer Sicherheitskette *an den Fahrradständer/an dem Fahrradständer* angeschlossen.

Die Grundierungsfarbe dünn *auf die zu lackierende Fläche/auf der zu lackierenden Fläche* auftragen.

Er ist tief *in die Geheimnisse der Astrologie* eingedrungen.

Es macht sich immer gut, wenn man *in einen Vortrag* einige Goethezitate einfügen kann.

Er hat die neuesten Forschungsergebnisse sehr geschickt *in seine Theorie* eingebaut.

Er lehnte sich eng *an die Ausführungen seines Vorredners* an.

Lassen Sie mich *an Ihre Ausführungen* die folgenden Überlegungen anschließen: ...

Einige häufige **Satzbaupläne**
(SD 3, 107 ff.)

Von jedem einzelnen Verb, einer Bedeutungs- und Funktionseinheit, her lassen sich Voraussagen darüber machen, welche Satzglieder in seiner Umgebung erscheinen müssen oder können; so kann man etwa von einem Verb wie *bewohnen* sagen, daß es mindestens von einer nominativischen Ergänzung (Subjekt) und einem Akkusativobjekt begleitet sein muß, damit ein sinnvoller deutscher Satz entsteht:

Andere Arten von Ergänzungen sind in der Umgebung z.B. von *wohnen, gehören* und *bedürfen* zu erwarten:

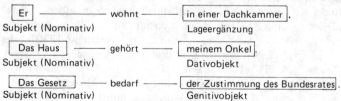

Wir sagen, daß *bewohnen, wohnen, gehören* bzw. *bedürfen* entsprechend den Ergänzungen, mit denen sie verbunden sind, in verschiedenen *Satzbauplänen* auftreten.

Gegenstand der folgenden Übungen sind Satzbaupläne, in denen als Ergänzungen des Verbs Präpositionalobjekte vorkommen.

I. | Subjekt (Nominativ) | ——— Verb ——— | Präpositionalobjekt |

Dieser Satzbauplan tritt in vier Varianten auf:

1. | Er | ——————— hängt ——————— | an seiner Familie | .

Wenn man in 1. das Präpositionalobjekt wegließe, bliebe kein sinnvoller deutscher Satz übrig; das Präpositionalobjekt ist *obligatorisch.*

2. | Das Projekt | ——————— scheiterte ——— | (an der Finanzierungsfrage) | .

Das Präpositionalobjekt in 2. ist weglaßbar oder *fakultativ.*

Die Varianten 1r. und 2r. haben dieselben Arten von Ergänzungen wie die Varianten 1. und 2.; der Unterschied besteht darin, daß das Verb nur reflexiv verwendet werden kann. (Das Reflexivpronomen ist Bestandteil des Verbs und kann nicht gegen ein substantivisches Akkusativobjekt ausgetauscht werden wie in *sich* rasieren : *einen Kunden* rasieren).

1r. | Er | ——————— hielt sich ——— | an die Anweisungen | .
2r. | Er | ——————— ärgerte sich ——— | (über meinen Brief) | .

147 Ü   (zu I.1. und 2.) Setze Präposition, Artikel, Endung ein.

1. Alle schimpfen . . . . hoh . . Steuern, aber zahlen muß doch jeder.
2. Sie leidet . . . . Blutarmut. 3. Ich vertraue . . . . Ihr . . Gerechtigkeitssinn. 4. Er kapituliert schon . . . . geringst . . Schwierigkeit.
5. Von neuen Waschmitteln will sie nichts wissen, sie schwört . . . .
Schmierseife. 6. Obwohl er mal . . . . Blondinen schwärmte, hat er eine dunkelhaarige Andalusierin geheiratet. 7. Das Hotel Bristol hat Meiers sehr beeindruckt, sie schwärmen noch heute . . . . gut . . Essen dort. 8. Wenn wir unsere Oma nicht hätten, die . . . . Kinder aufpassen kann, kämen wir überhaupt nie ins Kino oder ins Theater.
9. In der Kneipe roch es . . . . Tabaksqualm und abgestanden . . Bier.
10. Diese gepunktete Krawatte paßt doch nicht . . . . Ihr . . gestreift . . Hemd. 11. Wie sind Sie denn . . . . dies . . Idee verfallen? 12. Gibt der an . . . . sein . . Sportwagen! 13. Er prahlt gern . . . . sein . . Erfolgen bei Frauen. 14. Sie hat . . . . mein . . Brief nie reagiert. 15. Das Fundament ist fertig. Nächste Woche können wir . . . . Montage der Fertigteile beginnen. 16. Können Sie einen Augenblick . . . . mein Gepäck achten; ich möchte mir nur schnell eine Zeitung kaufen. 17. Er ist immer . . . . unser . . Interessen eingetreten. 18. . . . . ein . . so billig . . Trick falle ich nicht herein. 19. Der Tag wird kommen, an

dem man . . . . dies . . Kerl abrechnet. 20. Könnten Sie auf Anhieb
sagen, ... wie vielen Teilen ein normaler Rundfunkempfänger besteht?

148 Ü (zu I.1. und 2.) Setze Präposition, Artikel, Endung ein.

1. Kein Argument vermochte ihn zu überzeugen. Er beharrte . . . .
sein . . vorgefaßt . . Meinung. 2. . . . . ein . . solch . . Erfolg konnte
kein Mensch rechnen. 3. Da haben Sie eigentlich recht; . . . . dies . .
Dinge habe ich noch nie nachgedacht. 4. Wenn man überhaupt etwas
Positives über Metternich sagen kann, so besteht seine Leistung . . . .
Erhaltung und Sicherung eines langen Friedens. 5. Die Opposition
kündigte an, daß sie . . . . Gesetzesvorlage stimmen werde. 6. Ich muß
. . . . ein . . sofortig . . Regelung dieser Angelegenheit bestehen.
7. Ich komme gleich noch einmal . . . . dies . . Punkt zurück. 8. Er
neigt . . . . Erkältungskrankheiten. 9. Niemand zweifelte . . . . Richtigkeit seiner Aussagen. 10. Manchmal könnte man . . . . Menschheit
verzweifeln. 11. Fast alle seine Erzählungen beruhen . . . . wahr . .
Begebenheiten. 12. In der gesamten Bundesrepublik wird . . . . beid . .
flüchtig . . Verbrechern gefahndet. 13. Er ist . . . . schwer . . Lungen-
entzündung erkrankt. 14. Er hoffte vergeblich . . . . ein . . Anerken-
nung seiner Leistung. 15. Gehen wir vorläufig mal . . . . dies . . An-
nahme aus. 16. Ich warte noch immer . . . . Ihr . . Antwort. 17. Er
leidet . . . . dies . . Verhältnissen um so mehr, als er keine Möglichkeit
sieht, etwas zu ändern. 18. Geben Sie mal . . . . sein . . Gesten acht;
man könnte meinen, er will seinen Chef imitieren. 19. Das soeben
verabschiedete Vertragswerk basiert . . . . ein . . Entwurf des früheren
Justizministers. 20. Eines der Grimmschen Märchen handelt . . . .
ein . . „der auszog, das Gruseln zu lernen".

149 Ü (zu I. 1r. und 2r.) Setze Präposition, Artikel, Endung ein.

1. Ich kaufe die Fahrkarten; kümmere du dich . . . . Gepäck. 2. Wir
freuen uns sehr . . . . Ihr . . Besuch. Also, bis bald. 3. Ich habe mich
. . . . dies . . Entwicklung natürlich auch nicht gerade gefreut. Aber
vielleicht hat die Sache auch ihr Gutes. 4. Sie wehrte sich . . . . unge-
rechtfertigt . . Vorwürfe. 5. Es dauerte lange, bis er sich . . . . ein . .
Antwort aufraffte. 6. Er brüstet sich bei jeder Gelegenheit . . . . sein . .
Erfolgen. 7. Er bekennt sich auch heute noch . . . . sein . . früher . .
Politik. 8. Ich bin jederzeit bereit, mich . . . . Ihr . . Interessen einzusetzen. 9. In jeder freien Minute beschäftigt er sich . . . . Sprachstu-

dien. 10. An Ihrer Stelle hätte ich mich . . . . ein solches Unternehmen gar nicht erst eingelassen. 11. Ich kann nicht verstehen, wie Sie sich . . . . dies . . Gesindel abgeben können. 12. Warum versteifen Sie sich gerade . . . . Anglistik-Studium? Für Englischlehrer gibt's doch kaum noch Chancen. 13. Diese Textilfirma scheint sich ganz . . . . Geschmack von Teenagern eingestellt zu haben. 14. Ich weiß nicht, ob sich der Personalausschuß schon . . . . ein . . der Bewerber entschieden hat. 15. Der Chirurg konnte sich nur schweren Herzens . . . . ein . . Operation entschließen. 16. Er hat sich nicht näher . . . . sein . . Pläne ausgelassen. 17. Er hat sich sehr intensiv . . . . Problemen der Datenerfassung und -speicherung auseinandergesetzt. 18. Er hätte sich in seinem Vortrag . . . . ein paar überzeugend . . Beispiele beschränken sollen; so hat er die Zuhörer mit der Fülle des Materials erschlagen. 19. Wenn man immer nur Erfolge hat, fällt es schwer, sich irgendwann . . . . Erreichten zu begnügen. 20. Die Verhandlungspartner gaben sich . . . . sogenannt . . „kleinen Lösung" zufrieden.

150 Ü (zu I. 1r. und 2r.) Setze Präposition, Artikel, Endung ein.

1. Seine Kritik richtete sich vor allem . . . . Finanzpolitik der Regierung. 2. Ich richte mich ganz . . . . Ihr . . Wünschen. 3. Der Bundestag hat sich mit Mehrheit . . . . ein . . Vertagung der Debatte ausgesprochen. 4. Ich bin sicher, daß er sich nicht so ohne weiteres . . . . Verlust aller seiner Privilegien abfinden wird. 5. Hüten Sie sich . . . . solch . . Äußerungen; das kann Ihnen eine Beleidigungsklage einbringen. 6. Nach dem Trubel der letzten Tage sehne ich mich . . . . Ruhe. 7. Es besteht die Gefahr, daß sich die Spannungen im Vorderen Orient . . . . ein . . international . . Krise auswachsen. 8. Er verstieg sich . . . . Behauptung, er habe die gegenwärtige Entwicklung lange vorausgesehen. 9. Sie brauchen sich doch . . . . Ihr . . Zukunft nicht zu sorgen. 10. . . . . dies . . Unterstellung muß ich mich energisch verwahren. 11. Ich weiß nicht, warum er sich . . . . mein . . Brief so aufgeregt hat. 12. Er ist ein solcher Querkopf, daß er sich . . . . jed . . anlegt. 13. Er stieß sich . . . . mein . . Ausdrucksweise; sie war ihm zu salopp. 14. Er stemmt sich aus Prinzip . . . . jed . . Neuerung, mag sie noch so sinnvoll sein. 15. Wir können uns hier nicht . . . . Ihr . . persönlich . . Streitigkeiten befassen. 16. Der Minister hat sich . . . . Äußerungen seines Staatssekretärs sofort öffentlich distanziert. 17. Die Ermittlungen der Polizei konzentrieren sich gegenwärtig . . . . ein . . klein . . Kreis von Verdächtigen. 18. Der Zusammenbruch dieses Wirtschaftszweigs würde sich verheerend . . . . Gesamtwirtschaft

auswirken. 19. Der Redner verbreitete sich in langatmigen Ausführungen . . . . Kultur des christlichen Abendlandes. 20. Kaum hatte sie
sich . . . . dies . . Schlag erholt, da kam eine neue Hiobsbotschaft.

Zu den oben behandelten Verben gehören auch einige Verben des Sagens, an
die zwei präpositionale Ausdrücke angeschlossen werden können. Davon nennt
der eine das besprochene Thema, der andere den Gesprächspartner oder die
Person, an die sich jemand wendet.

	Gesprächspartner	
Er diskutierte	mit uns	über moderne Malerei.
Er verhandelte	mit dem Eigentümer	über den Abschluß eines Kaufvertrags.
Er unterhielt sich	mit mir	über seine Pläne.

	Person, an die sich jemand wendet	
Er protestierte	bei der Geschäftsführung	gegen seine Versetzung.
Er beschwerte sich	beim Geschäftsführer	über das schlechte Essen.
Er beklagte sich	bei mir	über seinen Nachbarn.
Er bewarb sich	bei uns	um die ausgeschriebene Stelle.
Er erkundigte sich	bei mir	nach dem Preis.
Er bedankte sich	bei mir	für das Geburtstagsgeschenk.

Der unter I. (→ 147 Ü – 150 Ü) aufgeführte Satzbauplan kann um ein Akkusa-
tiv- bzw. ein Dativobjekt erweitert sein:

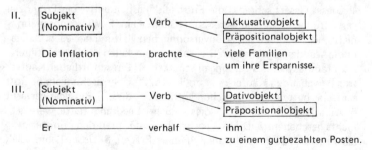

Die meisten Verben, die in diesen beiden Plänen auftreten können, müssen
nicht von allen drei Ergänzungen gleichzeitig begleitet sein, z.B.:

Er verteidigte ihn (gegen alle Vorwürfe).
Die wirtschaftliche Lage zwingt (uns) zu größter Sparsamkeit.
Der Arzt riet (mir) zu einer Kur.

151 Ü (zu II. und III.) Setze Präposition, Artikel, Endung ein.

1. Ich benötige diese Bücher dringend . . . . Vorbereitung meines Referats. 2. Sein Aufenthalt im Polargebiet hat ihn . . . . Kälte abgehärtet. 3. Ich habe ihn vergeblich . . . . sein Versprechen erinnert. 4. Ich beneide ihn nicht . . . . sein . . Posten. 5. Er hat mich auch . . . . Ihnen gefragt. 6. Niemand hat Sie . . . . Ihr . . Rat gebeten. 7. Er wartete uns . . . . ein . . besonder . . Überraschung auf. 8. Er wollte mich unbedingt . . . . ein . . Stellungnahme veranlassen. 9. Er drohte mir . . . . ein . . Prozeß für den Fall, daß ich meine Äußerungen nicht sofort zurücknehmen würde. 10. Niemand konnte ihn . . . . Ausführung dieses Plans hindern. 11. Ich wäre bereit, Ihnen . . . . ein . . Zwischenkredit von 5000 Mark auszuhelfen. 12. Wir haben uns erlaubt, Ihr Konto . . . . dies . . Betrag zu belasten. 13. Habe ich Sie nicht von Anfang an . . . . dies . . Schwierigkeiten hingewiesen? 14. In dem Sketch haben sie meinen Onkel . . . . sein . . Sammelleidenschaft aufgezogen. 15. Der Angeklagte konnte das Gericht nicht . . . . sein . . Unschuld überzeugen. 16. Der Vertreter hat die Frau schließlich doch noch . . . . Kauf des Staubsaugers überredet. 17. Der Anlageberater hat mir dringend . . . . Kauf dieser Papiere abgeraten. 18. Er begründete seine Absage . . . . Terminschwierigkeiten. 19. Der Wirt forderte den Betrunkenen . . . . sofortig . . Verlassen des Lokals auf. 20. Ich dankte ihm . . . . sein . . tatkräftig . . Unterstützung.

152 Ü (zu II. und III.) Setze Präposition, Artikel, Endung ein.

1. Dieses Gesetz schränkt die Entscheidungsbefugnisse der Provinzialverwaltungen . . . . engbegrenzt . . Gebiete ein. 2. Wir konnten ihn nicht . . . . Aufgabe seiner unversöhnlichen Haltung bewegen. 3. Die in die Wände eingelassenen Bleiisolierungen sollen die Beschäftigten . . . . radioaktiv . . Strahlungen schützen. 4. Ein schriftlicher Kaufvertrag bewahrt den Käufer . . . . unliebsam . . Überraschungen. 5. Gott sei Dank hatte man mich schon vorher . . . . dies . . Betrüger gewarnt. 6. Wenn man ihn nicht . . . . dies . . Schritt gedrängt hätte, wäre gar nichts geschehen. 7. Die Abgeordneten bestürmten den Minister in der Fragestunde . . . . Unzahl peinlicher Fragen. 8. Unser Lehrer hielt uns unnachgiebig . . . . methodisch . . Lernen an. 9. Die internationale Baugesellschaft hat die Kapitalgeber durch betrügerische Manipulationen . . . . ihr . . Einlagen gebracht. 10. Kein Mensch hat Sie . . . . ein . . solch . . Erklärung ermächtigt. 11. Aufgrund eines ärztlichen Attests hat man ihn . . . . Turnen befreit. 12. Ich habe das . . . . sein . .

eigen . . Äußerungen geschlossen. 13. Man hat mich . . . . kommissarisch . . Leitung der Dienststelle beauftragt. 14. Der Außenminister unterrichtete das Parlament . . . . Verlauf der Moskauer Verhandlungen. 15. Die Tatsache, daß Sie anderer Meinung sind, berechtigt Sie noch lange nicht . . . . ein . . derart unsachlich . . Kritik. 16. Man kann diese scheinbar so komplizierte Theorie . . . . ein halbes Dutzend grundlegender Sätze zurückführen. 17. Er hat keinen einzigen eigenen Gedanken . . . . dies . . Thema beigetragen. 18. Der Patient hat seinen behandelnden Arzt ausdrücklich . . . . ärztlich . . Schweigepflicht entbunden. 19. Er verpflichtete seine Mitarbeiter . . . . strengst . . Stillschweigen. 20. Die scheinbare Logik dieses Gedankenganges hat ihn . . . . folgenschwer . . Fehlschlüssen verleitet.

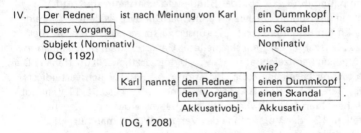

Der zweite Akkusativ gibt an, *wie* Karl den Redner / den Vorgang nannte.

Bei anderen Verben, die inhaltlich hierher gehören, steht anstelle des zweiten Akkusativs eine präpositionale Ergänzung aus *für* + Substantiv oder eine Ergänzung aus *als* + Substantiv:

Karl	hielt	den Redner	für einen Dummkopf .
		den Vorgang	für einen Skandal .
Karl	bezeichnete	den Redner	als einen Dummkopf .
		den Vorgang	als einen Skandal .

Verben wie *nennen, halten für* und *bezeichnen als* sind häufig auch mit adjektivischen Ergänzungen verbunden:

Er	nannte	diese Vorgänge	skandalös .
Er	hielt	diese Vorgänge	für skandalös .
Er	bezeichnete	diese Vorgänge	als skandalös .

(DG, 1205)

In Verbindung mit Verben wie *ernennen, befördern, wählen* werden präpositionale Ausdrücke aus *zu* + Substantiv verwendet:

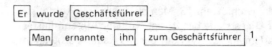

153 Ü Vervollständige die Sätze und verwende dabei die in Klammern angegebenen Wörter.

1. (ein gefährliches Abenteuer) Alle bezeichneten das Unternehmen
. . . . . 2. (ein gemeiner Betrüger) Er nannte ihn vor allen Leuten
. . . . . 3. (der Klassensprecher) Die Klasse hat Fritz Meier . . . . gewählt. 4. (der Universalerbe) Mein Onkel hat mich in seinem Testament . . . . eingesetzt. 5. (ein äußerst fähiger Mann) Alle seine Kollegen halten ihn . . . . . 6. (der Bundeswirtschaftsminister) Auf Vorschlag des Bundeskanzlers ernannte der Bundespräsident den Freidemokraten Friderichs . . . . . 7. (unser Fürsprecher) Dürfen wir Sie
. . . . betrachten? 8. (ein skrupelloser Gangster) Sein rücksichtsloses Vorgehen kennzeichnet ihn . . . . . 9. (ein ärztlicher Kunstfehler) Der Gutachter bezeichnete die Operation . . . . . 10. (Pflichtverteidiger) Das Gericht hat Rechtsanwalt Dr. Mandel . . . . bestellt. 11. (ein notorischer Querulant) Er versuchte, den Beschwerdeführer . . . . hinzustellen. 12. (der Vorsitzende des Vereins) Wie ist man nur auf die Idee gekommen, ausgerechnet ihn . . . . zu machen? 13. (ein unausgeglichener und cholerischer Mensch) Man hat ihn mir . . . . geschildert. 14. (der eigentliche Begründer dieses Wissenschaftszweigs) Er betrachtet sich selbst . . . . . 15. (volljährig) Der Kronrat erklärte den Prinzen . . . . . 16. (Verräter und gemeine Lügner) Er schmähte seine politischen Gegner . . . . . 17. (sein Nachfolger) Er hat seinen bisherigen Stellvertreter . . . . bestimmt. 18. (vordringlich) Wir sehen die Lösung dieser Frage . . . . an. 19. (der Verräter) Sein Verhalten stempelt ihn . . . . an unserer Sache. 20. (eine Einmischung) Moskau sieht diesen Protest . . . . in die inneren Angelegenheiten der Sowjetunion an. 21. (Major) Der Verteidigungsminister hat Hauptmann Stiefel . . . . befördert. 22. (König) Die Volksversammlung rief ihn . . . . aus. 23. (der Vorsitzende des zweiten Senats) Man hat ihn . . . . beim Bundesverfassungsgericht berufen. 24. (der neue Leiter) Die Geschäftsführung ernannte ihn . . . . der Abteilung III. 25. (erledigt) Ich betrachte die Angelegenheit . . . . .

---

[1] *zu* und *als* sind häufig austauschbar: Man wählte ihn *zum/als* Vorsitzenden.

Vergleiche die beiden folgenden Satzbaupläne, in denen jeweils das Verb *verstoßen* vorkommt:

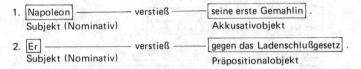

1. $\boxed{\text{Napoleon}}$ ————— verstieß ————— $\boxed{\text{seine erste Gemahlin}}$.
   Subjekt (Nominativ)   Akkusativobjekt

2. $\boxed{\text{Er}}$ ————— verstieß ————— $\boxed{\text{gegen das Ladenschlußgesetz}}$.
   Subjekt (Nominativ)   Präpositionalobjekt

Den verschiedenen Bedeutungen von *verstoßen*1 bzw. *verstoßen*2 entsprechen verschiedene Satzbaupläne. Auch die von *verstoßen*1 bzw. *verstoßen*2 abgeleiteten Substantive sind in ihrer Form unterschieden.

*verstoßen*1:   die *Verstoßung* seiner ersten Gemahlin
*verstoßen*2:   ein *Verstoß* gegen das Ladenschlußgesetz

154 Ü   Wie heißen die abgeleiteten Substantive?

1. (Die Stadtbibliothek *besteht seit zehn Jahren.*) Seit . . . . der Stadtbibliothek hat sich die Zahl der Bücherfreunde in unserer Stadt ständig erhöht. / (Die Bibliothek *besteht* zur Zeit *aus 50 000 Bänden.*) Der Bücher. . . . wird laufend ergänzt. 2. (Er *ist zum Katholizismus übergetreten.*) Sein . . . . zum Katholizismus war ein entscheidender Einschnitt in seinem Leben. / (Immer mehr Autofahrer *übertreten die Verkehrsvorschriften.*) Die . . . . von Verkehrsvorschriften soll in Zukunft strenger bestraft werden. 3. (Die Polizei *ging* mit Gummiknüppeln *gegen die Studenten vor.*) Die Studentenorganisationen protestierten gegen das . . . . der Polizei. / (Was *ist* dort *vor sich gegangen?*) Dieser . . . . war mir völlig unbekannt. 4. (Ich *schließe das aus seinem Verhalten.*) Ich ziehe diesen . . . . aus seinem Verhalten. / (Man sah sich gezwungen, *das Zweigwerk* wegen Unrentabilität *zu schließen.*) In einer außerordentlichen Betriebsversammlung protestierten die Beschäftigten gegen die . . . . des Zweigwerks. 5. (Das Hauptwerk *vergibt Aufträge an Zulieferfirmen.*) Die . . . . von Aufträgen an Zulieferfirmen wurde stark eingeschränkt. / (Er wollte, daß ich *ihm alles vergebe.*) Er bat mich um . . . . . 6. (Er *ging auf diesen Punkt* nicht *ein.*) Er lehnte jedes . . . . auf diesen Punkt ab. / (Jeden Tag *geht viel Post ein.*) Der tägliche Post. . . . wird zunächst in der Zentrale registriert und dann an die einzelnen Büros weitergeleitet. 7. (Die Truppen *zogen sich auf die Ausgangsstellungen zurück.*) Der . . . . verlief planmäßig. / (Er *zog seine Kreditzusage zurück.*) Die . . . . der Kreditzusage wird einen Skandal verursachen.

An die Stelle vieler einfacher Verben kann eine Verbindung aus Verb + Akkusativ eines Verbalsubstantivs treten:

1. Er ⬚fragte⬚   mich, ob ich auch mitkäme.
   Er ⬚stellte⬚   mir   ⬚die Frage⬚ ⎫
                                        ⎬ ᷉ ob ich auch mitkäme.
   ⬚richtete⬚   an mich ⬚die Frage⬚ ⎭

2. Er ⬚antwortete⬚ mir   unmißverständlich.
   Er ⬚gab⬚   mir   ⬚eine unmißverständliche Antwort⬚.

3. Er ⬚strengte sich⬚ sehr ⬚an⬚.
   Er ⬚unternahm⬚   ⬚große Anstrengungen⬚.

4. Noch ⬚können⬚ Sie ⬚wählen⬚.
   Noch ⬚haben⬚ Sie ⬚die Wahl⬚.

5. Er ⬚kritisierte⬚ unser Vorhaben.
   Er ⬚übte⬚   ⬚Kritik⬚ an unserem Vorhaben.

Solche Verbindungen aus Verb + Verbalsubstantiv sind z. B. im heutigen Zeitungsstil sehr verbreitet.

155 Ü Ersetze das einfache Verb durch eine Verbindung aus Verb + Verbalsubstantiv.

1. Vor dem Wissenschaftsrat *referierte* Professor Meier über seine neuesten Forschungsergebnisse. 2. Das Parlament *beschloß* einstimmig, die Diäten der Abgeordneten zu erhöhen. 3. Der Fraktionschef der Oppositionsparteien *kritisierte* aufs schärfste die Finanzpolitik der Regierung. 4. Manche Geologen *meinen*, daß in der Nordsee mit umfangreichen Erdölfunden gerechnet werden könne. 5. Schon jetzt wird der nächste Parteitag *vorbereitet*. 6. Der Kurpfuscher *behauptete*, daß er jede Krankheit heilen könne. 7. Er konnte die Richtigkeit seiner Theorie *beweisen*. 8. Er *warf* seiner Frau *vor*, daß sie zuviel Geld für unnötige Dinge ausgebe. 9. Aus seinen Andeutungen *schlossen* wir, daß er an einer Fortsetzung unserer gemeinsamen Arbeit nicht mehr interessiert sei. 10. Er *stimmte* unserem Plan *zu*. 11. Der Personalrat hat noch nicht darüber *entschieden*, wer sein Nachfolger werden soll. 12. Diese Maßnahmen können wesentlich dazu *beitragen*, die Lebensqualität in unserer Gesellschaft zu verbessern. 13. Die Agrarminister der EG-Länder konnten *sich* in allen wesentlichen Fragen *einigen*. 14. Er *interessiert sich* nicht mehr für diese Dinge. 15. Wir haben *uns entschlossen*, mit den Arbeiten sofort zu beginnen.

In einigen Fällen wird der umgekehrte Weg eingeschlagen. Von einem Substantiv wird ein Verb abgeleitet:

Er	hatte	Mitleid	mit uns.	
Er		bemitleidete	uns.	be/mitleid/en
Er	hatte	die Absicht	zurückzutreten.	
Er		beabsichtigte	zurückzutreten.	be/absicht/ig/en

156 Ü Ersetze die Verbindung aus Verb + Substantiv durch ein einfaches Verb.

1. *Geben* Sie mir bitte sofort *Nachricht*, wenn sich der Gesundheitszustand des Patienten verschlechtern sollte. 2. Herr Hartmann hat auch in diesem Jahr *einen Antrag* auf Steuerermäßigung *gestellt*. 3. Herr Hartmann hat seinem Reisebüro *den Auftrag gegeben*, ihm eine Flugkarte nach Hamburg zu besorgen. 4. Die sportliche Leistung der sowjetischen Mannschaft hat *einen großen Eindruck* auf die Zuschauer *gemacht*. 5. Die französische Kultur hat zu allen Zeiten *einen großen Einfluß* auf das Geistesleben in den romanischen Nachbarländern *ausgeübt*. 6. Darf ich Ihnen zu Ihrem Erfolg *meinen Glückwunsch aussprechen*? 7. Ich könnte *einen Eid* darauf *leisten*. 8. Wirtschaftsfachleute *geben ein* sehr pessimistisches *Urteil* über die weitere wirtschaftliche Entwicklung *ab*. 9. Island *erhebt Anspruch* auf die alleinige Kontrolle über dieses Fischfanggebiet. 10. Ich würde der ersteren Lösung *den Vorzug geben*. 11. Sie sollten diesen Dingen *keinen* zu geringen *Wert beimessen*. 12. Ich sehe nicht recht, welchen *Zweck* dieser Schritt *haben* soll. 13. Was *gibt* Ihnen eigentlich *das Recht* zu so harter Kritik? 14. Er ließ sich ein halbes Jahr *Urlaub geben*, um seine Doktorarbeit abschließen zu können. 15. Der Firmenchef *erteilte* seinem Vertreter *die Vollmacht*, den Vertrag im Namen der Firma abzuschließen. 16. Ich *hatte meine Zweifel*, ob es so gehen würde.

Anderen einfachen Verben entsprechen feste Verbindungen aus Präposition + Substantiv + Verb

| einen Schritt *erwägen* | : | einen Schritt *in Erwägung ziehen* |
| einen Plan *gefährden* | : | einen Plan *in Gefahr bringen* |

Die meisten festen Verbindungen dieser Art haben jedoch keine Entsprechung in einem einfachen Verb:

Das *kommt* nicht *in Betracht*.

Das *stellt* alles *in Frage.*

Eine lediglich formale, jedoch keine inhaltliche Beziehung besteht zwischen:

einen Gegner *angreifen*   ein Projekt *in Angriff nehmen*
ein Bild *betrachten*   eine Möglichkeit *in Betracht ziehen*

157 Ü Wie heißt das Verb in der festen Verbindung aus Präposition + Substantiv + Verb?

1. Er will nicht, daß sein Name mit dieser Geschichte in Verbindung . . . . wird. 2. Unser Wunsch ist wider Erwarten schnell in Erfüllung . . . . . 3. Auf der regennassen Asphaltdecke . . . . der Wagen ins Schleudern. 4. Bei unserer nächsten Sitzung werde ich diesen Punkt zur Sprache . . . . . 5. Daß das die beste Lösung war, wird heute von niemandem mehr in Zweifel . . . . . 6. Sein Ausscheiden . . . . das ganze Unternehmen in Frage. 7. Es scheint, daß ihre Freundschaft in die Brüche . . . . ist. 8. Wenn es um seinen Vorteil geht, ... er selbst seine Geschäftspartner rücksichtslos unter Druck. 9. Mit dieser Frage wollte er mich auf die Probe . . . . . 10. Als seine möglichen Nachfolger sind bis jetzt nur Meier und Müller in die engere Wahl . . . . . 11. Daß es zu Preisabsprachen zwischen den großen Ölkonzernen gekommen ist, ... wohl außer Frage. 12. Er hat mir freundlicherweise seinen Wagen zur Verfügung . . . . . 13. Diese Gesichtspunkte halte ich für so entscheidend, daß man sie unter keinen Umständen außer acht . . . . sollte. 14. Wir sollten auch diese Möglichkeit in Betracht . . . . . 15. Die Produktion des neuen Autotyps ist erstaunlich schnell in Gang . . . . . 16. Das Nachrichtenmagazin hat bei dem Meinungsforschungsinstitut eine Wählerumfrage in Auftrag . . . . . 17. In Kaufhäusern . . . . man immer wieder in Versuchung, mehr zu kaufen, als man eigentlich braucht. 18. Einige Wirtschaftsexperten sind der Ansicht, daß weitere Lohnerhöhungen die Lohn-Preis-Spirale erneut in Bewegung . . . . werden. 19. Diese Vorgänge sind heute längst in Vergessenheit . . . . . 20. Es ist zu hoffen, daß das Gipfeltreffen der Außenminister die steckengebliebenen Abrüstungsverhandlungen wieder in Gang . . . . . 21. Gewisse Anfangsschwierigkeiten muß man immer in Kauf . . . . . 22. Ich bin jederzeit bereit, meine Vorstellungen zur Diskussion zu . . . . . 23. Ich möchte Ihre kostbare Zeit nicht länger in Anspruch . . . . . 24. Beim letzten Umzug sind fast alle meine Sammeltassen zu Bruch . . . . . 25. Wenn Sie sich gegen diese Verleumdungen nicht zur Wehr . . . . , wird man glauben, es wäre doch was an der Sache.

Das Passiv (Das Haus *wurde abgerissen.*)
(SD 3, 350 ff., 444)

158 T   Unterstreiche in dem folgenden Text alle Formen des Verbs *werden.*

Der britische Geschichtsphilosoph Arnold Toynbee wird am Sonntag in London 85 Jahre alt. Professor Toynbee ist durch sein 16bändiges Geschichtswerk „Study of History" bekanntgeworden, das in England und den USA in Taschenbuchform zu einem Bestseller wurde. Toynbee ist oft als Kulturpessimist bezeichnet worden, weil er der Meinung ist, die Entwicklung der westlichen kapitalistischen Welt werde nicht mehr lange so weitergehen können wie bisher. Es müsse mit „einer Umkehr der Machtverhältnisse zugunsten der Entwicklungsländer" gerechnet werden.
(Nach „Abendzeitung", Ostern 1974)

Unterscheide:

1. *werden* als selbständiges Verb	Sein Werk wurde *ein Bestseller.*
→ 50 Ü	Er wurde *85 Jahre alt.*
	Die Situation wurde *immer schwieriger.*
	Sein Werk wurde *zu einem Bestseller.*
2. *werden* + Infinitiv (Futur)	Die Entwicklung *schlägt* sicher bald *um.*
	Die Entwicklung *wird umschlagen.*
3. *werden* + Partizip II	Er *wird* als Pessimist *bezeichnet.*
(Passiv)	Mit einer solchen Möglichkeit *wird gerechnet.*

Beachte:

Das Partizip II von *werden* heißt im Passiv *worden,* nicht *geworden:*

(zu 1.)	Perfekt	Sein Werk *ist* ein Bestseller *geworden.*
	Plusquamperfekt	Sein Werk *war* ein Bestseller *geworden.*
(zu 3.)	Perfekt	Er *ist* als Pessimist *bezeichnet worden.*
	Plusquamperfekt	Er *war* als Pessimist *bezeichnet worden.*

werden als selbständiges Verb:

Präsens	Die Situation *wird* immer schwieriger.
Präteritum	Die Situation *wurde* immer schwieriger.
Futur	Die Situation *wird* immer schwieriger *werden.*
Perfekt	Die Situation *ist* schwieriger *geworden.*
Plusquamperfekt	Die Situation *war* schwieriger *geworden.*

Passiv:

Präsens	Der Antrag *wird* sofort *bearbeitet.*
Präteritum	Der Antrag *wurde* sofort *bearbeitet.*
Futur	Der Antrag *wird* sofort *bearbeitet werden.*
Perfekt	Der Antrag *ist* sofort *bearbeitet worden.*
Plusquamperfekt	Der Antrag *war* sofort *bearbeitet worden.*

159 Ü Futur Aktiv oder Passiv?

1. Auf ein solches Unternehmen werde ich mich auf keinen Fall einlassen. 2. Gegen diese Verleumdungen werden wir uns mit allen Mitteln wehren. 3. Nehmen Sie bitte hier Platz, bis Sie gerufen werden. 4. Ganz gleich, wie die weitere Entwicklung verlaufen wird — wirtschaftliche Probleme werden auch weiterhin im Vordergrund stehen. 5. Er ist mit großer Mehrheit zum Vorsitzenden gewählt worden. 6. Sie werden sehen, ich werde recht behalten. 7. Ich fürchte, heute abend wird es spät werden. 8. Ihr Antrag wird sofort bearbeitet werden. 9. Er wurde zur Nachuntersuchung aufs Gesundheitsamt bestellt. 10. Durch sein Eingreifen wurde das Schlimmste verhindert. 11. Telefonieren wird bald so teuer werden, daß man sich kein eigenes Telefon mehr leisten kann. 12. Beim Fernsprechen wird akustische in elektrische Energie umgewandelt.

Das *werden*-Passiv wird besonders häufig in (Gebrauchs)anweisungen oder Beschreibungen technischer Verfahrensweisen verwendet. Der folgende Text ist dafür ein Beispiel:

160 T Unterstreiche alle Passivformen.

Die Herstellung von Beton
Sand, Steine und andere Zuschläge werden nach Art und Korngröße ... gesichtet, gewaschen und klassiert. Zement, Wasser und die Zuschläge werden in bestimmten Verhältnissen gemischt; eventuell werden Farbstoffe sowie Chemikalien zur Porenbildung zugesetzt. Das Gemisch wird je nach Verarbeitungsweise in flüssiger, weicher oder erdfeuchter Form an den Verarbeitungsort transportiert. Dort kann der Beton durch Pressen, Gießen, Spritzen, Schleudern, Pumpen, Stampfen, Rütteln oder Schütteln verarbeitet werden.
(Wie funktioniert das? Bibliographisches Institut, Mannheim 1963, S. 278)

Der Verfasser dieses Textes beschreibt, wie Beton hergestellt wird, was „man" tun muß, um Beton zu erhalten. Es kommt ihm also allein auf die bei der Betonherstellung angewandten Arbeitsverfahren an; von wem diese Arbeiten im Einzelfall ausgeführt werden, ist ohne Belang.

In der folgenden Übung kommen nur Passivsätze vor, in denen beschrieben wird, was „man" in bestimmten Situationen tut, was als das Normale gelten kann bzw. konnte.

161 Ü Beispiel: (ausschenken) In Bayern *wird* in allen Gastwirtschaften und Restaurants Bier *ausgeschenkt.*

1. (schreiben) Heute . . . . nahezu alle Geschäftsbriefe mit der Maschine . . . . . 2. (ernten, verpacken) Für den Export bestimmte Orangen . . . . grün . . . . und in Seidenpapier . . . . . 3. (lagern) Der Butterüberschuß . . . . in Kühlhäusern . . . . . 4. (schlachten) Großvieh . . . . heute fast ausschließlich in Schlachthäusern . . . . . 5. (transportieren) Verderbliche Lebensmittel . . . . in Kühlwagen . . . . . 6. (importieren) Früher . . . . Zigarettentabake vorwiegend aus dem Orient . . . . . In der Nachkriegszeit haben sich die würzigeren amerikanischen Tabake durchgesetzt. 7. (leeren) Der Briefkasten in unserer Straße . . . . nur noch zweimal täglich . . . . . 8. (austragen) Abonnierte Tageszeitungen . . . . in den frühen Morgenstunden . . . . . 9. (zustellen) Eilbriefe . . . . sofort . . . . . 10. (begleichen) Rechnungen . . . . heute im allgemeinen bargeldlos . . . . . 11. (diskutieren) Fragen des Umweltschutzes . . . . heute überall . . . . . 12. (trinken) Sekt . . . . gewöhnlich aus spitzen Gläsern . . . . .

Der Satz: „Die Süddeutsche Zeitung wird von Zehntausenden von Leuten in Bayern/überall in Bayern regelmäßig gelesen" enthält ebenfalls eine verallgemeinernde Feststellung; es wird gesagt, was ein größerer, nicht näher bestimmter Personenkreis regelmäßig tut. Auf eine Einzelperson bezogen, wäre eine solche Feststellung weit weniger üblich: „Die Süddeutsche Zeitung wird jeden Morgen von mir gelesen."

162 Ü Formuliere verallgemeinernde Feststellungen nach dem folgenden Muster:
Ich kaufe gern in dem neuen Kaufhaus.
In dem neuen Kaufhaus wird gern gekauft.

1. In den letzten Jahren telefoniere ich viel öfter als früher. 2. Dafür schreibe ich weniger Briefe. 3. Neuerdings treibe ich wieder mehr Sport. 4. Seit der Ölkrise benutze ich wieder öfter die öffentlichen Verkehrsmittel. 5. In letzter Zeit spare ich wieder mehr. 6. Ich kaufe neuerdings viel mehr Taschenbücher als früher. 7. Ich nutze die Billigangebote in den Supermärkten nicht genügend. 8. Zu Neujahr ver-

schicke ich immer einen ganzen Berg Glückwunschkarten. 9. Ich esse heute öfter im Gasthaus als früher. 10. Trotz aller Warnungen der Ärzte rauche ich mehr als früher.

Das Passiv eignet sich auch zur Formulierung von Anweisungen und Regeln.

163 Ü Schreibe Sätze nach dem folgenden Muster:
Im Deutschen schreibt man alle Substantive groß.
Im Deutschen werden alle Substantive groß geschrieben.

1. Haupt- und Nebensätze trennt man durch ein Komma. 2. Wörtliche Zitate setzt man in Anführungszeichen. 3. Schreibt man „zugrunde liegen" in zwei Wörtern oder zusammen? 4. Marokko schreibt man mit kk, nicht mit ck. 5. Die Grundierungsfarbe trägt man dünn auf die zu lackierende Fläche auf. 6. Die Postleitzahl schreibt man links vor den Bestimmungsort. 7. Das gewürzte Fleisch legt man vor dem Grillen ohne Fettzugabe in die Folie ein. 8. Nach Beendigung der Bratzeit schneidet man die Bratfolie oben mit einer Schere auf. 9. Für einen Kurtag im Rahmen einer Entschlackungskur verquirlt man fünfmal täglich zwei Eßlöffel des Präparats in Gemüse- oder Obstsaft. Das entspricht jeweils einer vollständigen Mahlzeit. 10. Zur Bestimmung der Vereinigungsmenge von endlichen Mengen schreibt man alle Elemente von A und alle Elemente von B in eine Mengenklammer. Diejenigen Elemente, die A und B gemeinsam sind, dürfen in A ∪ B nur einmal vorkommen.

Zur Beziehung zwischen Aktivsätzen und Passivsätzen:

Subjekt (Nominativ)   Akkusativobjekt

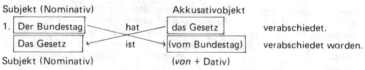

1. | Der Bundestag | ⟍ hat ⟋ | das Gesetz | verabschiedet.
   | Das Gesetz | ⟵ ist ⟶ | (vom Bundestag) | verabschiedet worden.

Subjekt (Nominativ)   (*von* + Dativ)

2. Alle anderen Ergänzungen des Verbs gehen unverändert in den Passivsatz ein:

Alle haben ⎣ihm⎦ widersprochen.   ⎣Ihm⎦ wurde (von allen) widersprochen.
        Dativobjekt

Der Ankläger beschuldigte ihn   Er wurde (vom Ankläger)
⎣der fahrlässigen Tötung⎦   ⎣der fahrlässigen Tötung⎦ beschuldigt.
        Genitivobjekt

Sein Vorgesetzter bat ihn   Er wurde (von seinem Vorgesetzten)
⎣um eine Stellungnahme⎦   ⎣um eine Stellungnahme⎦ gebeten.
Präpositionalobjekt

Den Platz vor der konjugierten Verbform (Personalform) nennen wir das *Vorfeld* des Satzes. Dieses Vorfeld muß in Aussagesätzen besetzt sein — notfalls durch den Platzhalter *es* — anderenfalls würde der Satz als Frage aufgefaßt.

Ihm	wurde	von niemandem geholfen.
Es	wurde	ihm von niemandem geholfen.
	Wurde	ihm von niemandem geholfen?

164 Ü Schreibe Sätze nach dem folgenden Muster:
Sogar von seinen Anhängern wurde ihm widersprochen.
Es wurde ihm sogar von seinen Anhängern widersprochen.

1. Zunächst wurde ihm nicht geglaubt. 2. Erste Vorgespräche wurden bereits geführt. 3. Auf diese Möglichkeit wurde schon mehrfach hingewiesen. 4. Kommen Sie schnell! Überall wird nach Ihnen gesucht. 5. Gewisse Fortschritte wurden bereits erzielt. 6. Von niemandem wurde ernsthaft mit einer solchen Möglichkeit gerechnet. 7. Auf diese Dinge wird viel zu wenig geachtet. 8. Ein entsprechender Antrag wurde bereits gestellt. 9. Neue Argumente wurden nicht vorgebracht. 10. Auf Pünktlichkeit wird hier anscheinend kein großer Wert gelegt. 11. Von tausend Dingen wurde gesprochen, nur davon nicht. 12. In drei Punkten wurde Einigkeit erzielt.

	Subjekt (Nominativ)	
	Die Schließung des Zweigwerks	gilt als sicher.
	Daß das Zweigwerk geschlossen wird,	

	Akkusativobjekt	
Er verlangt	die sofortige Rückzahlung des Betrags.	
	daß der Betrag sofort zurückgezahlt wird.	

	Präpositionalobjekt	
Die Studenten protestierten	gegen die Entlassung von zwei Professoren.	
	dagegen, daß zwei Professoren entlassen wurden.	

165 Ü Ersetze die kursiv gedruckten Subjekte, Akkusativobjekte bzw. Präpositionalobjekte durch *daß*-Sätze mit Passivformen.

1. Ich bestehe *auf einer sofortigen Regelung der Angelegenheit*. 2. *Die Ernennung von Dr. Krause zum Direktor der Staatsbank* gilt in Fachkreisen als sicher. 3. Die Mitglieder fordern *den sofortigen Ausschluß von Ludwig Huber aus dem Turnverein „Trimm dich"*. 4. Die Schulbehörde hat sich *für die Übernahme von Dr. Müller ins Beamtenverhältnis* ausgesprochen. 5. *Der vorzeitige Abbruch der Verhandlungen* wird allgemein bedauert. 6. Der Bundesaußenminister begrüß-

te *die Wiederaufnahme der Verhandlungen zwischen Prag und Bonn.*
7. Er hat sich noch immer nicht *mit der Ablehnung seines Antrags*
abgefunden. 8. Wir garantieren Ihnen *schnelle und preisgünstige Ausführung aller Reparaturarbeiten.* 9. In seinem Testament hat er *die
Überschreibung seines Barvermögens an das städtische Waisenhaus*
verfügt. 10. Ich bin *mit einer nochmaligen Verlegung der Sitzung*
nicht einverstanden. 11. Das Kultusministerium hat inzwischen *die
Versetzung des Lehrers an eine andere Schule* angeordnet. 12. *Die Eröffnung der Ausstellung* ist für den 15. September vorgesehen. 13.
Mehrere Abgeordnete verlangen *die Aufhebung der Geschwindigkeitsbegrenzung auf Autobahnen.* 14. Wirtschaftsexperten rechnen *mit
Steuererhöhungen um 8 bis 10 Prozent.* 15. *Eine nochmalige Aufwertung der D-Mark* hält man in Fachkreisen nicht mehr für ausgeschlossen. 16. *Eine Berücksichtigung auch dieser Gesichtspunkte* erscheint
notwendiger denn je. 17. Ich halte *Steuersenkungen im gegenwärtigen Zeitpunkt* nicht für zweckmäßig. 18. Er setzt sich *für eine sofortige Aufhebung aller Exportbeschränkungen* ein. 19. Niemand glaubt
mehr *an eine schnelle Lösung dieser Probleme.* 20. Ich bin *für die
Einsetzung eines Untersuchungsausschusses.*

166 Ü Schreibe den folgenden Bericht um und schildere, was mit dem Verunglückten geschah. Benutze dabei, soweit möglich, das Passiv.

1. Schon drei Minuten nach dem Unfall trafen — mit Blaulicht und
Sirene — die Polizei und der Rettungswagen mit einem Notarzt an
der Unfallstelle ein. 2. Vorsichtig befreiten die Sanitäter den schwerverletzten und stark blutenden Fahrer aus dem Unglückswagen, einem völlig zusammengedrückten VW, und hoben ihn auf eine Bahre.
3. Der Verunglückte war nicht bei Bewußtsein und atmete nur
schwach. 4. Noch an der Unfallstelle legte der Unfallarzt dem Verletzten einen Notverband an. 5. Danach brachte man den Verunglückten in rasender Fahrt ins nächste Krankenhaus, dessen Unfallabteilung bereits von der Polizei verständigt worden war. 6. Im Krankenhaus trugen die Sanitäter den Verletzten sofort in den Operationssaal, wo der Unfallchirurg und sein Assistenzarzt bereits warteten. 7. Man begann sofort mit der Operation. 8. Obwohl die Operation gut verlief, schwebte der Patient noch einige Tage in Lebensgefahr. 9. Erst nach vier Monaten konnte man ihn nach Hause entlassen. 10. Auch danach mußte er noch längere Zeit in ambulanter Behandlung bleiben.

Vergleiche:

Er *wird* morgen nach Hause *entlassen.*

Er *kann* morgen nach Hause *entlassen werden.*

Er *wurde* gestern nach Hause *entlassen.*

Er *konnte* gestern nach Hause *entlassen werden.*

167 Ü Füge in die folgenden Sätze die angegebenen Modalverben ein.

1. (müssen . . .) Reisepässe werden bei der zuständigen Polizeidienst-stelle beantragt. 2. (soll . . .) Die nördliche Umgehungsstraße wird noch in diesem Jahr gebaut. 3. (kann . . .) Das Frühstück wird Ihnen auch aufs Zimmer gebracht. 4. (darf . . .) Eine Haussuchung wird grundsätzlich nur von einem Richter angeordnet. 5. (will nicht . . .) Er wird immer nur kritisiert. 6. (mußte . . .) Das Haus wurde abgeris-sen, weil Einsturzgefahr bestand. 7. (soll . . .) Auf diese Fragen wird nachher noch näher eingegangen. 8. (möchte . . .) Er wird von nie-mandem kontrolliert. 9. (soll . . .) Er wird demnächst ins Ausland versetzt. 10. (dürfen nicht . . .) Diese Schwierigkeiten werden unter-schätzt.

Dem Subjekt (Nominativ) des Aktivsatzes kann im Passivsatz ein präpositiona-ler Ausdruck mit *durch* + Akk. bzw. mit *von* + Dat. entsprechen:

Die Explosion richtete großen Sachschaden an.	*Durch die Explosion* wurde großer Sachschaden angerichtet.
Ihr Freund begleitete sie nach Hause.	Sie wurde *von ihrem Freund* nach Hause begleitet.

Einige Hinweise zur Verwendung von *durch* bzw. *von*:

I.   Es ist von Personen die Rede:

   1. Der Brief wurde *durch (einen) Boten* überbracht.
      Wir wurden *durch die Sekretärin* davon in Kenntnis gesetzt, daß die Sitzung ausfallen müsse.

      Hinter dem Boten/der Sekretärin steht ein Auftraggeber:
      X ließ den Brief *durch (einen) Boten* überbringen.
      X ließ uns *durch die Sekretärin* davon in Kenntnis setzen, daß die Sit-zung ausfallen müsse.

   2. In der Mehrzahl der Fälle sind die in den Passivsätzen genannten Perso-nen keine eingesetzten oder beauftragten Personen, sie handeln aus sich heraus; dann wird die Präposition *von* verwendet:

      Er wurde *vom Chefarzt selbst* operiert.
      Das Gesetz wurde *vom Bundestag* verabschiedet.
      Der Brief ist *von meiner Sekretärin* versehentlich in den falschen Um-schlag gesteckt worden.

II.   Es ist nicht von Personen die Rede:

1. *von* wird verwendet, wenn ein *Gegenstand* (im weitesten Sinne) genannt wird, von dem eine bestimmte Wirkung ausgeht;
durch erscheint in Verbindung mit *Vorgängen*, durch die etwas verursacht wird:

Er wurde *von einem tauben-eigroßen Hagelkorn* am Kopf getroffen.	Die Ernte wurde *durch Hagel-schlag* vernichtet. (dadurch, daß Hagel fiel)
Er wurde *von einer Lawine* erfaßt und mitgerissen.	Die Paßstraße wurde *durch Lawinenabgänge* blockiert. (dadurch, daß Lawinen abgingen)
Er wurde *vom Blitz* erschlagen.	Der Zimmerbrand wurde *durch einen Kurzschluß in der Lichtleitung* verursacht. (dadurch, daß es in der Lichtleitung zu einem Kurzschluß gekommen war)
Unser Haus wurde *von einer Luftmine* zerstört.	Das Gebäude wurde *durch die Ex-plosion einer Luftmine* nahezu völlig zerstört. (dadurch, daß in seiner Nähe eine Luftmine explodierte)
Er wurde *von einem schweren Schicksalsschlag* ereilt.	Er wurde *durch schwere Schicksals-schläge* zum Selbstmord getrieben. (dadurch, daß er schwere Schick-salsschläge erlitt)

2. In Verbindung mit Krankheitsüberträgern/-erregern wird *durch* verwendet:

Malaria wird *durch die Anopheles-Mücke* übertragen.
Lungentuberkulose wird *durch Tuberkelbakterien* ausgelöst.

3. Substantive, die Dinge bezeichnen, die Bereiche voneinander trennen, etwas irgendwie einteilen usw., werden in der Regel mit *durch* verbunden:

Asien wird von Europa *durch das Uralgebirge* getrennt.
Ein Kreis wird *durch den Durchmesser* in zwei gleiche Teile geteilt.

168 Ü   *durch* + Akkusativ oder *von* + Dativ?

1. Der Fernverkehr wurde . . . . wolkenbruchartig . . Regenfälle unter-brochen. 2. Die Angelegenheit wurde . . . . ein . . meiner Mitarbeiter versiebt. 3. Er wurde . . . . ein . . weiter . . Schicksalsschlag ereilt.

4. Als Erfolge ausblieben, wurde er . . . . all . . sein . . Anhänger im
Stich gelassen. 5. Er wurde . . . . ein . . Lastwagen überfahren. 6. . . . .
ein . . Gasexplosion war die Wohnung in einen unbeschreiblichen Zustand versetzt worden. 7. Alle Verträge müssen . . . . stellvertretend . .
Direktor gegengezeichnet werden. 8. Man nimmt an, daß der Mord an
dem Gewerkschaftsboß . . . . bezahlt . . Killer ausgeführt wurde. 9. Die
Rechte des Autors innerhalb Europas werden zur Zeit . . . . dessen
Schweizer Anwalt wahrgenommen. 10. Wir wurden . . . . Nachricht
überrascht, daß er zurückgetreten sei. 11. Kirchensteuern werden zusammen mit den staatlichen Steuern . . . . staatlich . . Finanzämter eingezogen. 12. Weite Teile Afrikas wurden in den letzten Jahren . . . .
ein . . langanhaltend . . Trockenheit heimgesucht. 13. Die Reaktions-
fähigkeit des Fahrers war . . . . übermäßig . . Alkoholgenuß erheblich
gemindert worden. 14. Die Unwetterkatastrophe wurde . . . . ein . .
plötzlich . . Kälteeinbruch ausgelöst. 15. Er wurde . . . . Zweifeln und
Gewissensbissen geplagt. 16. . . . . ein Scheitern der Verhandlungen
würde eine nahezu aussichtslose Situation heraufbeschworen.
17. Adenauer ist noch in hohem Alter . . . . Kokoschka gemalt worden.
18. Die erste Margarine wurde 1869 . . . . ein . . Franzos . . namens
Mèges-Mouriès hergestellt. 19. Die Kampfstiere werden . . . . Picadores
und Banderilleros oft so geschwächt, daß der Torero anschließend
leichtes Spiel hat. 20. Die Quantentheorie wurde 1899/1900 . . . .
Max Planck begründet. 1905 wurde sie zunächst . . . . Albert Einstein
vertieft und seit 1913 . . . . Niels Bohr auf die Probleme des Atombaus
angewandt.

169 Ü *durch* + Akkusativ oder *von* + Dativ?

1. Das Scheitern der Konferenz wurde . . . . Eingreifen des amerikanischen Außenministers im letzten Augenblick verhindert. 2. Er wurde
. . . . sein . . Geschäftspartner um einen großen Teil seines Vermö-
gens betrogen. 3. Er wurde . . . . ein . . betrunken . . Polizisten festgenommen. Das Gericht stellte jedoch fest, daß die Rechtmäßigkeit
der Amtshandlung . . . . Trunkenheit des Polizisten nicht eingeschränkt
worden sei. 4. Die Eröffnung der Festspiele wird . . . . all . . bundes-
deutsch . . Rundfunkstationen übertragen. 5. Dem Angeklagten
wurde . . . . Gericht verminderte Zurechnungsfähigkeit zugebilligt.
6. Erste Untersuchungen haben ergeben, daß die Explosion . . . . Aus-
tritt von Gas aus einer schadhaften Leitung verursacht wurde.
7. Mehrere politische Häftlinge wurden . . . . Gesinnungsgenossen aus

dem Gefängnis befreit. 8. Mehrere am Berghang gelegene Wohnhäuser wurden . . . . ein . . Erdrutsch zerstört. 9. Es kann . . . . niemand . . ernsthaft bestritten werden, daß die Wirtschaftspolitik der Regierung ein großer Erfolg war. 10. Die Produktionsgeheimnisse sollten . . . . eingeschleust . . Spitzel ausgekundschaftet werden. 11. . . . . sein . . Hinwendung zu immer neuen Arbeitsgebieten wurde er von seiner eigentlichen Forschungsaufgabe abgelenkt. 12. Die Korruption wurde noch gefördert . . . . Zusammenhalt der Verwaltungsbeamten, die nur den aufsteigen ließen, der gute Beziehungen zu ihnen unterhielt. 13. Das Hochhaus wurde . . . . ein . . Luftmine getroffen. 14. Die Produktionsvorgänge wurden uns . . . . ein . . Werkmeister erläutert. 15. Bei der Schießerei zwischen den Banditen und der Polizei wurde ein unbeteiligter Passant . . . . ein . . Querschläger getroffen. 16. Unser Grundstück wird . . . . ein . . Maschendrahtzaun vom Nachbargrundstück getrennt. 17. Er wurde . . . . ein . . herabstürzend . . Felsblock erschlagen. 18. Beim Absturz von einem Baugerüst wurde er . . . . ein . . Eisenstange durchbohrt. 19. Alle in unserem Betrieb hergestellten Lebensmittel werden . . . . ein . . vereidigt . . Lebensmittelchemiker geprüft. 20. Der Norden des Landes wird . . . . gut ausgebaut . . Fernstraßen durchzogen.

sein + Partizip II (**Zustandsform**)
(SD 3, 357 ff., 445)

Was ging voraus?	resultierender Zustand
Man *hat* die Zettel schon *verteilt*. Die Zettel *wurden* schon *verteilt/ sind* schon *verteilt worden*.	Präsens: Die Zettel *sind* schon *verteilt*.
Er *hat sich* in sie *verliebt*.	Präsens: Er *ist* in sie *verliebt*.

170 Ü   Verwende Zustandsformen aus *sein* + Partizip II.

1. Ich habe meinen Koffer schon gepackt. 2. Sind die Möbel schon bestellt worden? 3. Er hat sich beim Baden im Waldteich erkältet. 4. Der Schaden konnte inzwischen behoben werden. 5. Haben Sie die Briefe schon getippt? 6. Die Eisenplatte hat sich mit einer dicken Rostschicht überzogen. 7. Ich habe alle Schlösser frisch geölt. 8. Die Türrahmen haben sich völlig verzogen. 9. Soviel ich weiß, wurde das alles mit ihm abgesprochen. 10. Er hat den Vertrag immer noch nicht

unterschrieben. 11. Es scheint, daß er sich jetzt mit seinem Schicksal ausgesöhnt hat. 12. Er hat sich mal wieder in die Lektüre seines Lieblingsbuches vertieft. 13. Ich habe die Druckfahnen noch nicht korrigiert. 14. Hast du schon gedeckt? 15. Ihr Antrag ist genehmigt worden.

171 Ü   Verwende Zustandsformen aus *sein* + Partizip II.

1. Ich habe mich auf alles vorbereitet. 2. Haben Sie meine Schuhe schon besohlt? 3. Hast du meine Hose immer noch nicht gebügelt? 4. Ich habe mich immer noch nicht an das Klima hier gewöhnt. 5. Er hat sich schon wieder betrunken. 6. Diese chemische Fabrik hat sich auf die Herstellung von synthetischen Textilfasern spezialisiert. 7. Über Ihren Antrag ist noch nicht entschieden worden. 8. Ich hatte mich noch nicht gewaschen und gekämmt, als es an der Tür klingelte. 9. Sie haben sich gut aufeinander eingespielt. 10. Morgen ziehen wir aus; das Wohnzimmer haben wir schon ausgeräumt. 11. Herr Müller hat seinen alten Wagen immer noch nicht verkauft. 12. Über Einzelheiten bin ich nicht unterrichtet worden. 13. Habt Ihr das Gepäck schon eingeladen? 14. Ich habe mich entschlossen, mich nach einer anderen Arbeit umzusehen. 15. Hat man Sie auch eingeladen?

172 Ü   Was ging dem resultierenden Zustand voraus?

1. Alle Gehwege im Stadtpark sind asphaltiert. 2. Seit dem Krieg ist das Stadtzentrum völlig zerstört. 3. Ihre Beispiele sind gut gewählt. 4. Damit ist das Gesetz angenommen. 5. Der Plan war gut durchdacht. 6. Unser Wohnzimmer ist frisch tapeziert. 7. Sind Sie auch gegen Einbruch und Wasserschaden versichert? 8. Die Arbeiten sind seit drei Wochen abgeschlossen. 9. Seit gestern ist bei uns die Zentralheizung abgestellt. 10. Sie ist als Aushilfskraft eingestellt. 11. Diese Geschmacksrichtung ist überlebt. 12. Alle Waschmittel, die wir auf den Markt bringen, sind sorgfältig erprobt. 13. Der Himmel ist bedeckt. 14. Da kommen Sie leider zu spät; die Stelle ist bereits an einen anderen vergeben. 15. Die Mordaffäre Schulze ist jetzt aufgeklärt.

In einigen Fällen entsprechen die Zustandsformen aus *sein* + Partizip II Aktiv-/Passivsätzen ohne Tempuswechsel:

Eine dicke Moosschicht verdeckt *die Reste des alten Fundaments.*	*Die Reste des alten Fundaments werden* *von einer dicken Moosschicht verdeckt.* *Die Reste des alten Fundaments sind* *von einer dicken Moosschicht verdeckt.*
Alle fürchten ihn.	*Er wird von allen gefürchtet.* *Er ist bei allen gefürchtet.*

173 Ü   Verwende Zustandsformen aus *sein* + Partizip II.

1. Neuschnee bedeckt die Berggipfel. 2. Die neuen Laternen beleuchten die Fahrbahn ausreichend. 3. Ein dichtes Straßen- und Eisenbahnnetz überzieht die Länder Mitteleuropas. 4. Das 1. Buch von Cäsars Bellum Gallicum beschreibt den Krieg gegen die Helvetier. 5. Der Zusammenhang schließt ein solches Verständnis des Satzes aus. 6. Sein Vorgehen zwingt uns zu diesem Schritt. 7. Alle fürchten ihn. 8. Diese Arbeit lastet ihn nicht völlig aus. 9. Dieses Problem beschäftigt ihn nahezu ausschließlich. 10. Der Lehrbetrieb und Verwaltungsarbeiten beanspruchen ihn sehr. 11. Tiefe Furchen durchziehen sein Gesicht. 12. Ausgedehnte Wälder umgeben die Stadt. 13. Die Verordnung betrifft uns nicht. 14. Die neue Devisenordnung berührt insbesondere den Außenhandel. 15. Das letzte Kapitel faßt die Ergebnisse in knapper Form zusammen. 16. Einfache und kurze Sätze charakterisieren die moderne Werbesprache. 17. Eine enorme Beschleunigung der kolonialen Expansion kennzeichnet die europäische Politik in der 2. Hälfte des 19. Jahrhunderts.

Schließlich können Zustandsformen aus *sein* + Partizip II Aktivsätzen mit reflexiven Verben ohne Tempuswechsel entsprechen:

Der Anwendungsbereich dieser Regel *beschränkt sich* auf wenige Fälle.	Der Anwendungsbereich dieser Regel *ist* auf wenige Fälle *beschränkt*.

174 Ü   Verwende Zustandsformen aus *sein* + Partizip II.

1. Ich glaube nicht, daß er sich für diesen Posten eignet. 2. Leider verteilt sich unsere Arbeit sehr ungleichmäßig über das ganze Jahr. 3. Mit diesem Haus verbinden sich für mich viele persönliche Erinnerungen. 4. Die Geschwindigkeitsbegrenzung beschränkt sich auf bestimmte Autobahnabschnitte. 5. Alle Zahlenangaben beziehen sich auf das Bruttosozialprodukt von 1973. 6. A unterscheidet sich deutlich von B. 7. Die Atomkerne setzen sich aus drei Arten von Grundbausteinen zusammen. 8. Er bemüht sich stets um einen Ausgleich zwischen den verschiedenen Interessen. 9. Sein Verdacht gründet sich nur auf vage Vermutungen.

Die Modalverben

(SD 3, 52 ff., 300 ff., 410, 441)

Die folgende Tabelle gibt einen Überblick über die möglichen Ergänzungen der Modalverben:

Modalverben	1. Infinitiv	2. Richtungsergänzung	3. Akkusativobjekt	4. daß-Satz	5. sein + Part. II des Modalverbs
ich mag	+	+[1]	+	–	–
ich möchte	+	+	+	+	–
wollen	+	+	+	+	+
können[2]	+	+	+	–	+
müssen	+	+	–	–	–
dürfen ⎱ können ⎰	+	+	–	–	–
sollen	+	+	–	–	–

Beispiele:

zu 1.: Ich mag — gar nicht daran denken.

zu 2.: Ich mag — noch nicht nach Hause.
        Ich muß — zur Bank.

zu 3.: Ich mag/möchte/will — keinen Streit.
        Er kann — die starken Verben immer noch nicht.

        Beachte: *können* im Sinne von *dürfen* kann nicht mit einem substantivischen Akkusativobjekt verbunden werden:
        Du *kannst*/darfst *das Buch behalten.*

zu 4.: Meine Eltern möchten (nur Präsens), daß ich zu ihnen ziehe.
        Er will/wollte/hat gewollt, daß das sofort geschieht.

zu 5.: Donnerwetter! Das war gekonnt.

Das Perfekt/Plusquamperfekt der Modalverben:

Präsens	Perfekt
Ich kann den Auftrag (nicht) übernehmen. Ich kann das/es (nicht).	Ich *habe* den Auftrag (nicht) übernehmen *können*[3]. Ich *habe* das/es (nicht) *gekonnt.*

---

1 mit Negation: Ich *mag* noch *nicht* nach Hause.

2 können = fähig sein zu et., die Möglichkeit zu et. haben, et. beherrschen

3 Formen des Perfekts des Indikativs (anstelle des Präteritums des Indikativs) werden relativ selten verwendet; wir erwähnen sie hier im Hinblick auf die sehr häufigen Konjunktiv II-Formen:
   Das *hätten* Sie wissen *müssen.* Das *hätten* Sie nicht tun *dürfen.* Das *hätten* Sie gleich erledigen *sollen.*

175 Ü → 45 Ü   Wie heißt das Perfekt?

1. Er wollte es unbedingt allein schaffen; am Schluß konnte er einfach nicht mehr. 2. Sie wollten unter sich sein; ich durfte nicht mit. 3. Ich mußte als Kind immer im Garten helfen. – Das mußten wir auch. 4. Noch vor ein paar Jahren konnte ich 20 Kilometer an einem Stück zu Fuß gehen, das konnte ich ohne Schwierigkeit. 5. Ich wollte nicht noch mal davon anfangen. – Das wollte ich auch nicht. 6. Mein Bruder durfte in den Ferien immer mit seinen Freunden wegfahren; ich durfte das nie. 7. Erst wollte er diese Aufgabe nicht übernehmen, aber dann mußte er es doch. 8. Ich mußte gestern abend noch zehn Briefe tippen. – Wieso „mußte"? Sie wollten es doch selbst.

Die folgenden Beispiele enthalten Modalverben mit passivischen Infinitiven:
Er *mußte* sofort operiert werden.
Er *hat* sofort operiert werden *müssen*.

176 Ü   Wie heißt das Perfekt?

1. Er mußte erst gerufen werden; deshalb hat es so lange gedauert. 2. Dieser Tagesordnungspunkt konnte nicht mehr behandelt werden; es war schon zu spät. 3. Die Ladung durfte nicht gelöscht werden; die Frachtbriefe und die Zollpapiere waren nicht in Ordnung. 4. Er wollte nicht auch noch in diese Geschichte hineingezogen werden; er hat so schon genug Ärger. 5. Vor unserem Einzug mußte die Wohnung gründlich renoviert werden; deshalb haben wir den Umzug um ein paar Tage verschoben. 6. Wegen Personalmangels konnten die gesetzten Fristen nicht eingehalten werden.

Beachte die Wortstellung:

Perfekt: Er / *hat* / nicht / *mitfahren dürfen* /.
           Er / *hat* / erst / *gerufen werden müssen* /.

           Er ist böse, *weil* er nicht / *hat mitfahren dürfen* /[1].
           Es hat so lange gedauert, *weil* er erst / *hat gerufen werden müssen* /.

Futur: Er / *wird* / das nicht lange / *durchhalten können* /.
           Der Termin / *wird* / nicht / *eingehalten werden können* /.

           Ich fürchte, *daß* er das nicht lange / *wird durchhalten können* /.
           Ich fürchte, *daß* der Termin nicht / *wird eingehalten werden können* /.

(DG, 1500)

---

[1]   Indikativische Formen dieser Art kommen in „Nebensätzen" relativ selten vor. Wir erwähnen sie im Hinblick auf die weit häufigeren Konjunktiv II-Formen:
Wenn er das noch *hätte erleben können*!
Wenn dieser Krach *hätte vermieden werden können*, wäre es mir lieber gewesen.

177 Ü Vervollständige die Sätze und benutze dabei die Sätze in Klammern.

1. (Er hat Ihnen schaden wollen.) Ich glaube nicht, daß . . . . . 2. (Die Sekretärin hat das noch erledigen können.) Ich hoffe, daß . . . . . 3. (Man wird den Motor nicht mehr reparieren können.) Ich fürchte, daß . . . . . 4. (Hier wird sich manches ändern müssen.) Ich meine, daß . . . . . 5. (Ich habe das nicht verhindern können.) Sie wissen doch so gut wie ich, daß . . . . 6. (Unsere neue Wohnung hat erst noch renoviert werden müssen.) Wir sind noch nicht umgezogen, weil . . . . . 7. (Ich habe keinen Streit anfangen wollen.) Ich habe dazu geschwiegen, weil . . . . . 8. (Ich habe mich absichern wollen.) Ich habe auf einem schriftlichen Vertrag bestanden, weil . . . . . 9. (Das wird von niemandem bestritten werden können.) Ich glaube, daß . . . . . 10. (Das wird man nicht verhindern können.) Ich glaube, daß . . . . .

(zu 2.)   Vergleiche die beiden folgenden Sätze:

(1)   Er mußte sofort *ins Krankenhaus* gebracht werden.
(2)   Ich muß heute *zu Hause* bleiben und auf meine Geschwister aufpassen.

Infinitive, von denen Richtungsergänzungen abhängen (gebracht werden), fallen häufig aus[1].

(1a)   Er mußte sofort ins Krankenhaus.

Demgegenüber können Infinitive, von denen Lageergänzungen abhängen (bleiben), nicht wegfallen.

178 Ü Welche Infinitive kann man weglassen?

1. Heute können wir nicht in die Gemäldegalerie gehen; die ist montags geschlossen. 2. Sie müssen mindestens noch acht Tage im Bett bleiben. 3. In den nächsten Ferien wollen wir zur Abwechslung mal an die Ostsee fahren. 4. In Kiel wollen wir nur übernachten. 5. Müssen wir denn schon wieder ins Kino gehen! Ich habe noch genug vom letzten Film. 6. Der Wein muß sofort in den Kühlschrank gelegt werden, wenn er heute abend kalt sein soll. 7. Ich muß nur schnell zum Bäcker gehen und ein Brot fürs Wochenende holen. 8. Wir mußten

---

[1]   Es handelt sich dabei vorwiegend um Verben wie *irgendwohin gehen, irgendwohin fahren, irgendwohin gebracht werden*.

auf dem Fußboden schlafen. 9. Wo ist denn Schwester Anna schon wieder?! Sie soll sofort zum Chef kommen. 10. Der Brief hier muß sofort zur Post gebracht werden. 11. Ich muß mal nach unten gehen und schauen, was die Kinder machen; es ist mir so verdächtig still. 12. Die Koffer können wieder auf den Speicher gebracht werden.

Der Infinitiv fehlt regelmäßig in Sätzen wie:
Da ist ein Herr, der möchte zu Ihnen.
Wollen Sie zu mir?
Das will mir nicht in den Kopf.

In anderen Fällen bleibt vom Infinitiv nur der Verbzusatz übrig, z.B. weggehen müssen — wegmüssen:
Ich habe gar keine Zeit, ich muß sofort weg.
Dem geht's hier so gut; an seiner Stelle wollte ich auch nicht mehr fort.
Die Briefe müssen unbedingt noch heute raus.
Da muß ein Fachmann her.
Darf Hänschen auch mit?

(zu 3.)

ich mag	et. (nicht) gern essen/trinken	Ich *mag* keine süßen Nudeln. *Mögen* Sie Wodka?
	jn. (un)sympathisch finden	Alle *mögen* ihn. Keiner *mag* ihn.
	et. gefällt jm. (nicht)	Ich *mag* große, helle Räume. Ich *mag* keine poppigen Farben.
Ich möchte	einen Wunsch äußern/haben (ich hätte gern)	Ich *möchte* einen Regenmantel, Größe 38. Was *möchte* der Herr? *Möchtest* du noch ein Stück Kuchen?

179 Ü *ich mag* oder *ich möchte?*

1. Was darf ich Ihnen anbieten? . . . . Sie eine Tasse Tee? — Ich . . . . lieber eine Tasse Kaffee, wenn ich darf. 2. . . . . Sie Weißwürste mit süßem Senf? — Das ist nicht mein Geschmack. 3. Und was bekommen Sie? — Ich . . . . ein Pfund Rindfleisch zum Braten. — Darf es sonst noch etwas sein? — Ich hätte gern noch ein Viertel Aufschnitt und 200 g gekochten Schinken. 4. Kennen Sie das neueste Bild von Dalí? — Mit Dalí können Sie mich jagen; ich . . . . diese surrealistische Manier nicht. 5. Darf ich für Sie auch ein Bier bestellen? — Nein, danke. Ich . . . . jetzt kein Bier, ich muß nachher noch fahren. 6. Was für eine Platte soll ich auflegen, Jazz oder etwas Klassisches? — Grundsätzlich . . . . ich klassische Musik lieber, aber gegen einen guten Jazz

habe ich auch nichts einzuwenden. 7. . . . . Sie diesen Kerl? Ich kann ihn nicht ausstehen. 8. Ich habe nichts gegen Intellektuelle, aber Arroganz und Besserwisserei . . . . ich nun einmal nicht.

180 Ü (zu 4.)   Benutze in den folgenden Sätzen die Modalverben *wollen* bzw. *mögen*.

Beispiel: Karlchen wünscht sich, daß wir mit ihm in den Zoo gehen.
Karlchen *möchte*, daß wir mit ihm in den Zoo gehen.

Vater verlangt, daß wir abends spätestens um 10 Uhr zu Hause sind.
Vater *will*, daß wir abends spätestens um 10 Uhr zu Hause sind.

1. Mutter hätte gern, daß wir Weihnachten gemeinsam feiern. 2. Der Arzt besteht darauf, daß du die Kur gleich machst. 3. Mir läge sehr daran, daß niemand etwas von unserem Gespräch erfährt. 4. Er wünscht nicht, daß für ihn eine große Geburtstagsfeier veranstaltet wird. 5. Wer verlangt denn, daß Sie das tun? 6. Mach meinetwegen bitte keine großen Umstände. 7. Ich bin dagegen, daß du diesen Auftrag annimmst. 8. Er verlangt, daß seine Frau über jeden Pfennig Haushaltsgeld abrechnet. 9. Man soll mir nicht eines Tages vorwerfen können, ich hätte mich um die Angelegenheit nicht genügend gekümmert.

181 Ü (zu 5.)   Formuliere die folgenden Sätze um und benutze dabei die Wendungen *das ist gekonnt* bzw. *das ist gewollt*.

1. Ich glaube, das war Absicht. 2. Das hatte niemand ernsthaft angestrebt. 3. Alle neune! Das war der Wurf eines Könners. 4. Schuß aufs Tor! Und . . . gehalten. Tolle Leistung! 5. Ich weiß nicht, ob das nicht reiner Zufall war.

Zur Bedeutung der Modalverben:

		mit Verneinung
Wunsch	Ich *möchte* mal wieder ein großes Stück Torte essen.	Ich *möchte* Sie *nicht* länger aufhalten.
Absicht/Wille	Wir *wollen* dieses Jahr an die Nordsee fahren.	Wir *wollen* dieses Jahr *nicht* schon wieder nach Italien fahren.
	Er *will* alles tun, was in seiner Macht steht.	Er *will nichts* unversucht lassen, um dieses Ziel zu erreichen.
Fähigkeit	Er *kann* mit der linken Hand genauso gut schreiben wie mit der rechten.	Ich *kann nicht* mit den Ohren wackeln.

Möglichkeit	Mit der Linie 8 *können* Sie direkt zum Hauptbahnhof fahren.	Nach Kleinhausen *können* Sie *nicht* mit der S-Bahn fahren.
Zwang Notwendigkeit/ Verpflichtung/ Vorschrift	Er fuchtelte mir mit der Pistole vor der Nase rum. Da blieb mir nichts anderes übrig, ich *mußte* ihm meine Brieftasche geben.	Sie *müssen* mir das *nicht* sagen; ich kann Sie nicht dazu zwingen.
	Ich *muß* jeden zweiten Tag zum Arzt gehen.	Ab morgen sind Sie wieder arbeitsfähig. Sie *brauchen nicht* mehr *zu* kommen.
	Er *muß* für seine kranke Mutter sorgen.	
	Schirme und Stöcke *müssen* an der Garderobe des Museums abgegeben werden.	
Erlaubnis/Verbot	Du *darfst/kannst* dir noch ein Eis kaufen.	Ich muß jetzt gehen. Ich *darf nicht* länger als bis 10 Uhr wegbleiben.
einer will/ möchte — ein anderer soll	(Er will, daß ich zu Hause bleibe.) Ich *soll* zu Hause bleiben.	(Der Arzt will, daß ich nicht mehr rauche.) Ich *soll nicht* mehr rauchen.
jemand plant — etwas soll geschehen	(Man plant, daß hier ein neues Wohnviertel entsteht.) Hier *soll* ein neues Wohnviertel entstehen.	

182 Ü Ersetze die kursiv gedruckten Ausdrücke durch Modalverben.

1. Er *besitzt die Fähigkeit*, die kompliziertesten Dinge einfach darzustellen. 2. In der Maschinenhalle war ein solcher Lärm, daß eine Verständigung nur durch Gesten *möglich war.* 3. *Es ist* nicht *notwendig, daß* Sie mir das lang und breit erklären. 4. Jetzt lernt er schon seit vier Jahren Französisch, aber er *ist* immer noch nicht *in der Lage*, sich mit Franzosen zu unterhalten. 5. Er *hat die feste Absicht,* sich zu bessern. 6. *Es ist geplant,* vom äußeren Ring aus eine Zufahrtsstraße zur Autobahn zu bauen. 7. „*Gestatten Sie, daß* ich mich vorstelle: Meier." 8. *Besteht die Möglichkeit*, mit der S-Bahn nach Kleinhausen zu fahren? 9. Wenn *Sie wollen, daß* ich das Fenster wieder schließe, sagen Sie es mir bitte. 10. Ich *hätte Lust,* mir mal wieder so einen richtigen Western anzusehen. 11. Niemand *ist verpflichtet*, vor Gericht gegen seine nächsten Angehörigen auszusagen. 12. *Möchten Sie, daß* ich das für Sie erledige? 13. *Ich will, daß* du es später einmal besser hast als ich. 14. Schon seit langem *besteht*

der Plan, die nördliche Umgehungsstraße vierspurig auszubauen.
15. *Es ist Vorschrift, daß* Wertpakete versiegelt sind. 16. *Es ist unzulässig, daß* bei Lastwagen dieses Typs die Nutzlast drei Tonnen überschreitet. 17. *Wäre es Ihnen möglich,* das Paket für mich anzunehmen? 18. Alle Staatsbürger *sind verpflichtet,* Steuern zu zahlen.
19. Ich *habe* nicht *die Absicht,* Sie daran zu hindern. 20. Daß das so kommen würde, *war* nicht vorauszusehen. 21. *Er trägt sich mit der Absicht,* sein Haus wieder zu verkaufen. 22. *Sind Sie damit einverstanden, daß* ich ihr auch in Ihrem Namen gratuliere?

Vergleiche:

I.		
Ich hab's sehr eilig.	Ich *muß* gehen.	Präsens
Ich hatte es eilig..	Ich *mußte* früher gehen.	Präteritum
Er ist schon weg.	Er *hat* früher gehen *müssen.*	Perfekt
Er war schon weg.	Er *hatte* früher gehen *müssen.*	Plusquamperfekt

In I. durchläuft das Modalverb vier Tempusformen: Präsens, Präteritum, Perfekt, Plusquamperfekt; alle Formen des Modalverbs sind hier mit dem Infinitiv Präsens (gehen) verbunden.
→ 175 Ü −182 Ü

II. Der Antrag *muß*	am 15. *vorliegen.*	Präsens
	bis zum 15. *eingegangen sein.*	
Der Antrag *mußte*	am 15. *vorliegen.*	Präteritum
	bis zum 15. *eingegangen sein.*	

In II. sind die Formen des Modalverbs jeweils mit dem Infinitiv Präsens (vorliegen) bzw. dem Infinitiv Perfekt (eingegangen sein) verbunden.

1. Es wird ausgedrückt,
what man zu einem gegebenen Zeitpunkt *tun* muß/soll oder bereits *getan haben* muß/soll,
was zu einem gegebenen Zeitpunkt *geschehen* muß/soll oder bereits *geschehen sein* muß/soll.

15. Januar	jetzt	15. Dezember
(Vergangenheit)	(Sprechzeitpunkt)	(Zukunft)

Wir *mußten* die Anträge am 15. Januar *abgeben.*	Wir *müssen* die Anträge am 15. Dezember *abgeben.*
Wir *mußten* die Anträge bis zum 15. Januar *abgegeben haben.*	Wir *müssen* die Anträge bis zum 15. Dezember *abgegeben haben.*
Die Anträge *mußten* am 15. Januar *abgegeben werden.*	Die Anträge *müssen* am 15. Dezember *abgegeben werden.*
Die Anträge *mußten* bis zum 15. Januar *abgegeben sein.*	Die Anträge *müssen* bis zum 15. Dezember *abgegeben sein.*

→ 170 Ü − 174 Ü

2. Es wird ausgedrückt,
   daß jemand etwas nur tun kann,
   wenn etwas anderes gegeben ist bzw. wenn er zuvor etwas anderes getan hat.

Jemand will Lehrlinge ausbilden.	Er *muß* Meister *sein.*
Um Lehrlinge ausbilden zu können,	*muß* man Meister *sein.*
Jemand will Lehrlinge ausbilden.	Er *muß* die Meisterprüfung *abgelegt haben.*
Um Lehrlinge ausbilden zu können,	*muß* man die Meisterprüfung *abgelegt haben.*

183 Ü (zu II.1.) Schreibe Sätze nach dem folgenden Muster:
Ende des Jahres sollen 5000 Mark auf meinem Konto *sein.*
Bis zum Jahresende will ich 5000 Mark *gespart haben.*
Ihr Antrag muß am 15. Januar *vorliegen.*
Sie müssen Ihren Antrag bis spätestens 15. Januar *abgegeben haben.*

1. Die Vorarbeiten sollen Ende nächster Woche abgeschlossen sein. / Wir wollen die Vorarbeiten bis Ende nächster Woche . . . . . 2. Die Bauarbeiten müssen vor Einbruch des Winters beendet sein. / Wir müssen die Bauarbeiten noch vor Einbruch des Winters . . . . . 3. Bis wann kann das erledigt sein? / Wenn alles gut geht, kann ich das bis morgen abend . . . . . 4. Bis Ende Juni dürfen von den uns zur Verfügung stehenden Projektmitteln nicht mehr als 100.000 Mark ausgegeben sein. / Bis zum 30. Juni dürfen wir nicht mehr als 100.000 Mark . . . . . 5. Pünktlich zur Buchmesse soll das Buch auf dem Markt sein. / Bis zur Buchmesse wollen wir das Buch auf den Markt . . . . 6. Am 1. August mußte der Kredit zurückgezahlt sein. / Bis zum 1. August mußten wir den Kredit . . . . . 7. Bis zum Jahresende 1954 sollte der I. Band seiner Memoiren geschrieben sein. / Bis zum Jahresende 1954 wollte er den I. Band seiner Memoiren . . . . . 8. Am 15. August soll der Bericht vorliegen. / Bis zum 15. August müssen wir den Bericht . . . . . 9. Bis spätestens 10 Uhr morgens muß die eingegangene Post registriert und verteilt sein. / Bis spätestens 10 Uhr morgens muß die Poststelle die eingegangene Post . . . . . 10. Kann das Gesetz bis dahin verabschiedet sein? / Ich kann mir nicht vorstellen, daß der Bundestag das Gesetz bis dahin schon . . . . kann.

184 Ü Ersetze die kursiv gedruckten Ausdrücke durch Modalverben.

1. *Ist es* denn unbedingt *notwendig, daß* der Bericht bis nächste Woche abgeschlossen ist? 2. Ursprünglich *war geplant, daß* der Ausschuß seine Arbeiten bis zum Jahresende abgeschlossen hatte. 3. Bis zum

Jahresende habe ich 10.000 Mark gespart; *jedenfalls habe ich mir das vorgenommen.* 4. *Es ist nicht zulässig, daß* wir bis zum 30. Juni mehr als 50 % des uns zur Verfügung stehenden Betrags ausgegeben haben. 5. *Der Plan sieht vor, daß* die Ausschachtungsarbeiten bis Ende März beendet sind.

185 Ü (zu II. 2.)

Jemand will etwas. — Was muß er zuvor getan haben?

Beispiel: Jemand will eine Schankwirtschaft eröffnen. (eine Schankkonzession erwerben)
Um eine Schankwirtschaft eröffnen zu können, muß man eine Schankkonzession erworben haben.

1. Jemand will Kraftfahrzeuge führen. (die Kenntnis der gesetzlichen und polizeilichen Vorschriften und die Fahrbefähigung nachweisen) 2. Jemand will als beamteter Lehrer an einer höheren Schule unterrichten. (das Assessorenexamen ablegen) 3. Jemand will in den höheren Schuldienst eintreten. (das erste Staatsexamen bestehen) 4. Jemand will den Beruf eines Arztes ausüben. (die staatliche Approbation erlangen) 5. Jemand will als Anwalt zugelassen werden. (ein Jahr als Anwaltsassessor bei einem Anwalt tätig sein) 6. Jemand will ein Bankinstitut eröffnen. (den Nachweis einer entsprechenden fachlichen Vorbildung erbringen) Anderenfalls kann die staatliche Erlaubnis zur Errichtung einer Bank versagt werden. 7. Jemand will an einer landwirtschaftlichen Fakultät oder Hochschule studieren. (ein sechsmonatiges Praktikum machen) 8. Jemand will auf diesem Gebiet mitreden. (selbst reiche Erfahrungen sammeln) 9. Jemand will einen Antrag auf Gewährung einer Altersrente stellen. (mindestens 15 Jahre Beiträge zur Sozialversicherung zahlen) 10. Jemand will eine Eigentumswohnung wieder veräußern. (zuvor das Einverständnis der Eigentümerversammlung einholen) 11. Jemand will als Kandidat für das Amt des Bundespräsidenten aufgestellt werden. (das 40. Lebensjahr vollenden) 12. Ein Ausländer will an einer deutschen Universität studieren. (mit Erfolg an den Lehrveranstaltungen eines Studienkollegs teilnehmen)

186 T   Aus der Schilderung in dem folgenden Text werden Schlüsse gezogen. Unterstreiche die Modalverben in diesen Schlüssen und überlege, ob alle gezogenen Schlüsse denselben Gewißheitsgrad haben.

Gegen 3 Uhr nachmittags fuhren wir auf der staubigen und holprigen Landstraße in das Dorf Campofrío hinein. Es ist ein Dorf mittlerer Größe, eher klein. Der Eindruck war düster — trotz des gleißenden

Sonnenlichts und des weißen Anstrichs der Häuser. Alles schien auf Verfall und Armut hinzudeuten. In der Mitte des Dorfes hielten wir vor einem rußigen, anscheinend heruntergekommenen Gasthaus, das in verwaschenen Buchstaben die Inschrift trug „Hotel Cristóbal Colón". Nach einem Mittagessen, das uns ein mürrischer Wirt servierte, fuhren wir in westlicher Richtung weiter. Am Dorfausgang fiel uns ein sehr gepflegtes, dreistöckiges Gebäude — villen- fast schloßartig — mit vorgebauter Steinterrasse auf. Brandrot leuchteten die Ziegel des Daches, strahlend weiß gekalkt waren die Mauern. In dem weitläufigen Garten blühender Oleander und spitze Zypressen. Nach Westen hin entlang der Landstraße schloß sich ein ausgedehnter Olivenhain an. Beim Weiterfahren überlegten wir, was es mit diesem Haus auf sich haben könne:

Das Haus muß das Landhaus eines reichen Industriellen sein.	Das Haus muß erst vor kurzem instand gesetzt worden sein.
Einer aus dem Dorf kann sich ein solches Haus sicher nicht leisten.	Einer aus dem Dorf kann sich so ein Haus nicht gebaut haben.
Schon die Unterhaltung eines solchen Hauses dürfte für die Leute hier zu teuer sein.	Allein schon die Anlage des Gartens dürfte ein Vermögen gekostet haben.
Das Haus kann/könnte einem Großgrundbesitzer oder einem Industriellen gehören.	Das Haus kann/könnte sich ein Dorfbewohner gebaut haben, der im Ausland reich geworden und im Alter in seine Heimat zurückgekehrt ist.

Schlüsse eines Sprechers aus einem Sachverhalt, Stellungnahme eines Sprechers zu einem Sachverhalt:

(In seinem Zimmer brennt Licht.)	Er *muß* zu Hause sein. (Dem Sprecher erscheint dieser Schluß notwendig.)
(Karl ist heute noch nicht in seinem Büro gewesen.)	Karl *kann* den Brief also noch gar *nicht* gesehen haben. (Der Sprecher schließt aus, daß Karl den Brief gesehen hat.)
(Ich habe ihm ordentlich die Meinung gesagt.)	Jetzt *wird* er böse auf mich sein. (Der Sprecher nimmt das an.)
(Den Brief habe ich gestern morgen eingeworfen.)	Karl *dürfte* ihn inzwischen bekommen haben. (Nach seinen Erfahrungen hält sich der Sprecher für berechtigt, diesen Schluß zu ziehen.)

(Jetzt ist es 18.30 Uhr.)

Karl *kann* also schon von der Arbeit
zurück sein.
(Der Sprecher hält das für möglich.)

(Er war im Nebenzimmer, als wir uns
unterhielten.)

Er *könnte* uns bei unserem Gespräch
belauscht haben.
(Der Sprecher schließt das nicht aus,
hält es für immerhin denkbar.)

Zum Tempus des Modalverbs:

(Er sieht schlecht aus.)

Ich *schließe* daraus: Er *ist* krank.
Er *muß* krank *sein.*

(Er sieht schlecht aus.)

Ich *schließe* daraus: Er *hat* zu viel *gearbeitet.*
Er *muß* zu viel *gearbeitet haben.*

(Er sah schlecht aus.)

Ich *schloß* daraus: Er *ist* krank.
Er *mußte* krank *sein.*

(Er sah schlecht aus.)

Ich *schloß* daraus: Er *hat* zu viel *gearbeitet.*
Er *mußte* zu viel *gearbeitet haben.*

187 Ü Ziehe Schlüsse und verwende dabei die Modalverben *müssen* bzw.
nicht können. Der Inhalt des Schlusses ist in Klammern angegeben.

1. Da kommt ja eiskaltes Wasser aus der Leitung! (Die Warmwasseranlage ist wieder mal defekt.) 2. Er ist viel zu vorsichtig in seinen
Äußerungen. (Das hat er nicht gesagt.) 3. Den ganzen Tag ist bei ihm
das Telefon besetzt. (Er hat den Hörer ausgehängt.) 4. Er hat bei
Herrn Meier fürchterlich über mich geschimpft. (Er hat gedacht, daß
mir Herr Meier das nicht weitererzählt.) 5. Er behauptet, er hätte
erst vor zwei Monaten angefangen, Deutsch zu lernen. (In zwei Monaten hat er nicht so ausgezeichnet Deutsch gelernt.) 6. Neuerdings
ist er höflich zum Personal. (Er hat eingesehen, daß man auf diese
Weise mehr erreicht.) 7. Ich kenne den Mann gar nicht, der mich da
eben so überschwenglich gegrüßt hat. (Er hat mich mit jemandem verwechselt.) 8. Herr Meier ist doch jetzt in New York. (Er ist es nicht
gewesen, der mich heute morgen sprechen wollte.) 9. Jetzt läßt sie
mich schon eine Viertelstunde warten. (Ihr ist etwas dazwischengekommen.) 10. Ich habe ihn gestern noch mal an den Termin erinnert.
(Er hat den Termin nicht vergessen; er hat einen Grund gehabt, nicht
zu kommen.)

Das Modalverb *müssen* und seine Verneinung:

1. müssen (Zwang, Verpflichtung)

    Sie *müssen* mir alles sagen, was Sie über diese Angelegenheit wissen.

    Sie *müssen* es mir *nicht* sagen, wenn Sie nicht wollen.

2. müssen (Notwendigkeit)

    Diese Gesichtspunkte *müssen* wir auch berücksichtigen.

    Diese Gesichtspunkte *brauchen* wir *nicht zu* berücksichtigen.

3. Schluß: Das *muß* so gewesen sein.

            (Der Sprecher hält es für *ganz sicher*, daß es so gewesen ist.)

            Das *kann nicht* so gewesen sein.

            (Der Sprecher hält es für *ausgeschlossen*, daß es so gewesen ist.)

188 Ü   Setze die passenden Modalverben ein.

1. Ihr Tubenkatarrh ist ausgeheilt. Sie . . . . nicht mehr zur Bestrahlung zu kommen. 2. Wer zwingt Sie denn? Sie . . . . die Wohnung ja nicht mieten, wenn Sie Ihnen nicht gefällt. 3. Sie haben mir die elektrische Schreibmaschine als neuwertig verkauft. Schon nach drei Tagen wurden die ersten Reparaturen notwendig. Sie . . . . nicht neuwertig gewesen sein. 4. Sie . . . . den Fortbildungskurs nicht besuchen, die Firma kann Sie nicht dazu zwingen. Aber an Ihrer Stelle würde ich eine solche Chance nicht vorbeigehen lassen. 5. Sie haben Ihr schönes Haus und Ihre Pension, da . . . . Sie sich doch für Ihr Alter keine Sorgen zu machen. 6. Ich bin ganz sicher, daß ich den Angeklagten um 20 Uhr in Schwabing gesehen habe. Er . . . . also nicht um 20.05 Uhr in seiner Wohnung in Grünwald gewesen sein.

Vergleiche die Sätze in den folgenden Satzpaaren:

Man *muß links* überholen. — Man *darf nicht rechts* überholen.

Sie *müssen* die eingefrorenen Erdbeeren *in der Kühltruhe aufbewahren*. —

Sie *dürfen* die eingefrorenen Erdbeeren *nicht zwischendurch auftauen lassen*.

Die Sätze in dem jeweiligen Satzpaar beziehen sich auf denselben Sachverhalt.

189 Ü   Formuliere die folgenden Sätze um, indem du statt „müssen"
„nicht dürfen" verwendest und umgekehrt.

1. Sie müssen uns alles sagen. 2. Wenn Sie im Ausland sind, müssen Sie immer daran denken, daß man in Ihnen einen Vertreter Ihres Landes sieht. 3. Das müssen Sie auf jeden Fall tun. 4. Sie müssen sich auf einige wenige Dinge konzentrieren. 5. Diese Faktoren dürfen nicht unberücksichtigt bleiben. 6. Das darf in diesem Zusammenhang nicht unerwähnt bleiben. 7. Es darf nicht außer acht gelassen werden,

daß sich mit den Gehältern auch die Soziallasten und die Steuern erhöhen, so daß der Nettozuwachs bei Lohnerhöhungen relativ gering bleibt. 8. Sie müssen sich noch schonen.

Erwiesene Tatsache:	Herr Meier *hat recht.*
Der Sprecher hält es aufgrund bestimmter Anhaltspunkte für nicht unwahrscheinlich, daß Herr Meier recht hat:	Herr Meier *dürfte recht haben.*

190 Ü Formuliere die folgenden „Tatsachen"-Feststellungen so um, daß sie als Annahmen erscheinen, die für den Sprecher/Schreiber nicht unwahrscheinlich sind, für die er gewisse Anhaltspunkte hat.

1. Diese Tatsachen sind heutzutage unumstritten. 2. Der Höhepunkt des Flugtourismus ist bereits überschritten. 3. Diese Entwicklung läßt sich nicht mehr rückgängig machen. 4. Sein Vorschlag war nicht so ernst gemeint, wie Sie anscheinend annehmen. 5. Ein Kompromiß zwischen der Steigerung der Industrieproduktion und der Erhaltung der Umwelt ist gegenwärtig das Problem Nummer eins in allen Industriestaaten. 6. Der Minister bezeichnet sich als parteilos, er steht jedoch den politischen Vorstellungen der F.D.P. nahe. 7. Dem Kanzler ist der Rücktrittsentschluß nicht leichtgefallen. 8. Das gute Einvernehmen zwischen den Beteiligten hat zu dem schnellen Erfolg der Verhandlungen beigetragen. 9. Das Ergebnis der letzten Wahlen ist durch die Angst vor einer wirtschaftlichen Rezession beeinflußt worden. 10. Die internationalen Erdölgesellschaften haben an der sogenannten „Ölkrise" nicht schlecht verdient. 11. Die Verringerung der Nachfrage auf dem Automobilmarkt ist nicht zuletzt durch das ständige Gerede von einer drohenden Wirtschaftskrise verursacht worden. 12. Die britische Regierung war sich nicht im klaren darüber, welche Wirkung ihre Beschlüsse auf die europäischen Partnerländer haben mußten. 13. Der obere Steigerwald war damals von Wald überzogen und kaum besiedelt. Die Hochstraßen wurden jedoch auch weiterhin benutzt. 14. Damit ist das Nötige gesagt, so daß ich mir weitere Ausführungen sparen kann. 15. Das Caféhaus Tomaselli in Salzburg ist fast so alt wie das Kaffeetrinken in Europa.

Mit dem Modalverb *mögen* drückt der Sprecher häufig seine persönliche Einschätzung eines Sachverhalts aus.

Erwiesene Tatsache: Der Abschluß *hat dem Vertre-*
                                       ter 5000 Mark eingebracht.

Der Sprecher nimmt aufgrund eigener   Der Abschluß *mag dem Ver-*
Schätzung an, daß der Abschluß dem   *treter an die 5000 Mark einge-*
Vertreter 5000 Mark eingebracht hat: *bracht haben.*

191 Ü Formuliere die Antworten um und verwende dabei das Modalverb
mögen.

1. Wie alt war er denn, als seine Mutter starb? – So drei, vier Jahre,
älter sicher nicht. 2. Wieviel Leute waren denn in der Versamm-
lung? – 200, würde ich sagen. 3. Wann war denn das? – Das ist sechs
Jahre her, schätzungsweise. 4. Warum ist er denn zu der anderen Firma gegangen? – Wer weiß, vielleicht hat er gedacht, daß er bei denen
schneller vorankommt. 5. Ist es weit von hier bis Kleinhausen? –
Genau weiß ich es nicht, laß das mal 100 km sein. 6. Weißt du, warum
er unsere Firma verlassen hat? –Er hat sich mit dem Chef nicht vertragen. Vielleicht kam hinzu, daß es ihm bei uns hier in Bayern nicht gefällt.

Der Konjunktiv II der Modalverben

I.	Bezug auf Vergangenheit
Ist der Brief denn noch nicht geschrieben?	Er *hätte* schon gestern rausgehen *müssen.* (= Es *wäre* schon *gestern an der Zeit gewesen,* daß er rausgeht.)
Wie kommt es, daß ich das erst jetzt erfahre?	Das *hätten* Sie mir gleich sagen *sollen.*
Was! Sie haben den Vertrag unter-schrieben?	Das *hätten* Sie auf keinen Fall tun *dürfen.*
Seien Sie froh, daß alles gut abge-laufen ist.	Das *hätte* genausogut schiefgehen *können.*
In dem Verhör haben sie ihn ordent-lich in die Zange genommen.	Ich *hätte* ja nicht in seiner Haut stek-ken *mögen.*
Er hat den Auftrag nicht angenommen.	Ich *hätte* das auch nicht machen *wollen.*
So wichtig ist die Sache auch wieder nicht.	Mitten in der Nacht *hätten* Sie mich nicht anzurufen *brauchen.* → 175 Ü – 176 Ü

II.	Kein Bezug auf Vergangenheit
Er macht einen ganz vernünftigen Eindruck.	Man *müßte* mal mit ihm darüber reden.

Das hört sich nicht schlecht an.	Das *sollte* man mal ausprobieren.
Wer hat Ihnen das denn gesagt?	Das *dürften* Sie eigentlich gar nicht wissen.
Haben Sie nächsten Sonntag was Besonderes vor?	Sie *könnten* uns doch mal in unserer neuen Wohnung besuchen.
Hören Sie auf damit!	Ich *möchte*[1] nichts mehr davon hören.
Ich trage jetzt auch einen Minirock.	Wer *wollte* sich schon vorwerfen lassen, daß er nicht modern ist?
Das ist doch reiner Zeitverlust.	Das *brauchte*[2] alles nicht zu sein.

Unterscheide:

Die Form des Modalverbs drückt einen Vergangenheitsbezug aus:	III. *Die Form des Modalverbs drückt einen Gegenwartsbezug aus, der Infinitiv Perfekt verweist auf etwas bereits Abgeschlossenes:*
Er *hätte* es mir gestern gleich sagen *sollen*.	Jetzt *sollte* auch der Dümmste *begriffen haben*, was hier gespielt wird. (= Man *sollte* erwarten *können*, daß es inzwischen auch der Dümmste *begriffen hat*.)

Beispiele zu III.

Wo ist denn Herr Müller?	Ich weiß nicht. Eigentlich *müßte* er schon längst *zurückgekommen sein*.
Die Dinge liegen ja nun offen zutage.	Daher *sollte* nun auch der Dümmste *begriffen haben*, was hier gespielt wird.
Bei unserer Maschine hat der Walzendruck innerhalb eines Jahres um 15 % nachgelassen.	So erheblich *dürfte* der Walzendruck eigentlich nicht *nachgelassen haben*.
So eine Bummelei!	Sie *könnten* das alles schon längst *erledigt haben*.
Mit mir können Sie's ja machen.	Ich *möchte* mal Ihr Geschrei *gehört haben*, wenn Ihnen so etwas passiert wäre.
Jetzt ist das Unternehmen gescheitert.	Wer *wollte* da noch gern der Initiator des Unternehmens *gewesen sein*?
Auf mich hört ja keiner.	Das *brauchte* alles nicht *passiert zu sein*.

[1] → 179 Ü

[2] Im Süden des deutschen Sprachgebiets lautet der Konjunktiv II von *brauchen* „bräuchte". (DG, 295.4)

192 Ü (zu I.) Schreibe Sätze nach dem folgenden Muster:
Warum haben Sie das gleich jedem erzählt?
Das *hätten* sie für sich behalten *sollen.*

1. Warum haben Sie sich nicht vorher nach dem Weg erkundigt?
2. Warum sind Sie nicht gleich zum Arzt gegangen? 3. Warum haben
Sie nicht mehr Rücksicht áuf seine Empfindlichkeit genommen?
4. Warum haben Sie mich nicht sofort benachrichtigt? 5. Warum haben Sie sich nicht von einem Fachmann beraten lassen? 6. Warum haben Sie keinen Anwalt genommen? 7. Warum haben Sie sich das gefallen lassen? 8. Warum sind Sie denn so schnell gefahren? 9. Warum
hat man denn nicht auf mich gehört? 10. Warum sind Sie denn nicht
mit uns gegangen? 11. Warum haben Sie sich nicht noch etwas geschont? 12. Warum haben Sie denn keine Anzeige erstattet? 13. Warum haben Sie uns nicht mal besucht? 14. Warum haben Sie denn
nicht ganz offen mit ihr darüber gesprochen? 15. Warum haben Sie
sich denn nicht gegen diese Unterstellung gewehrt?

193 Ü (Zu I.) Schreibe Sätze nach dem folgenden Muster:
Mußten Sie ihm das denn gleich erzählen?
Das *hätten* Sie ihm nicht gleich *erzählen dürfen.*
Wie konnten Sie ihm das denn vorwerfen?
Das *hätten* Sie ihm nicht *vorwerfen dürfen.*

1. Mußten Sie denn gleich Krach mit ihr anfangen? 2. Mußten Sie
sich denn auf so etwas einlassen? 3. Mußten Sie denn auch so viel
Whisky trinken? 4. Mußten Sie denn wieder von dieser alten Ge-
schichte anfangen? 5. Mußten Sie denn gleich so ausfallend werden?
6. Mußten Sie mich denn vor allen Leuten blamieren? 7. Wie konnten
Sie denn einen solchen Vertrag unterschreiben? 8. Wie konnten Sie
denn so etwas sagen? 9. Wie konnten Sie ihm denn einen solchen
Brief schreiben? 10. Wie konnten Sie denn einen solch verrückten
Plan gutheißen? 11. Wie konnten Sie denn diesen hergelaufenen
Handwerksburschen in Ihrer Wohnung aufnehmen? 12. Wie konnten
Sie sich denn in solche Unkosten stürzen?

Das Modalverb *können* erscheint oft in Sätzen, in denen man jemandem zum
Vorwurf macht, daß er etwas unterlassen hat, z.B.:
Sie *hätten* mich schon längst mal wieder besuchen *können.*

194 Ü (zu I.) Verwende in den folgenden Sätzen, in denen ein Vorwurf zum Ausdruck gebracht wird, das Modalverb *können.*

1. Sie haben uns aber schon lange nicht mehr besucht. 2. Du hast mich aber auch kein bißchen unterstützt. 3. Du hast mir nie ein Wort davon gesagt. 4. Sie haben sich nie um diese Dinge gekümmert. 5. Du bist gleich wieder abgereist. 6. Du warst sehr unhöflich zu ihr.

Mit dem Modalverb *sollen* + Infinitiv wird oft ausgedrückt, daß etwas angebracht wäre, z.B.:

Man *sollte* darüber mal nachdenken.

195 Ü (zu II.) Drücke aus, was man tun sollte bzw. was eigentlich sein sollte.
     Beispiel: Das hat man noch nie ausprobiert.
               Das sollte man mal ausprobieren.

1. Daß so etwas heutzutage noch möglich ist! 2. Warum haben Sie denn Ihre Erfindung noch nicht als Patent angemeldet? 3. Hören Sie doch endlich auf! Ihre ewige Schimpferei ist ja nicht mehr auszuhalten. 4. Daß du dir auch immer wieder einredest, daß alle dir schaden wollen! 5. Daß man so etwas erlaubt! 6. Sie lassen sich durch dieses Gerede auch ganz kopfscheu machen. 7. Sie nehmen das viel zu ernst. 8. Wollen Sie sich eine solche Gelegenheit etwa entgehen lassen? 9. Schämen Sie sich denn gar nicht! 10. Besonders dankbar sind Sie ihr anscheinend nicht. 11. Sie scheinen Ihrer Sache sehr sicher zu sein. 12. Als ich dem Kellner winkte, sagte sie mit zärtlicher Besorgtheit: „Du trinkst mal wieder zu viel."

Das Modalverb *können* + Infinitiv kommt häufig in Aufforderungen und Vorschlägen vor, z.B.:

Du *könntest* inzwischen das Teewasser aufsetzen. (Aufforderung)
Wir *könnten* doch mal wieder ins Kino gehen. (Vorschlag)

196 Ü (zu II.) Drücke Aufforderungen bzw. Vorschläge mit dem Modalverb *können* aus.

1. Brüh du inzwischen den Tee auf! 2. Ich hab eine Idee: Wir hängen das Bild im Schlafzimmer auf. 3. Ich schlage vor, mal zu diskutieren, ob sich unsere Arbeiten nicht besser aufeinander abstimmen lassen. 4. Ich schlage vor, daß du mal in unserem Club einen Vortrag darüber hältst. 5. Mit Trübsalblasen erreichst du auch nichts. Du solltest dich beschäftigen, z.B. Bastschuhe machen oder Körbe flechten. 6. Schaufle du inzwischen die Erde hier weg. 7. Kommen Sie doch mal wieder

zu uns zum Schachspielen. 8. Wie wär's denn, wenn wir Karl auch
einladen würden? 9. Warum setzen wir uns nicht mal zusammen und
sprechen in aller Ruhe darüber? 10. Wie wär's denn, wenn wir den
Ausflug zusammen machten? 11. Wir haben schon lange keine Spargel mehr gegessen. 12. Erledige du das doch!

Mit dem Modalverb *sollen* + Infinitiv Perfekt wird ausgedrückt, daß es angebracht wäre, daß etwas bereits geschehen wäre, z.B.:
Jetzt *sollte* es auch der Dümmste *begriffen haben.*

197 Ü (zu III.)   Schreibe Sätze nach dem folgenden Muster:
Man darf wohl verlangen, daß er das inzwischen einge-
sehen hat.
Er sollte das inzwischen eingesehen haben.

1. Es ist erwünscht, daß Bewerber für diesen Posten längere Zeit im
Ausland tätig gewesen sind. 2. Es wird erwartet, daß die Kandidaten
bereits längere Zeit praktisch gearbeitet haben. 3. Es ist anzustreben,
daß neue Produktionsverfahren vor ihrer Anwendung längere Zeit
praktisch erprobt wurden. 4. Man wird wohl erwarten dürfen, daß
Sie das inzwischen begriffen haben. 5. Von den Prüfungskandidaten
wird erwartet, daß sie sich einen Überblick über die wichtigste Literatur zu ihrem Prüfungsgebiet verschafft haben. 6. Es wäre gut, wenn
jeder dieses Buch gelesen hätte. 7. Es wäre zu hoffen, daß ihm inzwischen klargeworden ist, daß er mit mir so nicht umspringen kann.
8. Es wäre gut, wenn jeder mal so etwas erlebt hätte. 9. Es wäre zu
wünschen, daß jeder mal solche Erfahrungen gemacht hat.

Der Konjunktiv II des Modalverbs *müssen* kommt in Sätzen vor, in denen der
Sprecher resignierend und wohl auch mit einem gewissen Neid feststellt, daß
er etwas nicht hat, was ein anderer oder andere haben, z.B.:
So viel Zeit wie Sie *müßte* man haben.

Das Subjekt in diesen Sätzen ist in aller Regel *man*, das „Gewünschte" steht
meist im Vorfeld des Satzes. Einige dieser Wünsche sind prinzipiell unerfüllbar:
Lieber Gott *müßte* man werden, sich vormerken lassen für diesen Posten.
(Arnold Ulitz: Der verwegene Beamte oder Was ist Freiheit?)

198 Ü   Schreibe Sätze vom Typ:
So viel Zeit wie Sie müßte man haben.

1. So viel Geld wie Sie möchte ich auch haben. 2. Schade, daß ich
nicht Fabrikbesitzer bin. 3. Wenn man doch fliegen könnte. 4. Warum habe ich nicht auch einen reichen Erbonkel? 5. In einer solchen

Villa wird unsereiner wohl nie wohnen. 6. Ich werde wohl nie einen Mercedes besitzen. 7. Siebenmeilenstiefel gibt's halt nur im Märchen. 8. Schade, daß man nicht ewige Ferien haben kann. 9. Ohne Abitur ist man schon übel dran. 10. Ja, wenn ich Professor wäre!

Der Konjunktiv II im sogenannten „irrealen Wunsch"
(SD 3, 380)

Für den Sprechenden ist gegeben:

Vergangenheit	die Gegenwart betref-fend / generell	Zukunft
Ich *konnte* nicht mit. Ich *habe* das zu spät *erfahren.*	Ich *habe* heute Nacht-dienst. Es *gibt* Schulen und Lehrer.	Morgen *muß* ich zum Zahnarzt.

Wunsch, in dem der Sprechende eine Gegenposition zu dem bezieht, was für ihn gegeben ist (sogenannter „irrealer Wunsch"):

Ich *wollte*, ich *hätte* auch *mitgekonnt.* Ich *wollte*, ich *hätte* das rechtzeitig *erfahren.*	Ich *wollte*, ich *hätte* heute keinen Nacht-dienst. Ich *wollte*, es *gäbe* keine Schulen und keine Lehrer.	Ich *wollte*, ich *müßte* morgen nicht zum Zahn-arzt.

Auffällig ist, daß in Sätzen dieser Art auch das Verb *wollen* (gelegentlich *wünschen*) im Konjunktiv II steht; „irreal" ist ja eigentlich nur der Inhalt des Wunsches, nicht jedoch das Wünschen:

Ich *wollte* } , ich hätte alles schon hinter mir.
    wünschte

199 Ü Schreibe Wunschsätze, die mit „*ich wollte*" beginnen.

1. Ich habe leider nicht genug Zeit zum Lesen. 2. Ich kann dir auch nicht helfen. 3. Ich muß heute ins Büro. 4. Ich habe mir das nicht gründlich genug überlegt. 5. Ich habe alles noch vor mir. 6. Er ist immer noch krank. 7. Ich muß noch im Bett bleiben. 8. Ich bin sehr unvorsichtig gefahren. 9. Ich habe meine Steuererklärung noch nicht gemacht. 10. Ich habe zu viel Wodka getrunken. 11. Ich war noch nicht beim Zahnarzt. 12. Der Backenzahn ist noch nicht gezogen. 13. Ich hatte zu wenig Zeit, mich auf die Prüfung vorzubereiten. 14. Ich habe es nicht so gut wie Sie. 15. Ich habe ihr alles sofort erzählt. 16. Schade, daß die Woche nicht drei Sonntage hat.

Bei jedem Verb stehen sich zwei **Konjunktiv II**-Formen gegenüber:

Das *käme* für mich nicht in Frage.	Das *wäre* für mich nicht in Frage *gekommen*.
An Ihrer Stelle *wäre* ich etwas vorsichtiger.	An Ihrer Stelle *wäre* ich etwas vorsichtiger *gewesen*.
Ich *hätte* da keine Bedenken.	Ich *hätte* da keine Bedenken *gehabt*.
Das *würde* zu gefährlich.	Das *wäre* zu gefährlich *geworden*.

(SD 3, 436 ff., 443)

In den Sätzen in der linken Spalte bezieht sich der Sprechende auf etwas, was im Sprechzeitpunkt nicht der Vergangenheit angehört: Jetzt, in dem Moment, in dem ich spreche, gilt: *Das käme für mich nicht in Frage.* Demgegenüber müßte es heißen: *Damals wäre das für mich nicht in Frage gekommen.*

Vergleiche:

Ich *habe heute* Nachtdienst.	Wenn ich *heute keinen* Nachtdienst *hätte*, käme ich mit zum Kegeln.
Ich *hatte gestern* Nachtdienst.	Wenn ich *gestern keinen* Nachtdienst *gehabt hätte*, wäre ich mit zum Kegeln gekommen.

In bestimmten Zusammenhängen können sich die zusammengesetzten Konjunktiv II-Formen auch auf Zukünftiges beziehen:

Gott sei Dank *hat* er es *schon heute erfahren*.	Wenn er es *erst morgen erfahren hätte*, wäre es zu spät gewesen.

In Wunschsätzen mit *gern/am liebsten* wird mit den zusammengesetzten Konjunktiv II-Formen in vielen Fällen kein Vergangenheitsbezug ausgedrückt:

Ist Herr Müller nicht da?	Ich *hätte gern* mit ihm selbst *gesprochen*.
Mit wem möchten Sie denn sprechen?	Ich *hätte gern* Herrn Müller *gesprochen*.
	Am liebsten hätte ich mit Herrn Müller selbst *gesprochen*.
Darf es sonst noch etwas sein?	Ich *hätte gern* noch ein bißchen Suppengrün *mitgenommen*.
Was wünscht der Herr?	Entschuldigen Sie! Ich *hätte* nur *gern gewußt*, was so'ne Lampe wie die im Schaufenster kostet.
Bis wann brauchen Sie es denn?	Ich *hätte* es *gern* bis heute abend *gehabt*, wenn's geht.

200 Ü Schreibe Sätze, in denen eine Billigung oder Zustimmung zum Ausdruck kommt.

Beispiel: Er *ist* jetzt verärgert.
An seiner Stelle *wäre* ich jetzt auch verärgert.

Er *war* sehr enttäuscht.
An seiner Stelle *wäre* ich auch sehr enttäuscht *gewesen*.

1. Er hat den Vorschlag abgelehnt. 2. Er hat Angst vor diesem Gespräch. 3. Er ist mit dem Ergebnis der Verhandlungen zufrieden. 4. Daraufhin ist er sofort abgereist. 5. Gegen diese Lösung hatte er nichts einzuwenden. 6. Da wurde er böse. 7. Ihm liegt sehr daran, daß die Dinge nun endgültig geregelt werden. 8. Er läßt sich das nicht gefallen. 9. Er hat es abgelehnt, den Vertrag zu unterschreiben. 10. Auf diese überzogenen Forderungen ging er nicht ein. 11. Er nahm nie mehr an diesen Zusammenkünften teil. 12. Er verhält sich abwartend. 13. Er ließ sich auf keinerlei Diskussion ein. 14. Er geht nicht mehr zu den Diskussionsabenden. 15. Er machte seine Zustimmung davon abhängig, daß die Finanzierung des Projekts gesichert ist. 16. Er behält sich ein Mitspracherecht in finanziellen Fragen vor. 17. Er bleibt nicht mehr länger hier. 18. Er nahm das Angebot nicht an. 19. Auf ein paar Tage mehr oder weniger kommt es ihm jetzt nicht mehr an. 20. Er hat sich das nicht lange überlegt und hat sofort ja gesagt.

201 Ü Schreibe Sätze nach dem folgenden Muster:
Niemand ist bereit, das offen auszusprechen.
Wer wäre schon bereit, das offen auszusprechen?

1. In den Ferien bleibt niemand gern zu Hause. 2. Niemand läßt sich gern nachsagen, daß er unmodern sei. 3. In der Not denkt jeder zuerst einmal an sich. 4. Niemand findet sich so ohne weiteres damit ab, für einen Dummkopf gehalten zu werden. 5. Niemand gibt gern zu, daß er im Unrecht ist. 6. Niemand kann von sich behaupten, noch nie einen Fehler gemacht zu haben. 7. Jeder weiß, wie schwierig eine solche Aufgabe ist. 8. Niemand bringt den Mut auf, immer die Wahrheit zu sagen. 9. Davon sind wir alle betroffen. 10. Niemand fällt es leicht einzugestehen, daß er alles falsch gemacht hat. 11. Niemand bleibt gern sein Leben lang im Schatten seines Vorgesetzten. 12. Niemand will ständig gegängelt und kontrolliert werden. 13. Niemand geht gern Verpflichtungen ein, die er nicht einhalten kann. 14. Mit zunehmendem Alter wird man bequemer.

Der Konjunktiv II der schwachen Verben

Bei den schwachen Verben sind der Konjunktiv II und das Präteritum des Indikativs nicht unterschieden, so daß nur der Zusammenhang klären kann, ob Formen wie *er machte, wir sagten* usw. als Konjunktiv II- oder als Indikativ-Formen aufzufassen sind.

202 T   Unterstreiche in den folgenden Textausschnitten die Konjunktiv II-Formen bzw. die Präteritum-Formen der schwachen Verben.

Konjunktiv II:

Wenn diese Zahl stimmte, wäre der Krieg ja wohl beendet.
(Der Spiegel 53/1969)

Wenn sich heutzutage jemand erdreistete, staatliche und kirchliche Mißstände . . . so anzuprangern . . ., man briete den Kerl am Spieß!
(Kästner für Erwachsene)

Sein Blick gleitet vom Telefon auf den schmalen Bilderrahmen. Wenn sie noch lebte!
(Pia Stauffen, Solange dein Herz schlägt)

Holzhäuser standen da, schindelgrau und silbrig, als horchten sie in sich hinein oder wären vergessen worden; . . .
(Hermann Lenz, Brennpunkt der Erinnerung)

Indikativ:

Wenn Fipps mit einer schlechten Note aus der Schule heimkam, sagte ich kein Wort, aber ich tröstete ihn auch nicht. Hanna quälte sich insgeheim. Sie setzte sich regelmäßig nach dem Mittagessen hin und half ihm bei seinen Aufgaben, hörte ihn ab. Sie machte ihre Sache so gut, wie man sie nur machen kann.
(Ingeborg Bachmann, Alles)

Der Konjunktiv II der folgenden schwachen Verben ist unregelmäßig:

Präteritum	Konjunktiv II
er dachte	er dächte
er brachte	er brächte
→ 31 Ü	

Von der Systematik her gehört hierher ebenfalls:
er wußte (wissen)   er *wüßte*

Die Verben *brennen, kennen, nennen, rennen, senden/sandte, wenden/wandte* haben im Konjunktiv II den Stammvokal *e: es brennte, er kennte* usw. . Diese

Formen sind jedoch kaum noch gebräuchlich und werden heute regelmäßig durch *würde* + Infinitiv ersetzt:

Wenn es hier mal *brennen würde*, käme keiner mehr lebend raus.

Wenn Sie ihn wirklich *kennen würden*, hätten Sie das nicht von ihm behauptet.

Mit dem Fehlen eindeutiger Konjunktiv II-Formen bei den schwachen Verben hängt es zusammen, daß der Konjunktiv II hier häufig durch *würde* + Infinitiv gekennzeichnet wird, z.B.:

. . .: wenn für den Würstchenverkäufer kein Geschäft zu machen wäre, *würde* er seine Bude *zumachen* . . .
(wdr Hörspielbuch 1967)

,,In zwei Jahren könnten wir die Mehrheit auf dem Parteitag haben, wenn *sich* zehn Leute an drei Tagen pro Woche darum *kümmern würden.''*
(Der Spiegel 7/1970)

Wenn die Begeisterung für Popmusik und Rauchen von Haschisch die Welt *verändern würden, würde* ich *mich freuen.*
(Der Spiegel 28/1970)

203 Ü   Formuliere Aufforderungen nach dem folgenden Muster:
Gedulden Sie sich bitte einen Augenblick.
Wenn Sie sich bitte einen Augenblick gedulden würden.

In Sätzen dieser Art wird die *würde*+Infinitiv-Form bei schwachen und starken Verben bevorzugt.

1. Ich melde Sie sofort bei Herrn Direktor Meier an. Warten Sie bitte solange im Vorzimmer. 2. Der Brief hier muß unbedingt noch heute raus. Tippen Sie den bitte als ersten. 3. Die nächste Sitzung ist für den 30. Mai vorgesehen. Merken Sie sich diesen Termin bitte vor. 4. Nehmen Sie bitte hier im Nebenzimmer Platz. 5. Ich kann Sie kaum verstehen. Sprechen Sie bitte etwas lauter. 6. Guten Tag! Ludwig Meier. Für mich ist ein Zimmer reserviert. – Ja, Sie haben Zimmer 84. Füllen Sie bitte gleich das Anmeldeformular aus. 7. Tragen Sie bitte auch Ihre Paßnummer ein. 8. Unterschreiben Sie bitte hier unten rechts. 9. Die Sache ist eilig. Erledigen Sie das bitte gleich. 10. Ein Eilbrief für den Chef. Legen Sie ihm den bitte gleich vor. 11. Schade, daß ich Herrn Meier nicht angetroffen habe. Richten Sie ihm bitte aus, ich käme nächste Woche noch mal vorbei. 12. Herr Meier ist gerade in einer Konferenz. Rufen Sie bitte nach 17 Uhr noch einmal an. 13. Dem Mietvertrag liegt die Hausordnung bei. Lesen Sie die bitte genau durch. 14. Geben Sie Ihre Mäntel und Schirme bitte an der Garderobe ab.

In Aufforderungen wie in 203 Ü kommen hin und wieder auch einfache Konjunktiv II-Formen vor, besonders bei starken Verben:

Wenn Sie bitte heute abend noch einmal *anriefen*.
Wenn Sie mir bitte so bald wie möglich Bescheid *gäben*.

Demgegenüber werden in Aufforderungen, die die Form von Fragesätzen haben, ausschließlich *würde* + Infinitiv-Formen verwendet:

Würden Sie bitte heute abend noch einmal *anrufen*.
Würden Sie mir bitte so bald wie möglich Bescheid *geben*.

204 Ü Formuliere Aufforderungen nach dem folgenden Muster:
Warten Sie bitte hier auf mich.
Würden Sie bitte hier auf mich warten.

1. Erinnern Sie mich bitte morgen noch einmal daran. 2. Klingeln Sie bitte dreimal, damit ich weiß, daß Sie es sind. 3. Bitte, buchstabieren Sie Ihren Namen. 4. Stellen Sie bitte das Radio etwas leiser. 5. Melden Sie mich bitte Herrn Meier. 6. Kommen Sie bitte einen Augenblick zu mir ins Büro. 7. Sorgen Sie bitte dafür, daß in Hamburg ein Zimmer für mich reserviert wird. 8. Kümmern Sie sich bitte um die Unterbringung unserer Gäste. 9. Teilen Sie uns bitte Ihre Wünsche mit, damit wir Ihnen ein detailliertes Angebot machen können. 10. Stellen Sie Ihre Frage bitte noch einen Augenblick zurück. 11. Erläutern Sie uns das bitte etwas näher. 12. Bestellen Sie ihr bitte herzliche Grüße von mir. 13. Legen Sie mir die Akte bitte morgen noch einmal vor. 14. Fragen Sie bitte mal in der Staatsbibliothek nach, ob die das Buch haben. 15. Verbinden Sie mich bitte mit Herrn Meier.

Ausschließlich *würde* + Infinitiv-Formen werden auch dann verwendet, wenn jemand seine Ansicht oder Meinung äußert und dieser Meinungsäußerung den Anstrich einer gewissen Vorsicht oder Unverbindlichkeit geben will:

Staatsanwalt: Erinnern Sie sich, wie schnell Sie fuhren, als Sie nach rechts in die Dyke Road abbogen?
Zeuge: Nein, ich *würde sagen,* etwa sieben oder acht Meilen pro Stunde . . .
(Der Spiegel 20/1970)

205 Ü Formuliere Meinungsäußerungen nach obigem Beispiel und verwende dabei die in Klammern angegebenen Verben.

1. Sie verstehen doch etwas von Porzellan. Was könnte das für eine Vase sein? — (sagen) Chinesisch, 16. Jahrhundert vermutlich. 2. Halten Sie dieses Ziel für erreichbar? — (meinen) Ich glaube schon, daß

unsere Planung realistisch ist. 3. Glauben Sie, daß es zu einer engeren Zusammenarbeit zwischen unseren beiden Ländern kommen kann? — (bejahen) Ich meine, ja. 4. Bis wann ließe sich das nach Ihrer Ansicht realisieren? — (annehmen) 1980 können wir sicher soweit sein. 5. Worum geht es dabei nach Ihrer Meinung? — (sagen) Es handelt sich um ein ökonomisches, nicht so sehr um ein ideologisches Problem. 6. Halten Sie dieses Problem für lösbar? — (denken) Mit einigem guten Willen lassen sich alle Probleme lösen.

Der Konjunktiv II der starken Verben

Die Formen des Konjunktivs II der starken Verben sind von den Formen des Präteritums des Indikativs ableitbar. Dabei werden die Vokale *a, o, u* zu *ä, ö* bzw. *ü* umgelautet:

(er blieb)	Er *bliebe* gern noch acht Tage.
(er kam — langer Vokal)	Er *käme* auch gern mit.
(er fand — kurzer Vokal)	Ich *fände* nichts dabei.
(er zog — langer Vokal)	Es gibt wohl niemanden, der daraus einen solchen Schluß *zöge*.
(er schloß — kurzer Vokal)	Wenn man das daraus *schlösse*, so wäre das völlig abwegig.
(er verfuhr — langer Vokal)	Wenn man so *verführe*, wäre der Erfolg so gut wie sicher.

Allerdings führen viele Konjunktiv II-Formen, die nach den obigen Regeln im Prinzip gebildet werden können, nur noch ein verstaubtes Dasein in den Grammatiken der deutschen Sprache. Eine besondere Abneigung scheint gegen Konjunktiv II-Formen der folgenden Verben zu bestehen (DG, 290, 295):

1. *schwimmen, beginnen, gewinnen, rinnen, sinnen* → 23 Ü (III a.)

   Der Vokal im Konjunktiv II schwankt hier: *er schwämme/er schwömme.*

   Nach unseren Beobachtungen werden bei diesen Verben heute regelmäßig *würde* + Infinitiv-Formen verwendet:

   Der Mann ist ohne Hut gesprungen. Wenn ein Hut auf dem Wasser *schwimmen würde,* wäre der Anblick weniger grausam.
   (wdr Hörspielbuch 1967)

2. *gelten, helfen* → 24 Ü (III b.)

   Die Konjunktivformen *sie gälten, sie hälfen* fallen lautlich mit den Indikativformen *sie gelten, sie helfen* zusammen, so daß sich daneben die Konjunktiv II-Formen *sie gölten, sie hülfen* erhalten haben. Statt der genannten Konjunktiv II-Formen werden im allgemeinen *würde* + Infinitiv-Formen bevorzugt.

3. *befehlen, empfehlen, stehlen* → 25 Ü (IV.)

   Die Grammatiken führen zwei Konjunktiv II-Formen auf: *er befähle/er beföhle.* Auch hier weicht man heute regelmäßig auf *würde* + Infinitiv-Formen aus.

4. Ganz allgemein besteht eine gewisse Abneigung gegen Konjunktiv II-Formen mit den Vokalen *ö* und *ü*: *er zog/er zöge; er fuhr/ er führe.*

Bei einigen Verben ist der Vokal im Konjunktiv II nicht aus dem Vokal des Präteritums des Indikativs ableitbar → 24 Ü (III b.):

er sch*a*lt/er schölte; er bew*a*rb sich/er bewürbe sich, er st*a*rb/er stürbe, das verd*a*rb/das verdürbe, er w*a*rf/er würfe. Diese Formen kommen allenfalls in geschriebenen Texten vor.

Schwankend ist der Konjunktiv II-Vokal des Verbs *stehen* und seiner Ableitungen:

Wenn er mehr davon *verstünde/verstände,* ...

Die Variante *verstünde* ist mit Abstand die häufigere.

In geschriebenen Texten kommen *würde* + Infinitivformen in *wenn*-Sätzen relativ selten vor; das mag die Auswirkung einer stilistischen Regel sein, die *würde* + Infinitiv-Formen grundsätzlich aus dem *wenn*-Satz verbannt und sie nur im Hauptsatz zulassen will:

Wenn das *stimmte, würde* er *sich* sicher *ärgern.*
(SD 3, 383)

206 Ü Setze die Konjunktiv II-Formen der angegebenen Verben ein. Verwende gegebenenfalls *würde* + Infinitiv.

1. (bleiben, haben) Wenn er in dieser Firma ...., ... er keinerlei Aufstiegschancen. 2. (gehen, sein) Wenn es schon morgen ...., ... es mir lieber. 3. (verstehen, können) Wenn er wenigstens etwas von seinem Fachgebiet ...., ... man über manche seiner Fehler hinwegsehen. 4. (geben, können) Wenn er sich nur ein klein wenig mehr Mühe ...., ... er viel schneller vorankommen. 5. (ablaufen, sich bewerben) Wenn mein jetziger Arbeitsvertrag nicht erst nächstes Jahr ...., ... ich mich sofort um die ausgeschriebene Stelle .... . 6. (lassen, können) Wenn sich dieses Ziel erreichen ...., ... wir zufrieden sein. 7. (beginnen, werden) Wenn wir sofort mit der Arbeit ...., ... wir vielleicht gerade noch rechtzeitig fertig. 8. (befehlen, sich weigern) Wenn man mir so etwas ...., ... ich mich ...., den Befehl auszuführen. 9. (helfen, haben) Ich .... Ihnen ja gerne ...., wenn ich Zeit .... . 10. (wissen, werden) Wenn er ...., was Sie hier angestellt haben, ... er fuchsteufelswild. 11. (angreifen, ziehen) Wenn man mich in dieser Weise öffentlich ...., ... ich sofort die Konsequenzen .... . 12. (sich etwas aufladen, zurechtkommen) Wenn ich mir diese Arbeit auch noch ...., ... ich überhaupt nicht mehr zurecht. 13. (tun, unterstellen) Man .... ihm unrecht, wenn man ihm das .... . 14. (wissen, sagen) Glauben Sie mir doch! Wenn ich es ...., ... ich es Ihnen .... .

15. (beschränken, akzeptieren) Wenn sich seine Kritik auf offensichtliche Mängel . . . . , ... ich sie sofort . . . . . 16. (mieten, verlangen) Ich . . . . die Wohnung sofort . . . . , wenn man nicht von mir . . . . , daß ich nahezu das gesamte Mobiliar meines Vorgängers ablöse. 17. (sein, mitteilen) Ich . . . . Ihnen dankbar, wenn Sie mir Ihre Vorschläge so bald wie möglich . . . . . 18. (haben, stehen) Wenn wir nicht so hohe Kapitalreserven . . . . , ... es jetzt schlecht um uns. 19. (machen, lassen) Wenn man sich die Mühe . . . . , mal ernsthaft über alles nachzudenken, ... sich sicher eine Lösung finden. 20. (nennen, machen) Wenn man die Dinge mal beim Namen . . . . , ... man sich sicher nicht beliebt . . . . .

Indikativ bzw. Konjunktiv II in Bedingungsgefügen:
(SD 3, 375 ff.)

I. Indikativ

{
Wenn unsere Kunden auf Ihren neuen Artikel *ansprechen*
Falls unsere Kunden auf Ihren neuen Artikel *ansprechen*
Sprechen unsere Kunden auf Ihren neuen Artikel *an*
}
können Sie mit weiteren Bestellungen rechnen.

Der Sprechende äußert sich hier nicht dazu, ob er es für sicher, wahrscheinlich oder ausgeschlossen hält, daß die Kunden auf den neuen Artikel ansprechen. Es kommt ihm allein auf die Beziehung an, die zwischen einer *Bedingung (Wenn unsere Kunden auf Ihren Artikel ansprechen, . . .)* und einer *Folge (Sie können mit weiteren Bestellungen rechnen)* besteht:
Wenn ein bestimmtes Kundenverhalten, dann weitere Bestellungen.

II a. Konjunktiv II

Für den Sprechenden ist gegeben:
Wir waren nicht mehr im Bus.

{
Wenn wir noch im Bus drin *gewesen wären*
Wären wir noch im Bus drin *gewesen*
}
, hätten wir das meiste abbekommen.

Für den Sprechenden ist gegeben:
Ich habe keine Zeit.

{
Wenn ich Zeit *hätte*
Hätte ich Zeit
}
, käme ich auch mit.

Der Sprechende bezieht hier in der Bedingung eine angenommene oder vorgestellte Gegenposition zu dem, was für ihn gegeben ist (sogenannte „irreale" Bedingung).

II b. Konjunktiv II

Der Sprechende sieht es als kaum wahrscheinlich, als allenfalls möglich an, daß ein bestimmtes Ereignis eintritt:

⎧ *Wenn* ihr mich *im Stich ließet*
| *Falls* ihr mich *im Stich ließet*
| *Würdet* ihr mich *im Stich lassen*
⎨ *Wenn* ihr mich *im Stich lassen solltet*　　gäbe es für mich keine Rettung mehr.
| *Falls* ihr mich *im Stich lassen solltet*
⎩ *Solltet* ihr mich *im Stich lassen*

207 Ü　Beantworte die folgenden Fragen und benutze dabei die Ausdrücke in Klammern.

1. Was hätten Sie denn getan, wenn Ihnen das passiert wäre? (sofort die Polizei alarmieren) 2. Was wäre wohl mit dem Verunglückten geschehen, wenn der Unfallwagen nicht sofort gekommen wäre? (an der Unfallstelle verbluten) 3. Was hätten Sie denn getan, wenn er in Ihrer Gegenwart so ausfallend geworden wäre? (sich auf dem Absatz rumdrehen und rausgehen) 4. Was würden Sie tun, wenn man plötzlich Ihre Miete um 50 % erhöhte? (sofort gegen den Bescheid Einspruch erheben und den Mieterschutzverein um Hilfe bitten) 5. Was hätten Sie getan, wenn Sie festgestellt hätten, daß Ihr Sekretär Sie bestiehlt? (sich nichts anmerken lassen und versuchen, ihn auf frischer Tat zu ertappen) 6. Was würde denn geschehen, wenn wir uns weigerten, Ihnen einen weiteren Kredit zu gewähren? (den Bankrott anmelden müssen) 7. Was hätten Sie denn getan, wenn Sie von dem Hund gebissen worden wären? (sofort zum Arzt gehen und sich gegen Tollwut impfen lassen; dann Anzeige gegen den Besitzer erstatten und ihn auf Schmerzensgeld verklagen) 8. Was hätten Sie getan, wenn man Ihnen so gekommen wäre? (das alles nicht so ernst nehmen wie Sie und keine große Geschichte daraus machen) 9. Wie hätten Sie sich verhalten, wenn der Betrunkene Sie angerempelt hätte? (versuchen, den Mann zu beruhigen) Es hat doch keinen Sinn, sich mit einem Betrunkenen herumzustreiten. 10. Was wäre denn geschehen, wenn Sie nicht nachgegeben hätten? (wahrscheinlich zu einem Riesenkrach kommen)

208 Ü　Bilde aus den folgenden Satzpaaren Bedingungsgefüge mit irrealen Bedingungen.
　　Beispiel:　Sie haben mich nicht rechtzeitig gewarnt.
　　　　　　　Ich bin auf den üblen Trick hereingefallen.
　　　　　　　Wenn Sie mich rechtzeitig gewarnt hätten, wäre ich auf den üblen Trick nicht hereingefallen.

1. Der angebliche Graf gewann ununterbrochen. Er erregte den Verdacht des Croupiers. 2. Man kann von einem Symptom nicht unmit-

telbar auf eine Krankheit schließen. Das Stellen der richtigen Diagnose ist schwierig. 3. Er ist jetzt nicht hier. Wir können ihn nicht fragen. 4. Wir haben ein Haus in Mannheim. Ich bin auf einen Arbeitsplatz in Mannheim oder Ludwigshafen angewiesen. 5. Sie kennen ihn nicht. Sie wissen nicht, wie unsinnig alles ist, was man von ihm behauptet. 6. Alle Autofahrer fahren gleich am ersten Ferientag los. Es kommt immer wieder zu kilometerlangen Verkehrsstauungen. 7. Das neuartige Radarsystem ist in alle Verkehrsmaschinen eingebaut. Man kann bei Nebel für sichere Landungen garantieren. 8. Seine Frau versteht es, sparsam zu wirtschaften. Sie kommen mit seinem niedrigen Gehalt aus. 9. Der Brief trägt den Vermerk „vertraulich". Sie können ihn nicht lesen. 10. Die S-Bahn war ausnahmsweise pünktlich. Wir haben den Anschlußzug noch erreicht.

Häufig ist der *wenn*-Satz mit einem präpositionalen Ausdruck austauschbar, z.B.:

Ohne Bücher könnte ich's hier vor Langeweile nicht aushalten.
Wenn ich nicht was zu lesen hätte, könnte ich's hier vor Langeweile nicht aushalten.

209 Ü Ersetze die kursiv gedruckten präpositionalen Ausdrücke durch *wenn*-Sätze.

1. *Bei schönem Wetter* hätten wir von hier aus eine herrliche Aussicht. 2. *Mit Karl im Tor* hätten wir nicht verloren. 3. *Ohne Bart* sähe er wahrscheinlich ganz unbedeutend aus. 4. *Fürs Rote Kreuz* hätte ich etwas gespendet. 5. Was für ein Glück, daß wir gegen Kleinhausen spielen! *Gegen Gründorf* hätten wir keine Chance. 6. *Durch einen Austausch des Mittelstürmers* wäre das Spiel vielleicht noch zu gewinnen gewesen. 7. *Ohne seine Einwilligung* hätten wir gar nichts unternehmen können. 8. *Auf seinen Einspruch hin* wäre das Unternehmen sofort abgeblasen worden. 9. *Durch eine gründlichere Vorbereitung des Projekts* hätte sich sicher manche Panne vermeiden lassen. 10. *Durch eine nochmalige Steuererhöhung* würde die Leistungsfähigkeit der Exportindustrie stark beeinträchtigt. 11. *Ohne seine finanzielle Unterstützung* hätten wir das Projekt längst aufgeben müssen. 12. *Bei genauer Beachtung der Anweisungen* hätte das Experiment gelingen müssen.

A: Ich komme mal bei Ihnen vorbei.   B: *Das* würde mich sehr freuen.
Mit *das* bezieht sich der Sprecher B auf den vorangegangenen Teil des Gesprächs:
Es würde mich freuen, *wenn Sie mal bei mir vorbeikämen.*

210 Ü Schreibe Sätze nach dem folgenden Muster:
A: Jetzt wird er böse sein.   B: Das wäre verständlich.
Es wäre verständlich, wenn er jetzt böse wäre.

1. A: Das sollte man mal ausprobieren. B: Das wäre interessant. 2. A: Soll ich inzwischen auf Ihr Gepäck aufpassen? B: Das wäre eine große Beruhigung für mich. 3. A: Solche Vorfälle könnten sich wiederholen. B: Das wäre äußerst beunruhigend. 4. A: Dieser Punkt soll morgen zur Sprache kommen. B: Das wäre mir sehr unangenehm. 5. A: Diese Frage soll erneut beraten werden. B: Das wäre reine Zeitverschwendung. 6. A: Es hat aber auch nichts geklappt! B: Das wäre auch zu schön gewesen. 7. A: Ich habe nichts mehr dazu gesagt. B: Das wäre auch sinnlos gewesen. 8. A: Auf Details bin ich nicht eingegangen. B: Das hätte auch zu weit geführt. 9. A: Er ist leider nicht gleich zum Arzt gegangen. B: Das wäre aber vernünftiger gewesen. 10. A: Sie hat das wahrscheinlich vergessen. B: Das wäre verzeihlich. 11. A: Ich bin sicher, daß er sich noch an Sie erinnert. B: Das wäre erstaunlich. 12. A: Schade, daß Meier nicht da war. B: Das wäre mir lieber gewesen. 13. A: Die Staatsbank soll die Zahlungen eingestellt haben. B: Das wäre ein Skandal! 14. A: Es wird schon zu einer Einigung zwischen den streitenden Parteien kommen. B: Das wäre sehr zu begrüßen.

211 Ü Schreibe Sätze nach dem folgenden Muster:
Sie sollten im Bett bleiben. (vernünftiger)
Es wäre vernünftiger, wenn Sie im Bett blieben.
Sie hätten mir das gleich sagen sollen. (besser)
Es wäre besser gewesen, wenn Sie mir das gleich gesagt hätten.

1. Er hätte von seinem Posten zurücktreten sollen. (anständiger) 2. Sie sollten den Vertrag nicht unterschreiben. (hirnverbrannt) 3. Sie sollten sich durch solche Drohungen nicht einschüchtern lassen. (verkehrt) 4. Sie sollten sich etwas mehr im Hintergrund halten. (klüger) 5. Sie hätten gleich Anzeige erstatten sollen. (richtiger) 6. Sie hätten auf diesen Vorschlag eingehen sollen. (klüger) 7. Sie sollten sich auf diese Sache nicht einlassen. (zu gefährlich) 8. Sie sollten Ihren Plan nicht aufgeben. (schade) 9. Sie sollten jetzt auch nein sagen. (konsequenter) 10. Sie sollten mal ganz offen mit ihm darüber sprechen. (ratsam) 11. Sie sollten jetzt von Ihren Forderungen nicht abgehen. (nicht richtig) 12. Sie sollten nicht zu viele Leute in die Sache einweihen. (nicht zweckmäßig)

| Das Eingreifen des Militärs | hätte die Lage nur verschärft. |

Subjekt (Nominativ)

Wenn das Militär eingegriffen hätte, so hätte *das* die Lage nur verschärft.

212 Ü Ersetze den *wenn*-Satz durch ein Subjekt mit einem Verbalsubstantiv als Kern.

Beispiel: *Wenn die Verhandlungen gescheitert wären*, so wäre *das* eine Katastrophe gewesen.
Ein Scheitern der Verhandlungen wäre eine Katastrophe gewesen.

1. Wenn die D-Mark nochmals aufgewertet würde, so würde das die deutsche Exportindustrie in eine schwierige Lage bringen. 2. Wenn man diese Kirche restaurieren wollte, so würde das Millionen erfordern. 3. Wenn die Exportaufträge weiter zurückgingen, so könnte das die Automobilindustrie in eine bedrohliche Krise stürzen. 4. Wenn man sich mit dieser Frage gründlicher auseinandergesetzt hätte, so wäre das der Diskussion sehr zugute gekommen. 5. Wenn die Preise weiter anstiegen, so würde das Englands preisbewußte Hausfrauen wieder zurück in das Lager der Torys treiben. 6. Wenn man zu diesen Methoden zurückkehrte, so würde das von niemandem verstanden werden. 7. Wenn der Termin kurzfristig abgesagt worden wäre, so hätte das nur Verstimmung hervorgerufen. 8. Wenn die Verhandlungen abgebrochen worden wären, so hätte das zu einer gefährlichen Lage geführt. 9. Wenn man erneut nachgegeben hätte, so hätte das die Gegenseite nur zu weiteren Forderungen ermuntert. 10. Wenn der Numerus clausus aufgehoben würde, so würde das die deutschen Universitäten in ein Chaos stürzen.

Zu den Ausdrucksmitteln für den sogenannten „irrealen Wunsch" (→ 199 Ü) gehören isolierte *wenn*-Sätze:
(SD 3, 380)

Ich habe mich breitschlagen lassen mitzugehen.	*Wenn* ich nur zu Hause geblieben wäre! Wäre ich nur zu Hause geblieben!
Wo steckt denn der Junge?	*Wenn* er doch endlich käme!

Besonders bei Vergangenheitsbezug bleibt das *wenn* häufig weg:
Hätte ich mich bloß auf so was nicht eingelassen!
Wäre ich diesem Menschen doch nie begegnet!

Im „irrealen Wunsch" treten meist „Signal"-Wörter wie *doch, bloß, nur* auf:
Hätte ich das *doch* nicht gesagt!
Wenn ich *bloß* wüßte, was ich falsch gemacht habe!
Wenn *nur* schon alles vorbei wäre!

Besonders in gesprochenen Texten finden sich Beispiele, in denen sich solche „Signal"-Wörter häufen:
Hätte ich *doch bloß* den Mund gehalten!

Hat der Sprechende eine Befürchtung und gibt er der Hoffnung Ausdruck, daß sie sich nicht bewahrheitet, so verwendet er im *wenn*-Satz den Indikativ:

Hoffentlich hat er den Brief noch rechtzeitig bekommen.	Wenn er den Brief *nur* noch rechtzeitig bekommen hat!
Hoffentlich klappt auch alles.	Wenn *bloß* alles klappt!
Hoffentlich hat der Zug keine Verspätung.	Wenn der Zug *nur* keine Verspätung hat!

In diesen indikativischen Sätzen kann das *wenn* nicht weggelassen werden, das „Signal"-Wort *doch* ist ausgeschlossen.

213 Ü Schreibe konjunktivische Wunschsätze, die mit *wenn* beginnen.

1. Sie läßt nur selten etwas von sich hören. 2. Müssen Sie denn immer gleich beleidigt sein? 3. Warum haben Sie mir das denn nicht gleich gesagt? 4. Mußten Sie das denn allen Leuten erzählen? 5. Ich könnte mich kaputtärgern, daß ich den gebrauchten Staubsauger gekauft habe. 6. Ich wollte, ich hätte schon alles hinter mir. 7. Daß aber auch immer alles an mir hängenbleibt! 8. Unglücklicherweise wußte ich gar nichts davon. 9. Wir kommen aber auch gar nicht voran. 10. Seien Sie doch nicht so stur! 11. Sie hat aber auch keinerlei Verständnis für meine Lage. 12. Daß mich auch keiner daran erinnert hat!

Durch *als / als ob* eingeleitete Vergleichssätze

```
              wie?
Er sieht [ .... ] aus.
         Modalergänzung
```

Er sieht *müde und abgespannt* aus.
Er sieht aus *wie ein alter Mann.*
Er sieht aus *wie jemand, der drei Nächte nicht geschlafen hat.*

Er sieht aus, { *als hätte* er drei Nächte nicht *geschlafen.* / *als ob* er drei Nächte nicht *geschlafen hätte.* }

(= Er sieht aus, wie er sicher aussehen würde, wenn er drei Nächte nicht geschlafen hätte.)

In *als- / als ob*-Sätzen kommt — besonders in geschriebenen Texten — neben dem Konjunktiv II auch der Konjunktiv I vor, nach *als* häufiger als nach *als ob*:
Er sieht aus, als *habe* er drei Nächte nicht geschlafen.

Nicht selten stehen in Vergleichssätzen Konjunktiv II- und Konjunktiv I-Formen nebeneinander:
. . . , und es war Morgen wie jetzt, Roderigo, es war, als *flösse* die Sonne durch meine Adern, als *töne* die Luft, . . .
(Max Frisch, Don Juan)
(SD 3, 381, 705)

214 Ü Vervollständige die Sätze durch die Ausdrücke in Klammern. Verwende in den Vergleichssätzen Konjunktiv II-Formen.

1. (nicht wissen, worum es hier geht) Tu doch nicht, als ob . . . . .
2. (wieder bergauf gehen) Es sieht so aus, als ob es mit ihm . . . . .

3. (der Herr des Hauses sein) Er tritt hier auf, als . . . . . 4. (aus Seide sein) Die Tapete fühlt sich an, als . . . . . 5. (auf dem Spiel stehen) Er gebärdete sich, als ob seine Existenz . . . . . 6. (uns nicht gesehen haben) Er tat so, als . . . . . 7. (nicht zu Hause sein) Es muß so aussehen, als ob wir . . . . . 8. (unter lauter Verrückte geraten sein) Ich komme mir hier vor, als ob . . . . . 9. (den Mann schon einmal irgendwo gesehen haben) Mir ist, als ob . . . . . 10. (sein Diener sein) Er behandelt seine Mitarbeiter, als ob . . . . . 11. (in eine Zitrone gebissen haben) Er schaute drein, als . . . . . 12. (von einem Juristen geschrieben worden sein) Der Brief liest sich, als . . . . . 13. (sich streiten) Es klang so, als ob sie . . . . . 14. (das Schlimmste noch vor sich haben) Es sieht mir ganz so aus, als ob wir . . . . . 15. (sich für dumm verkaufen lassen) Sie sieht mir nicht so aus, als ob . . . . . 16. (schon schlafen) Er stellte sich, als . . . . . 17. (diese Arbeit zum ersten Mal machen) Sie stellen sich ja an, als . . . . . 18. (in dieser Umgebung groß geworden sein) Er bewegte sich unter den hohen Herren, als . . . . . 19. (auf einem Motorrad einen endlosen steilen Abhang hinunterfahren und nicht mehr bremsen können) Im Traum war mir, als . . . . . 20. (einen Festschmaus für fünfzig Hochzeitsgäste zubereiten müssen) In der Küche ging es zu, als . . . . man . . . . . 21. (nachdenklich gestimmt haben) Es schien mir, als ob ihn meine Bemerkung . . . . . 22. (von ihm examiniert werden) Immer wenn ich mit meinem alten Professor spreche, ist mir zumute, als . . . . .

Es hat den Anschein, | . . . . | .

Es hat den Anschein, daß es ihm wieder besser geht.

Es hat den Anschein, { *als ginge* es ihm wieder besser. }
{ *als ob* es ihm wieder besser *ginge.* }

215 Ü Vervollständige die Sätze durch die Ausdrücke in Klammern. Verwende in den *als-* / *als ob-*Sätzen den Konjunktiv II.

1. (Mein Knie wird so dick und rund wie ein Fußball.) Ich hatte das Gefühl, als . . . . . 2. (Das Unternehmen ist völlig risikolos.) Er versuchte bei uns den Eindruck zu erwecken, als ob . . . . . 3. (Er hat seine Meinung inzwischen geändert.) Es hat den Anschein, als . . . . . 4. (Das Haus ist schon seit langem unbewohnt.) Das Haus machte den Eindruck, als . . . . . 5. (Er verheimlicht uns etwas.) Ich konnte mich des Eindrucks nicht erwehren, als . . . . . 6. (Ich werde beobachtet.) Plötzlich hatte ich das Gefühl, als . . . . . 7. (Wir treten auf der Stelle und kommen überhaupt nicht voran.) Manchmal hatten wir den Eindruck, als . . . . . 8. (Mein Besuch ist ihm unangenehm.) Ich hatte das Empfinden, als ob . . . . .

Er rannte davon.

Er rannte (*wie ein Verfolgter*) davon.

Er rannte davon, $\left\{\begin{array}{l}\textit{als wäre} \text{ der Teufel hinter ihm her.} \\ \textit{als ob} \text{ der Teufel hinter ihm her } \textit{wäre.}\end{array}\right\}$

216 Ü   Schreibe Sätze nach dem folgenden Muster:
Er torkelte wie jemand, der zuviel getrunken hat.
Er torkelte, als hätte er zuviel getrunken.

1. Sie flüsterte wie jemand, der ein Geheimnis mitzuteilen hat. 2. Er rieb sich die Hände wie jemand, dem gerade ein großer Coup gelungen ist. 3. Im Schlaf schrie sie auf wie jemand, dem sich ein Vampir auf die Brust gesetzt hat. 4. Er bog sein linkes Ohr nach vorn wie jemand, der schlecht hört. 5. Er sah sich im Zimmer um wie jemand, der etwas sucht. 6. Er gab beim Kellner die Bestellung auf wie jemand, für den es nichts Besonderes ist, in Luxushotels zu dinieren. 7. Er hielt sich im Hintergrund wie jemand, der fürchtet gesehen zu werden. 8. Er sah auf wie jemand, der gerade aus weiter Ferne in die Wirklichkeit zurückkehrt. 9. Er zuckte zusammen wie jemand, der sich elektrisiert hat. 10. Er warf den Geldschein auf den Tisch wie jemand, dem es auf einen Hunderter nicht ankommt.

so gegenüber *ein so* / *solch* + Adjektiv + Substantiv, *ein solcher* + Substantiv

---

so:

,,... Sie *sehen so aus,* als hätten Sie Abitur.''
(Hermann Kant, Die Aula)

Alles, was ich konnte, *trainierte* ich *so,* als könnte ich es noch lange nicht.
(Hermann Kant, Die Aula)

In dem Haus *war* es *so unordentlich,* als wäre dort seit Jahren nicht mehr aufgeräumt worden.

,,Ich möchte, daß diese Hochzeit *so schön wird,* als ob es meine eigene wäre.''
(Der Spiegel 24/1973)

---

eine so/solch große Verwirrung, *eine solche* Unordnung:
Die Dinge nehmen *einen so logischen* [*einen solch logischen*] *Verlauf,* als wäre man in eine Hackmaschine geraten.
(Friedrich Dürrenmatt, Nächtliches Gespräch mit einem verachteten Menschen)

In dem Haus herrschte *eine solche Unordnung,* als wäre dort seit Jahren nicht mehr aufgeräumt worden.

---

217 Ü   Vervollständige die Sätze durch die Ausdrücke in Klammern. Verwende *so* bzw. *solch* und leite den Vergleichssatz mit *als* ein.

1. (noch nie etwas davon gehört haben) Tun Sie doch nicht . . . . .
2. (seit Tagen nichts gegessen haben) Er verschlang das, was wir ihm
vorsetzten, mit Heißhunger . . . . . 3. (eine schreckliche Vision gehabt haben) Er sah verstört aus . . . . . 4. (Angst haben, jemanden zu
stören) Sie ging leise hinaus . . . . . 5. (in ein Korsett eingeschnürt
sein) Er hat einen steifen Gang . . . . . 6. (selbst der Angeklagte sein)
Der Zeuge hatte während der Vernehmung Angst . . . . . 7. (blutige
Anfänger sein) Er tat uns gegenüber überlegen . . . . . 8. (ein Mönchsleben außerhalb des Klosters führen wollen) Er lebte spartanisch
. . . . . 9. (seine Muttersprache sein) Dieser Amerikaner schreibt ein
elegantes Deutsch, als . . . . Deutsch . . . . . 10. (sich gegen ihn verschworen haben) Die Dinge nehmen einen ungünstigen Verlauf, als
. . . . die ganze Welt . . . . .

Der Konjunktiv II in Relativsätzen

Bezieht sich ein Relativsatz auf ein Nomen/Pronomen, das mit einer Negation
oder Einschränkung verbunden ist, so steht im Relativsatz häufig der Konjunktiv II:

Es gab wohl *niemanden*, der darüber glücklich *war*.
Es gab wohl *niemanden*, der darüber glücklich *gewesen wäre*.

Die Negation/Einschränkung im übergeordneten Satz wird durch den Konjunktiv II im Relativsatz verstärkt.

218 Ü Ersetze im Relativsatz den Indikativ durch den Konjunktiv II.

1. Vorläufig fehlt es noch an Spezialisten, die in der Lage sind, diese
hochempfindlichen Apparaturen zu bedienen. 2. Es gibt nicht zwei
Forscher, die in ihren wissenschaftlichen Ansichten völlig überein-
stimmen. 3. Ich glaube nicht, daß sich außer ihm noch jemand findet,
der dieses Thema mit so großer Sachkenntnis behandeln kann. 4. Ich
sah keinen Grund, der mich veranlassen konnte, meine ursprünglichen
Pläne aufzugeben. 5. Er ist nicht der Mann, der sich nicht genau überlegt, was er sagt. 6. Bei der Kontrolle fand sich auch nicht ein Stück,
an dem nichts zu beanstanden war. 7. Er machte Vorschläge über
Vorschläge; es gab keinen, der nicht abgelehnt wurde. 8. Es gab im
ganzen Haus kein Zimmer, in dem wir den Schrank aufstellen konnten. 9. Im Landkreis Scheinfeld findet sich kein Flußname, der nicht
aus dem Germanischen zu erklären ist. 10. Nirgends trafen wir einen
Menschen, den wir fragen konnten. 11. Es gab in der ganzen Welt
vielleicht ein halbes Dutzend Männer, die einen solchen Plan in die
Tat umsetzen konnten. 12. Es gibt kaum noch einen Punkt der Erde,

der nicht über Arrangements aus einem unserer Reisebüros zu erreichen ist. 13. Bei diesem Unternehmen gab es kaum einen Fehler, der
nicht gemacht wurde. 14. Es gibt noch immer nicht genug Fachleute,
denen man diese Aufgabe anvertrauen kann. 15. Ich kenne nur wenig
Leute, die für diesen Posten in Frage kommen. 16. Uns fiel niemand
auf, der beunruhigt war. 17. Da war auch niemand, mit dem er das
besprechen konnte. 18. Es war keiner da, der sich bereit fand, diese
Aufgabe zu übernehmen. 19. Wir fanden nichts, was wir ihr zum Geburtstag schenken konnten. 20. Er ist der einzige bei uns, der dazu in
der Lage ist. 21. Man hätte sich keine Beschäftigung denken können,
die sinnloser war als diese. 22. Er gehört nicht zu denen, die so etwas
zum Spaß sagen.

Redeerwähnung
(SD 3, 384 ff.)

Bei jeder Redeerwähnung ist mit zwei Sprechsituationen zu rechnen:

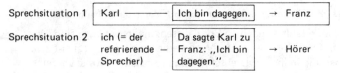

Sprechsituation 1   ursprünglicher   ursprüngliche   →   ursprünglicher
                   Sprecher   — Rede   Hörer

Sprechsituation 2   referierender
                   Sprecher   — Redeerwähnung → Hörer

In der Sprechsituation 2 berichtet der referierende Sprecher seinem Hörer über
eine Sprechsituation 1; Beispiel:

Sprechsituation 1   Karl ——————— Ich bin dagegen.   → Franz

Sprechsituation 2   ich (= der   Da sagte Karl zu
                   referierende —   Franz: ,,Ich bin   → Hörer
                   Sprecher)   dagegen.''

Zwischen Sprecher/Hörer der Sprechsituation 2 und Sprecher/Hörer der
Sprechsituation 1 können Identitäten bestehen, z.B.:

referierender Sprecher   =   ursprünglicher Sprecher
Ich habe *damals schon* gesagt: ,,Das geht schief.''

Hörer der Sprechsituation 2   =   ursprünglicher Sprecher
Du hast *damals* gleich gesagt: ,,Das geht schief.''

Bei der Redeerwähnung kann der referierende Sprecher zwischen zwei verschiedenen Verfahrensweisen wählen:

I. *direkte Rede*
    Die ursprüngliche Rede wird wörtlich angeführt, sie steht zwischen An-
    führungszeichen:
    Da sagte Karl zu Franz: ,,*Ich bin dagegen.*''

II. *indirekte Rede*

Da sagte Karl zu Franz, $\left\{ \begin{array}{l} \textit{er sei dagegen.} \\ \textit{daß er dagegen sei.} \end{array} \right.$

Die indirekte Rede unterscheidet sich von der direkten Rede durch die folgenden Merkmale:

1. Pronomen werden aus der Sicht des referierenden Sprechers gewählt:

Karl sagte: ,,*Ich* habe *mein* Portemonnaie verloren.''

Karl sagte, *er* habe *sein* Portemonnaie verloren.

Karl, der ursprüngliche Sprecher, sagt von sich selbst: ,,*Ich* habe *mein* Portemonnaie verloren.'' Der referierende Sprecher dagegen spricht von Karl: *Er, Karl,* hat *sein* Portemonnaie verloren.

2. In einigen Fällen ist auch die räumliche oder zeitliche Perspektive zu ändern:

Karl schreibt aus Hamburg: ,,Das Buch ist in der *hiesigen* Stadtbibliothek nicht vorhanden.''

(Ich in München:) Karl schreibt aus Hamburg, das Buch sei in der *dortigen* (Hamburger) Stadtbibliothek nicht vorhanden.

Karl schreibt am 10. Juli aus Hamburg: ,,*Gestern* bin ich nach Helgoland gefahren.''

(Ich in München, nach Empfang des Briefes:) Karl schreibt aus Hamburg, er sei *neulich* (am 9. Juli) nach Helgoland gefahren.

3. In der indirekten Rede muß der Konjunktiv I (ersatzweise der Konjunktiv II) verwendet werden können:

Karl schreibt: ,,Ich *freue mich* auf Deinen Besuch.''

Karl schreibt, er *freue sich* auf meinen Besuch.

Karl schreibt: ,,Meine Eltern und ich *freuen uns* auf Deinen Besuch.''

Karl schreibt, seine Eltern und er *freuten sich* auf meinen Besuch.

219 T   Unterstreiche in dem folgenden Text alle Konjunktiv I-Formen.

. . .; [der junge Mann] ärgerte sich, den Tunnel vorher so wenig beachtet zu haben, dauerte er doch nun schon eine Viertelstunde und mußte, wenn die Geschwindigkeit eingerechnet wurde, mit welcher der Zug fuhr, ein bedeutender Tunnel sein, einer der längsten in der Schweiz. Es war daher wahrscheinlich, daß er einen falschen Zug genommen hatte, . . . Er fragte deshalb den dicken Schachspieler, ob der Zug nach Zürich fahre, was der bestätigte. Er wüßte gar nicht, daß an dieser Stelle der Strecke ein so langer Tunnel sei, sagte der junge Mann, doch der Schachspieler antwortete, etwas ärgerlich, da er in irgendeiner schwierigen Überlegung zum zweiten Mal unterbrochen wurde, in der Schweiz gebe es eben viele Tunnel, außerordentlich viele, er reise zwar zum ersten Mal in diesem Lande, doch falle

dies sofort auf, auch habe er in einem statistischen Jahrbuch gelesen,
daß kein Land so viele Tunnel wie die Schweiz besitze. Er müsse sich
nun entschuldigen, wirklich, es tue ihm schrecklich leid, da er sich
mit einem wichtigen Problem der Nimzowitsch-Verteidigung beschäftige und nicht mehr abgelenkt werden dürfe. Der Schachspieler hatte
höflich, aber bestimmt geantwortet; . . .
(Friedrich Dürrenmatt, Der Tunnel)

In diesem Text werden in der indirekten Rede durchgehend Konjunktiv I-Formen verwendet. Ausnahme: *Er wüßte gar nicht*, . . . statt: *Er wisse gar nicht*, . . .

Die Sprechsituation 1 ist hier eine fiktive Situation in einem Eisenbahnabteil,
die Friedrich Dürrenmatt seinen Lesern schildert (Sprechsituation 2).
Vergleiche die Tempusform in der direkten und in der indirekten Rede.

Der ursprüngliche Sprecher bezieht sich auf etwas Vergangenes:

Perfekt: Er sagte: ,,Ich *habe* Herrn Müller am 2. Januar zum letzten Mal *gesehen*.''	Er sagte, er *habe* Herrn Müller am 2. Januar zum letzten Mal *gesehen*.
Präteritum: Er sagte: ,,Ich *hatte* keine Be- denken.''	Er sagte, er *habe* keine Bedenken *gehabt*.
Er sagte: ,,Ich *war* von Anfang an dagegen.''	Er sagte, er *sei* von Anfang an dagegen *gewesen*.
In dem Brief heißt es: ,,Der Vertrag *wurde* am 2. Januar *unterschrieben*.''	In dem Brief heißt es, der Vertrag *sei* am 2. Januar *unterschrieben worden*.
Plusquamperfekt: Der Schaffner trat ins Abteil und fragte: ,,*War* hier noch jemand *zugestiegen?*''	Der Schaffner trat ins Abteil und fragte, ob noch jemand *zugestiegen sei*.
Präsens: Karl konnte über den Hergang des Unfalls nicht mehr sagen als dies: ,,Plötzlich hörte ich einen Knall. Und wie ich wieder zu mir *komme, liege* ich in einem Krankenhaus- bett . . .''	Karl konnte über den Hergang des Unfalls nicht mehr sagen als dies: Plötzlich habe er einen Knall gehört. Und wie er wieder zu sich *gekommen sei, habe* er in einem Krankenhausbett *gelegen* . . .

Bezieht sich der ursprüngliche Sprecher auf etwas Vergangenes, so können in
der indirekten Rede nur zusammengesetzte Konjunktiv-Formen verwendet
werden:

Aktiv	Er *habe* / sie *hätten* das nicht *gewußt*. Er *sei* / sie *seien* zu spät *gekommen*.
Passiv	Er *sei* / sie *seien* noch am selben Tag *operiert worden*.
Zustand	Der Rolladen *sei* / die Rolläden *seien herabgelassen gewesen*.

220 Ü Lies den folgenden Bericht eines Flugkapitäns der Schweizer Flug-
gesellschaft „Swissair".

„Kurz nachdem ich die vierstrahlige ‚DC-8' um 7.45 Uhr in Zürich-
Kloten gestartet und Kurs nach Norden genommen hatte, stellte ich
im Luftraum über Singen (Kreis Konstanz) einen Brand in einem der
Düsentriebwerke fest. Ich verständigte sofort den Flughafen in Kloten, der uns zurückbeorderte. Das Feuer in dem inzwischen abgestellten Triebwerk wurde durch die eingebaute Löschanlage bekämpft.
Durch den Ausfall des Triebwerks verlor die Maschine jedoch ständig
an Höhe. Die Passagiere wurden von mir aufgefordert, Ruhe zu bewahren. Es gelang mir, die Maschine heil herunterzubringen. Die inzwischen alarmierte Flughafenfeuerwehr konnte das in Brand geratene Triebwerk in kürzester Zeit löschen. Schon wenig später wurden
die Passagiere, die sich sehr diszipliniert verhalten hatten, mit einer
‚Coronado' nach Düsseldorf geflogen. Techniker haben inzwischen
festgestellt, daß der Brand im Triebwerk durch ein durchgebranntes
Ventil ausgelöst wurde."
(Nach „Abendzeitung" vom 10. April 1974: Flugzeug brannte über
Bodensee)

Übernimm die Rolle eines Journalisten, der den Bericht des Flugkapitäns in
indirekter Rede wiedergibt.
Du könntest etwa so beginnen:
Bange Minuten durchlebten die 60 Passagiere einer „DC-8" der Schweizer Flug-
gesellschaft „Swissair" auf dem Flug 510 Zürich-Düsseldorf am Dienstagmor-
gen. Flugkapitän Gründli, der Pilot der Maschine, schildert die Vorgänge vor
Journalisten im „Swissair"-Büro in Kloten: Kurz nachdem er . . .

Der ursprüngliche Sprecher bezieht sich auf etwas, was in dem Zeitpunkt, in
dem er spricht, nicht vergangen ist:

Präsens: Er sagte: „Ich *bin* damit einver- standen."	Er sagte, er *sei* damit einverstanden.
Präteritum: Der Kellner fragte: „Wer von den Herrschaften *bekam* die Gulasch- suppe?" (Diese Frage betrifft die Gegenwart!)	Der Kellner fragte, wer von uns die Gulaschsuppe *bekomme*.

Liegt in der direkten Rede kein Vergangenheitsbezug vor, so werden in der
entsprechenden indirekten Rede einfache Konjunktiv I/II-Formen verwendet.
[zu Futur-Formen (*er werde kommen*) → 224 Ü]

In geschriebenen Texten — besonders in Nachrichten-Texten, die im Rundfunk
verlesen werden, und in Zeitungsmeldungen — kann man den Konjunktiv I als
den Normalmodus der indirekten Rede betrachten.

Allerdings können nur *in der 3. Person Singular* von allen deutschen Verben eindeutige Konjunktiv I-Formen gebildet werden. Die Endung in der 3. Person Singular ist *e*, der Stamm des Verbs ist identisch mit dem des Infinitivs: (SD 3, 433 ff.; DG, 253 ff.)

Infinitiv	3. Person Singular (Indikativ)	3. Person Singular (Konjunktiv I)
sag/en	er sag/t	er sag/e
hab/en	er hat	er hab/e
wart/en	er wart/et	er wart/e
verbesser/n	er verbesser/t	er verbesser/e
handel/n	er handel/t	er hand*l*/e
wiss/en	er weiß	er wiss/e
dürf/en	er darf	er dürf/e
könn/en	er kann	er könn/e
mög/en	er mag	er mög/e
müss/en	er muß	er müss/e
woll/en	er will	er woll/e
geb/en	er gib/t	er geb/e
werd/en	er wird	er werd/e
fahr/en	er fähr/t	er fahr/e
lauf/en	er läuf/t	er lauf/e
verstoß/en	er verstöß/t	er verstoß/e

In der 3. Person Plural dagegen können im heutigen Deutsch keine vom Indikativ unterschiedenen Konjunktiv I-Formen mehr gebildet werden; daher weicht man hier regelmäßig auf Konjunktiv II-Formen aus, z.B.:

Infinitiv	Singular Konjunktiv I	Plural Konjunktiv II
haben	er habe	sie hätten
wissen	er wisse	sie wüßten
können	er könne	sie könnten
müssen	er müsse	sie müßten
werden	er werde	sie würden

Diese Regel gilt auch für die Hilfsverben in den zusammengesetzten Verbformen:

Singular	Plural
er *habe* gelesen	sie *hätten* gelesen
er *werde* kommen	sie *würden* kommen
er *werde* benach-richtigt	sie *würden* benachrichtigt

Das einzige deutsche Verb, von dem eine eindeutige Konjunktiv I-Form in der 3. Person Plural gebildet werden kann, ist das Verb *sein:*

Infinitiv	Singular Konjunktiv I	Plural Konjunktiv I
sein	er *sei*	sie *seien*

In zusammengesetzten Verbformen:

Singular	Plural
er *sei* gekommen	sie *seien* gekommen
er *sei* benachrichtigt worden	sie *seien* benachrichtigt worden

221 T Beachte die Verteilung der Konjunktiv I- und der Konjunktiv II-Formen auf die 3. Person Singular und die 3. Person Plural. Unterstreiche alle Konjunktiv I/II-Formen.

1. Demgegenüber bemängelten die Befragten, das Service-Netz sei nicht eng genug geknüpft. Viele Werkstätten, besonders kleinere, seien oft technisch nicht besonders gut ausgerüstet und mitunter auch personell unbefriedigend besetzt. Es fehle vielfach an Ersatzteilen, die sich offensichtlich nicht immer rasch beschaffen ließen. (Der Spiegel 49/1969)

2. In Jerusalem betonten am Sonntag amtliche Stellen, man glaube nicht an eine Annäherung der Standpunkte bei den Vierer-Gesprächen; der Regierung lägen gegenteilige Informationen vor. (Die Welt 12.1.1970)

3. Der Tertianer Gruhl erzählte, er habe die beiden zusammen den Schlafsaal betreten sehen, und es müsse spät gewesen sein; die Bettnachbarn hätten jedenfalls fest geschlafen. (Kästner für Erwachsene)

222 Ü Setze die Konjunktiv I/II-Form der in Klammern angegebenen Verben ein.

1. Intendant Werner Hess vom Hessischen Rundfunk erläuterte gestern in der „Welt", der Vorschlag (stammen) . . . . von ihm, und er (halten) . . . . ihn für vernünftig. 2. EG-Stellen in Brüssel haben gestern Berichte dementiert, wonach die Sowjetunion verbilligtes Rindfleisch aus EG-Beständen (beziehen) . . . . . 3. Regierungssprecher Klaus Bölling sagte dazu am Freitagabend, die Bundesregierung (se-

hen) .... in den gegenwärtigen Vorgängen im Berlin-Verkehr noch keine Krisensymptome. 4. In Gesprächen mit der „Süddeutschen Zeitung" erklärten führende Vertreter des holländischen Katholizismus, sie (sehen) .... keinen Anlaß für eine Abspaltung von Rom. 5. 82 % der Firmenchefs gaben unumwunden zu, sie (gründen) .... ihre Filialen in erster Linie zur Sicherung der Marktstellung. 6. Ein Lastwagenfahrer, der mit einer Ladung Wurst unterwegs war, berichtete, er (sein) .... in Drewitz sehr genau kontrolliert worden. Die DDR-Grenzpolizisten (haben) .... den Verdacht geäußert, er (fahren) .... verbotene Ladung. 7. Dem Kabinett in London warf der Politiker vor, es (haben) .... zugelassen, daß Fallschirmjäger in Londonderry auf unbewaffnete Zivilisten geschossen (haben) .... .
8. In einem Kommentar hieß es, bei dem Abkommen (gehen) .... es um Regelungen, die den Lebensinteressen der europäischen Völker (entsprechen) .... und daher für alle von Nutzen (sein) .... .
9. Der Minister versuchte, seinen Landsleuten klarzumachen, jeder einzelne (müssen) .... rigoros sparen; so (können) .... alle ihren Beitrag zur Währungsstabilität leisten. 10. Viele der befragten Fahrer hoben hervor, der Wagen (bieten) .... mehr Platz, als man ihm von außen (ansehen) .... . Er (lassen) .... sich bequem lenken, und sein Fahrkomfort (tragen) .... dazu bei, daß seine Benutzer auch auf langen Reisestrecken frisch und munter (bleiben) .... . 11. Worauf Glück freudig erwiderte, sie (sein) .... beide Konservatoriumsschüler und sogar in derselben Klasse, (haben) .... auch die meisten Fächer gemeinsam, nur (haben) .... Gustel sich vorzüglich auf das Komponieren geworfen, während er Klaviervirtuose werden (wollen) .... und Kompositionslehre nur nebenbei (studieren) .... . 12. Inzwischen waren die Hausbewohner vernommen worden, von denen der größere Teil mehr oder weniger gar nichts über Katharina Blum aussagen konnte; man (haben) .... sich gelegentlich im Aufzug getroffen, sich gegrüßt, (wissen) .... , daß ihr der rote Volkswagen (gehören) .... , man (haben) .... sie für eine Chefsekretärin gehalten, andere für eine Abteilungsleiterin in einem Warenhaus, sie (sein) .... immer adrett, freundlich, wenn auch kühl gewesen.

Verteilung von Konjunktiv I/II auf die 1. (ich/wir), die 2. (du/ihr) und die 3. Person (er/es/sie · sie). Da es hier um die Form von Konjunktiv I/II geht, wollen wir auch die Anredeform mit Sie zur 3. Person rechnen:

Man hat mir gesagt, $\left\{\begin{array}{l}\textit{Sie hätten} \text{ angerufen.} \\ \textit{du hättest} \text{ angerufen.}\end{array}\right\}$

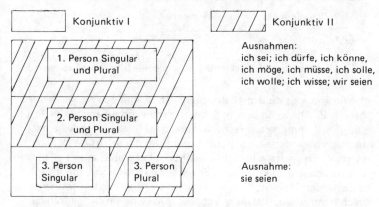

Die obige Verteilung spiegelt in etwa die Verhältnisse in geschriebenen Texten der heutigen deutschen Standardsprache wider.

Beispiele zur 1. Person:

Er hat mir vorgeworfen, ich *hätte mich* nicht genügend um diese Angelegenheit *gekümmert.*

Er sagte mir, ich *müsse* das doch verstehen.
Ich wollte natürlich nicht zugeben, daß ich das nicht *wisse.*

Beispiele zur 2. Person:

Du hast doch gesagt, du *hättest* alles schon *erledigt.*
Ich habe gehört, ihr *wärt* gestern im Kino *gewesen.*

In der 2. Person überwiegen die Konjunktiv II-Formen bei weitem, obwohl hier eindeutige Konjunktiv I-Formen gebildet werden könnten.

Beispiele zur 3. Person: → 221 T

In informellen Gesprächen und Unterhaltungen herrschen in der indirekten Rede Konjunktiv II- und Indikativ-Formen vor:

... — und er hat zu mir gesagt, er *wär* schon Meister geworden, ...
(Gerhard Aberle, Stehkneipen, Gespräche an der Theke)

„... Sie hat gesagt, ich *bin* ein Feigling!"
(Johannes Mario Simmel, Ich gestehe alles)

Indikativ-Formen in der indirekten Rede sind auch in der geschriebenen deutschen Standardsprache nicht selten; allerdings kommen sie vorwiegend in indirekten Reden vor, die durch *daß* oder ein Fragewort eingeleitet sind:

Mein Freund, der Staatsanwalt, meldete, *daß* die Schlußverhandlung (mit Urteilsspruch) auf Dienstag in acht Tagen *angesetzt ist.*
(Max Frisch, Stiller)

Er stellt sich vor und will wissen, *wie* man *heißt, wieviel* Kinder man *hat,*
vor allem Söhne; . . .
(Max Frisch, Homo faber)

223 Ü Verwandle die direkte Rede bzw. die Infinitivkonstruktion in indirekte Rede.

1. Wie konntest du denn behaupten, den Mann noch nie gesehen zu
haben? 2. Als wir an seinem Schrebergarten vorbeikamen, rief er uns
zu: „Ihr kommt gerade recht. Ich brauche Hilfe." 3. Ich lasse mir
nicht gern vorwerfen, mich nicht genug um meine Arbeit zu kümmern. 4. Erst gestern hast du wieder damit geprahlt, es mit allen von
uns aufnehmen zu können. 5. Er hat mich beschuldigt, ihn im entscheidenden Moment im Stich gelassen zu haben. 6. Ich erinnere
mich noch genau, daß du gesagt hast: „Ich will mit der ganzen Geschichte nichts mehr zu tun haben." 7. Ihr habt uns doch immer wieder versichert, an einer Zusammenarbeit mit uns interessiert zu sein.
8. Erst hast du behauptet, krank zu sein, und jetzt kommst du mit
dem Vorwand, eine Dienstreise machen zu müssen. 9. Ich gab vor,
dringender Geschäfte halber nach Kopenhagen fliegen zu müssen.
10. Da hast du's wieder! Du stehst eben in dem Ruf, ein gutmütiger
Mensch zu sein. 11. Ich habe nie behauptet, die Arbeit allein schaffen zu können. 12. Da fährt uns der Anschlußzug direkt vor der Nase
weg. Und dabei hat uns der dicke Schaffner mindestens dreimal gesagt: „Sie brauchen sich keine Sorgen zu machen, den Anschlußzug
kriegen Sie auf jeden Fall." 13. Er hat mir vorgehalten, ihm seinen
ganzen schönen Plan vermasselt zu haben. 14. Wenn du noch mal behauptest: „Ich bin Fachmann auf diesem Gebiet", dann lache ich nur
noch. 15. Es vergeht kaum ein Tag, an dem wir nicht von irgendjemand gesagt bekämen: „Wir müssen uns darauf einstellen, daß der
Automation die Zukunft gehört. Wir befinden uns im Übergang zur
automatisierten Gesellschaft."

Zur indirekten Rede nach Verben des Versprechens und Ankündigens:

Er versprach: „Ich *kümmere mich* um diese Angelegenheit."
Er sicherte zu: „Ich *gewähre* Ihnen nochmals Zahlungsaufschub."

In Sätzen dieser Art verspricht der ursprüngliche Sprecher, daß er — in der Zukunft — etwas tun will oder wird.
In der indirekten Rede wird der Zukunftsbezug in aller Regel deutlich gekennzeichnet:

Er versprach, er *werde sich* um diese Angelegenheit *kümmern.*
Er sicherte zu, er *werde* uns nochmals Zahlungsaufschub *gewähren.*

Demgegenüber kann in Infinitiv-Konstruktionen das Merkmal „auf die Zukunft bezogen" nicht zum Ausdruck gebracht werden:

Er versprach, *sich* um die Angelegenheit *zu kümmern.*

Er sicherte zu, uns nochmals Zahlungsaufschub *zu gewähren.*

224 Ü Ersetze die folgenden Infinitivkonstruktionen durch indirekte Reden.

1. Er hatte uns fest versprochen, sich energisch für unsere Interessen einzusetzen. 2. Er hatte mir zugesagt, mein Gehalt mit Wirkung vom 1. Februar um 10 % zu erhöhen. 3. Er gab mir sein Wort, mich nie im Stich zu lassen. 4. Er machte mir die Zusage, mich bei der ersten sich bietenden Gelegenheit ins Ausland zu versetzen. 5. Das Ministerium stellte in Aussicht, für Forschungen auf dem Gebiet des Umweltschutzes noch im Haushaltsjahr 1974 einen namhaften Betrag zu bewilligen. 6. Er versicherte, seinen ganzen Einfluß geltend zu machen, um eine für uns befriedigende Lösung zu erreichen. 7. Er hatte mir in die Hand versprochen, über unser Gespräch strengstes Stillschweigen zu bewahren. 8. Er hat sein Versprechen, die Angelegenheit vertraulich zu behandeln, leider nicht eingehalten. 9. Er gelobte, sich zu bessern. 10. Er schwor an ihrem Sterbebett, sich ihrer Kinder anzunehmen. 11. Die Firma sicherte uns zu, die Reparaturen schnell und preisgünstig auszuführen. 12. Bei den Koalitionsverhandlungen gab die SPD ihrem Koalitionspartner die Zusicherung, ihm die Besetzung von vier Ministerposten zu überlassen. 13. Die arabischen Regierungen drohten, ihr Ölembargo vorläufig aufrechtzuerhalten. 14. Die Lebensmittelhändler hielten ihre Läden auch nach 18.30 Uhr geöffnet und kündigten an, gegen die Verfügung des Magistrats durch alle Instanzen anzukämpfen. 15. Du hast mir doch versprochen, mir das Buch bis zum Wochenende zu besorgen. 16. Ihr hattet doch versprochen, das für uns zu erledigen.

Die Wiedergabe von Aufforderungen in der indirekten Rede:

Aufforderungen können auf sehr verschiedene Weise ausgedrückt werden; davon soll die folgende Zusammenstellung eine Vorstellung geben. In der indirekten Rede entsprechen diesen verschiedenen Ausdrucksmitteln Modalverbgefüge mit *sollen, müssen, nicht dürfen, mögen* und Gefüge aus *sein/haben* + Infinitiv mit *zu.*

1. Imperativ

Er sagte: „Besuch mich doch mal in meiner neuen Wohnung!"	Er sagte, ich *solle* ihn doch mal in seiner neuen Wohnung *besuchen.*
Er sagte: „Lassen Sie sich das noch einmal sehr genau durch den Kopf gehen."	Er sagte, ich *möge* mir das noch einmal sehr genau durch den Kopf gehen *lassen.*
Er meinte: „Laßt euch durch diese Versprechungen nicht irreführen."	Er meinte, wir *sollten/dürften* uns durch diese Versprechungen *nicht* irreführen *lassen.*

2. Infinitiv

Auf dem Erläuterungsblatt steht: „Anträge bitte beim zuständigen Finanzamt einreichen."	Auf dem Erläuterungsblatt steht, die Anträge *seien* beim zuständigen Finanzamt *einzureichen*.

3. Partizip II

Er rief: „Alle mal hergehört!"	Er rief, wir *sollten* alle mal *herhören*.

4. *daß*-Satz

Er rief mir nach: „Daß du mir das ja nicht vergißt!"	Er rief mir nach, ich *solle* das ja *nicht vergessen*.

5. *wenn*-Satz → 203 Ü

Er sagte: „Wenn Sie bitte im Nebenzimmer Platz nehmen würden."	Er sagte, ich *möchte* im Nebenzimmer *Platz nehmen*.

6. Satz, der die Form eines Fragesatzes hat → 204 Ü

Er sagte: „Bringst du mir bitte mal den Schraubenzieher."	Er sagte, ich *möchte* ihm den Schraubenzieher *bringen*.
Er sagte: „Würden Sie bitte im Nebenzimmer Platz nehmen."	Er sagte, ich *möchte* im Nebenzimmer *Platz nehmen*.

7. Satz, der die Form eines Aussagesatzes hat

Er sagte barsch: „Du machst jetzt erst deine Aufgaben."	Ich *hätte* jetzt erst meine Aufgaben *zu machen*, sagte er barsch.
Er sagte: „Du wirst dich sofort bei der Dame entschuldigen."	Er sagte, ich *hätte mich* sofort bei der Dame *zu entschuldigen* / ich *müsse mich* sofort bei der Dame *entschuldigen*.

8. Kurzsätze ohne Verb

„Weg hier!" schrie er.	Wir *sollten* aus dem Weg *gehen*, schrie er.

225 Ü Gib die folgenden Sätze in indirekter Rede wieder; leite die indirekte Rede mit *er sagte (mir)* ein.

1. Vergiß bitte nicht, daß von der Sache viel abhängt! 2. Daß Sie das ja niemandem weitererzählen! 3. Aber niemandem weitersagen! 4. Hüten Sie sich, daraus voreilige Schlüsse zu ziehen! 5. Nicht nervös werden! 6. Aufgepaßt, mein Lieber! Das kann schiefgehen. 7. Rufen Sie mich morgen noch einmal an, und geben Sie mir Bescheid, wie die Tabletten gewirkt haben. 8. Würden Sie mir das bitte etwas genauer erläutern. 9. Bitte tief einatmen und die Luft anhalten! 10. Wenn du mich bitte bei der nächsten Sitzung noch mal daran erinnern würdest. 11. Brieftasche her! 12. Nicht übertreiben! So schlimm ist es nun auch wieder nicht. 13. Du gehst jetzt sofort zu ihm und gibst ihm das

Geld zurück! 14. Lassen Sie sich das noch einmal durch den Kopf gehen. 15. Nicht so nah ran! Der Hund ist bissig. 16. Licht aus! Jetzt
wird nicht mehr gelesen. 17. Sie übernehmen es, den Termin den anderen mitzuteilen. 18. Kommen Sie doch mal wieder zu mir zum
Schachspielen! 19. Lassen Sie ja die Finger davon! 20. Daß Sie das ja
für sich behalten!

Die Wiedergabe von Fragen in der indirekten Rede:

Entscheidungsfragen (Antwort: *ja/nein*) Er fragte mich: ,,Kommst du auch mit?''	Er fragte mich, *ob* ich auch *mitkäme*.
Ergänzungsfragen (eingeleitet durch ein Fragewort) Er fragte den Aufsichtsbeamten: ,,*Wann* fährt der nächste Zug nach Heidelberg?''	Er fragte den Aufsichtsbeamten, *wann* der nächste Zug nach Heidelberg *fahre*.

226 Ü   Gib die folgenden Fragen in indirekter Rede wieder. Leite die indirekte Rede durch *er fragte (mich)*, *er fragte (bei mir) an* oder *er
wollte (von mir) wissen* ein.

1. Bis wann können Sie das erledigen? 2. Haben Sie sich das auch genau überlegt? 3. Hat es irgendwelche Schwierigkeiten gegeben?
4. Seit wann wohnen Müllers in Hamburg? 5. Wissen Sie Näheres darüber? 6. Ist Ihnen der Termin recht? 7. Wie lange hat der Zug in
Würzburg Aufenthalt? 8. Sind die Briefe schon getippt? 9. Welchen
Betrag für Portokosten soll ich in die Kalkulation einsetzen?
10. Kann ich mit Ihrer Unterstützung rechnen? 11. Worüber hat sich
Herr Müller eigentlich so geärgert? 12. Warum sind Sie gestern so früh
weggegangen? 13. Wie gefällt es Ihnen denn in Mannheim? 14. Muß
ich das denn unbedingt noch diese Woche erledigen? 15. Was halten
Sie denn von der Sache?

Nach dem Verfahren der indirekten Rede können auch Inhalte von Gedanken-
abläufen, Meinungen, Befürchtungen usw. wiedergegeben werden:

227 T   Unterstreiche in den folgenden Beispielen die Ausdrücke, die auf Gedanken, Meinungen, Vorstellungen usw. hinweisen.

1. Westnigerianische Kakao-Farmer schalten ihr Radio nicht ab, wenn
   sie ihre Hütte zur Arbeit verlassen. Grund: Diebe nehmen dann an,
   es sei jemand im Haus.
   (Der Spiegel 53/1969)

2. Bis sich endlich unser Buchhalter in seinem Stübchen so weit beruhigt hatte, daß ihm einfiel, er habe nun eigentlich Geld genug erspart, müsse, bei Licht betrachtet, überhaupt nicht mehr arbeiten ...
(Max Brod, August Nachreiters Attentat)

3. ..., und Bärlach trank. Es tat ihm gut, wenn er auch dachte, es sei wieder gegen jede Medizin.
(Friedrich Dürrenmatt, Der Verdacht)

4. Das ist doch ganz klar, daß die sich nach einer gewissen Zeit einbildeten, sie seien etwas Besseres.
(Der Spiegel 5/1970)

5. Und einmal, vor langer Zeit, hatte ich sogar gefürchtet, daß es [mein Kind] sich nicht zurechtfinden werde.
(Ingeborg Bachmann, Alles)

6. Cortes fühlte sofort, daß er einen seiner tüchtigsten Offiziere vor sich habe.
(Eduard Stucken, Die Eroberer)

7. Er hatte die Nachricht angehört, äußerlich gefaßt, in seinem Innern aber bange spürend, daß ihm da etwas Dunkles, Undurchsichtiges und Gefährliches bevorstehe.
(Ernst Schnabel, Hundert Stunden vor Bangkok)

8. Da begriff der Knabe, daß er es mit Edelleuten zu tun gehabt habe, und verstummte ...
(Thomas Mann, Ein Glück)

Der Infinitivkonstruktion in
Er hatte Angst, *mißverstanden zu werden.*

entspricht in der indirekten Rede

Er hatte Angst, *er könne mißverstanden werden.*

In der indirekten Rede wird also deutlich gemacht, daß jemand Angst vor einem *möglichen* Ereignis hatte.

228 Ü   Ersetze die folgenden Infinitivkonstruktionen durch indirekte Reden.

1. Er lebte in der ständigen Furcht, sich eine Blöße zu geben. 2. Er schob die Unterzeichnung des Vertrages immer wieder hinaus, weil er fürchtete, in eine Falle zu geraten. 3. Wenn er in die Stadt mußte, schlich er durch Nebengäßchen, weil er befürchtete, einem Bekannten zu begegnen. 4. Er hatte Angst, eines Tages die Kontrolle über den aufgeblähten Verwaltungsapparat zu verlieren. 5. Aus Angst,

beim Zweikampf der beiden großen Parteien ins Hintertreffen zu geraten, haben die kleinen Parteien Kontrastprogramme ausgearbeitet, um sich stärker gegenüber Sozial- und Christdemokraten zu profilieren. 6. Er las Tag und Nacht wissenschaftliche Veröffentlichungen aus Furcht, den Überblick über die Entwicklung in seinem Fachgebiet zu verlieren. 7. Von da an verweigerte er jegliches Interview aus Sorge, seinen Gegnern Argumente für neue Angriffe zu liefern. 8. Von der Sorge getrieben, politisch den Anschluß zu verpassen, kehrte er schon bald wieder in die Hauptstadt des Landes zurück. 9. Ihn quälte die Vorstellung, eines Tages in Vergessenheit zu geraten.

Zwischen Modalverbgefügen aus *sollen* + Infinitiv bzw. *wollen* + Infinitiv und der indirekten Rede bestehen enge Beziehungen:

Es heißt, er sei schon wieder abgereist.
Er *soll* schon wieder *abgereist sein.*

Er behauptet, er habe das Schriftstück nie gesehen.
Er *will* das Schriftstück nie *gesehen haben.*

229 Ü   Drücke den Inhalt der folgenden Sätze durch Modalverbgefüge mit *sollen* bzw. *wollen* aus.

1. Man erzählt sich, er habe seine Laufbahn als Goldsucher in Alaska begonnen. 2. Er behauptet steif und fest, er habe noch nie etwas von diesen Plänen gehört. 3. Er gibt an, er habe das Geld geschenkt bekommen. 4. Man munkelt, es sei zu heftigen Auseinandersetzungen innerhalb der Fraktion gekommen. 5. Jetzt kommt er mit der Ausrede, er habe den Termin zu spät erfahren. 6. Es geht das Gerücht, er habe zum dritten Mal geheiratet. 7. Er beteuert, er habe die Akte sofort weitergegeben. 8. Es heißt, das Unternehmen sei wieder abgeblasen worden. 9. Von diesen Transaktionen sei er erst gestern unterrichtet worden, so jedenfalls stellt er es jetzt hin. 10. In den Wandelgängen des Parlaments ist zu hören, drei Abgeordnete der CDU hätten für den SPD-Antrag gestimmt.

Zur Infinitivkonstruktion
(SD 3, 264 ff.)

An viele Verben kann alternativ eine indirekte Rede oder eine Infinitivkonstruktion angeschlossen werden; das zeigt die folgende Tabelle.

1. Das (nicht ausgedrückte) Subjekt des Infinitivs ist identisch mit der im Subjekt des Gesamtsatzes genannten Person:

Er glaubte, *er* sei im Recht.   *Er* glaubte, im Recht zu sein.
Er handelte in dem Glauben,   *Er* handelte in dem Glauben,
er tue ein gutes Werk.   ein gutes Werk zu tun.
Er war überzeugt, daß *er*   *Er* war überzeugt, richtig
richtig gehandelt habe.   gehandelt zu haben.

2. Das (nicht ausgedrückte) Subjekt des Infinitivs ist identisch mit der im Akkusativobjekt des Gesamtsatzes genannten Person:

Er bat *mich, ich* möchte einen   Er bat *mich*, einen Augenblick zu
Augenblick warten.   warten.

Das brachte *ihn* auf die Idee, *er*   Das brachte *ihn* auf die Idee, sein
könne sein Buch dem Duden-   Buch dem Dudenverlag anzubieten.
verlag anbieten.

3. Das (nicht ausgedrückte) Subjekt des Infinitivs ist identisch mit der im Dativobjekt des Gesamtsatzes genannten Person:

Er riet *mir, ich* solle auf meiner   Er riet *mir,* auf meiner Forderung zu
Forderung bestehen.   bestehen.

Er gab *ihm* den Rat, *er* solle nicht   Er gab *ihm* den Rat, nicht nachzu-
nachgeben.   geben.

Ihm war bewußt, daß *er* eine   *Ihm* war bewußt, eine sehr schwierige
sehr schwierige Aufgabe über-   Aufgabe übernommen zu haben.
nommen habe.

4. Das (nicht ausgedrückte) Subjekt des Infinitivs ist identisch mit der im Präpositionalobjekt des Gesamtsatzes genannten Person:

Er appellierte *an uns, wir* sollten   Er appellierte *an uns,* ihn nicht im
ihn nicht im Stich lassen.   Stich zu lassen.

Er richtete *an uns* die Bitte, *wir*   Er richtete *an uns* die Bitte, sein Vor-
möchten sein Vorhaben unter-   haben zu unterstützen.
stützen.

5. Das (nicht ausgedrückte) Subjekt des Infinitivs ist identisch mit der im Attribut eines Substantivs genannten Person:

Die Aussage *des Buchhalters*, *er*   Die Aussage *des Buchhalters*, von
habe von dieser Transaktion nichts   dieser Transaktion nichts gewußt zu
gewußt, entbehrt jeglicher Wahr-   haben, entbehrt jeglicher Wahrscheinlichkeit.   scheinlichkeit.

230 Ü Ersetze die indirekte Rede durch eine Infinitivkonstruktion.

1. *Der Angeklagte* gab an, *er* sei zu der fraglichen Zeit im Gasthaus „Zum Mohren" gewesen. 2. *Er* hat sich doch tatsächlich eingebildet, *er* hätte uns damit einen Gefallen getan. 3. *Der Abgeordnete* bestritt energisch, daß *er* Bestechungsgelder angenommen habe. 4. Wie sind *Sie* denn auf die Idee gekommen, *Sie* könnten Ihr Buch dem Dudenverlag anbieten? 5. Er hat *uns* vorgeworfen, *wir* hätten seinen Antrag nicht energisch genug unterstützt. 6. *Er* machte die dunkle Andeutung, *er* sei im Besitz belastenden Materials. 7. Die Ankündigung *der*

Bundesregierung, sie werde die Steuerreform am 1. Januar 1975 in Kraft setzen, wird allgemein begrüßt. 8. *Seine* Beteuerungen, *er* habe von diesen Vorgängen nichts gewußt, überzeugen niemanden mehr. 9. *Er* war sich im klaren darüber, daß *er* mit einer solchen Aufgabe überfordert sei. 10. Er beschwor *mich, ich* möge von einer Anzeige Abstand nehmen. 11. *Er* wurde verdächtigt, *er* habe öffentliche Gelder für private Zwecke verwendet. 12. Er unterstellte *mir, ich* hätte meine Zusage bewußt vage formuliert. 13. Man rühmte *an ihm, er* sei ein besonders schlagfertiger Debattenredner. 14. Er empfahl *mir, ich* solle diese kritischen Äußerungen nicht allzu ernst nehmen. 15. *Die kleinen europäischen Länder* fürchten gelegentlich, *sie* könnten im politischen Spiel ins Abseits geraten. 16. *Er* hoffte, *er* werde selbst Gelegenheit haben, zu diesem Punkt Stellung zu nehmen. 17. Ständig lag er *mir* in den Ohren, *ich* solle ihn meinem Chef als einen besonders fähigen Mann empfehlen. 18. Er schlug *mir* vor, *ich* solle bei der nächsten Steuererklärung einen Steuerberater nehmen. 19. Er wollte *uns* dazu überreden, *wir* sollten mit ihm einen Bummel durch die Schwabinger Künstlerlokale machen. 20. Er verlangte *von uns, wir* sollten ihm das Schriftstück aushändigen.

231 Ü   Ersetze die indirekte Rede durch eine Infinitivkonstruktion.

1. *Er* versprach, *er* werde sich selbst um diese Angelegenheit kümmern. 2. Er ermunterte *mich, ich* solle meine Arbeiten fortsetzen und die Ergebnisse veröffentlichen. 3. *Der 18jährige P.K.* war angeklagt, *er* habe gemeinsam mit seinem Klassenkameraden G.S. im Juni 1927 den Kochlehrling Hans Stephan umgebracht. 4. Wenn *er* angenommen haben sollte, *er* hätte uns mit dieser Drohung in Angst und Schrecken versetzt, so hat er sich getäuscht. 5. *Die Delegierten* traten mit dem Anspruch auf, *sie* sprächen im Namen der gesamten Bevölkerung. 6. Ministerialdirektor Bethmann wies *alle Oberpostdirektionen* an, *sie* sollten dafür sorgen, daß unangemessen aufwendige Ausstattungen von Postdienstgebäuden ausgeschlossen würden. 7. Die amerikanische Regierung appellierte *an den ägyptischen Präsidenten Sadat, er* möge einem Friedensgespräch zustimmen. 8. *Er* argwöhnte, *er* könne in eine Falle geraten und verhaftet werden. 9. Er lud *mich* ein, *ich* solle ein Glas Bier mit ihm trinken. 10. Die Offiziere gaben den meuternden Soldaten gute Worte und forderten *sie* auf, *sie* sollten in ihre Kasernen zurückkehren. 11. *Ich* erhielt den Auftrag, *ich* solle den Gästen unsere Abteilung zeigen. 12. *Seine* Äußerung, *er* sei auf niemandes Hilfe angewiesen, löste eine gewisse Verstimmung aus.

13. *Der Bundeskanzler* hatte dem amerikanischen Außenminister in Aussicht gestellt, *er* werde seine Ausführungen schriftlich fixieren und ihm zuleiten. 14. Die Opposition versucht, das Versprechen *des Ministers, er* werde sich für die Belange der Kriegsopfer einsetzen, als bloße Wahlpropaganda abzutun. 15. Zeugen wollen die Nitribitt noch am Mittag des 29. Oktober getroffen haben, *andere* beeiden, *sie* hätten sie noch tags darauf gesehen. 16. *Er* mußte zugeben, daß *er* die Lage völlig falsch eingeschätzt habe. 17. Die Mutter weint, die Brüder bestürmen *ihn, er* solle bleiben. 18. Die wirtschaftswissenschaftlichen Forschungsinstitute in Hamburg, Essen und Kiel versuchten, *den Finanzminister* dazu zu bewegen, *er* solle den Dollarkurs von derzeit mindestens DM 3,15 nicht mehr länger stützen. 19. Die Regierung drängte *die Unternehmer, sie* sollten auf die Forderungen der Gewerkschaft eingehen. 20. Er machte *mir* den Vorwurf, *ich* hätte meine Kompetenzen überschritten. 21. Mehrmals ermahnte man *ihn* ernstlich, *er* solle seine geheimen Kenntnisse nicht länger für sich behalten. 22. Da wurde *ihm* bewußt, daß *er* den größten Fehler seines Lebens gemacht habe. 23. Am Dienstagnachmittag bereits saß die Zentralbank auf neu zugeflossenen 200 Millionen Dollar. Prompt ersuchte sie *den Bundesrat, er* solle nochmals die Notbremse ziehen. 24. *Der Kanzler* erwägt sogar, ob *er* nicht noch vor dem EG-Termin mit seinem französischen Kontrahenten Giscard d'Estaing ein Gespräch führen solle. 25. *Die Landesregierung* hatte sogar erwogen, ob *sie* die bereits erteilte Baugenehmigung nicht wieder zurückziehen solle.

Die Kongruenz (Übereinstimmung von Subjekt und Verb in Numerus und Person)
(SD 3, 67 ff., 400 f.; DG, 1418 ff.)

Nach dem Subjekt eines Satzes fragt man mit „wer?" oder „was?". *Wer* und *was* sind singularische Pronomen, daher steht das mit ihnen verbundene Verb im Singular:

Herr Meier und Herr Müller	*wurden als Kandidaten* aufgestellt.
Wer	*wurde als Kandidat* aufgestellt?
Der Titel des Buches und die Namen der Bearbeiter	*kommen* auf Seite 5.
Was	*kommt* auf Seite 5?

Sätze wie *Karl ist mein Freund* enthalten außer dem Subjekt im Nominativ (*Karl*) eine nominativische Ergänzung, die zum Prädikatsverband (SD 3, 225) gehört (*mein Freund*):

Karl | ist mein Freund |

Der Numerus dieser beiden Nominative:

Subjekt		nominativische Ergänzung im Prädikatsverband
1. Singular		Singular
Herr Meier	*ist*	mein Chef.
2. Plural		Plural
Herr Meier und Herr Müller	*sind*	unsere Vertreter im Betriebsrat.
3. Singular		Plural
Fast ein Fünftel der Bevölkerung Zyperns	*sind*	Türken.
4. Plural		Singular
Die Gründorfer	*sind*	die bessere Mannschaft.

Regel: Steht mindestens einer der beiden Nominative im Plural, so steht auch das Verb *sein*[1] im Plural.

Diese Regel gilt auch dann, wenn in Sätzen dieses Typs (DG, 1192) das singularische Fragepronomen „wer?" oder „was?" vorkommt:

Wer	*ist*	*die bessere Mannschaft*?
Wer	*sind*	*die besseren Spieler*?
Was	*ist*	*dein Bruder* von Beruf?
Was	*sind*	*deine Brüder* von Beruf?

232 Ü Setze die passende Form des Verbs *sein* ein.

1. Diese drei Dürer-Stiche . . . . das Glanzstück der Graphischen Sammlung. 2. Die Regeln der deutschen Rechtschreibung . . . . für mich ein Buch mit sieben Siegeln. 3. Die Leitung einer Firma . . . . eine sehr verantwortungsvolle Aufgabe. 4. Wer der oder die Auftraggeber der Entführer . . . ., konnte noch nicht ermittelt werden. 5. Wenn sie sich in einem Brief auch nur einmal vertippt, schreibt sie den ganzen Brief noch mal; Tippfehler . . . . ihr ein Greuel. 6. Ein

---

[1] In Sätzen vom Typ *Karl ist mein Freund* kommen vor allem die Verben *sein, werden* und *bleiben* vor:
Rocker und Gammler *wurden* eine Plage für die Stadt.
Die von ihm geplante Roman-Trilogie *blieb* Fragment.

Großteil der Fehler . . . . reine Flüchtigkeitsfehler. 7. Wir . . . . die äl-
teste Umzugsfirma am Platze. Ob innerhalb der Bundesrepublik oder
innerhalb Europas, Sie können uns Ihren Umzug unbesorgt anvertrau-
en. 8. Die beiden anderen Bewerber . . . . keine ernstzunehmende
Konkurrenz für ihn. 9. Die immer mehr überhandnehmenden Verwaltungsarbeiten . . . . eine große Belastung für ihn. 10. Ich möchte mal
wieder richtig ausspannen; was . . . . schon drei Tage Urlaub? 11. Er
. . . . mein Vorbild. 12. Die Phönizier . . . . ein seefahrendes Händler-
volk des Altertums. 13. Das Hauptkennzeichen dieser Epoche . . . .
Inflation und Arbeitslosigkeit. 14. Diese Verhältnisse . . . . ein ausge-
sprochener Skandal. 15. Der Sportclub Gründorf . . . . die Mannschaft, die am besten abgeschnitten hat. 16. Die gewöhnliche Nahrung
der Pflanzen . . . . Wasser, Kohlendioxyd und die Grundstoffe des
Bodens.

Das Subjekt besteht aus einem Mengen-Substantiv und einem unmittelbar angeschlossenen Substantiv (SD 3, 70; DG, 1428):

Numerus des Mengen-Substantivs	Numerus des unmittelbar angeschlossenen Substantivs	Numerus des finiten Verbs
1. Singular	Singular	Singular

Dazu *ist eine Menge Zeit* erforderlich.

2. Plural	Plural	Plural

Unmengen Zwetschgen blieben unverkäuflich und *verdarben*.

3. Plural	Singular	Plural

Riesige Mengen Butter werden jährlich in Kühlhäusern eingelagert.

4. Singular	Plural	Singular/Plural

Um 20.30 Uhr unsere Sendung für Bücherfreunde. Auf dem Programm
steht die Besprechung von drei neuen Romanen. Ferner *soll/sollen eine
Anzahl Reisebücher* vorgestellt werden.

233 Ü Setze das in Klammern angegebene Verb in der passenden Form ein.

1. (sein) In diesem Winter . . . . uns eine Menge Äpfel verfault. 2.
(sein) In den letzten Jahren . . . . riesige Mengen Haschisch illegal in
die Bundesrepublik eingeführt worden. 3. (fehlen) Für meinen Bericht . . . . mir noch eine Reihe Informationen. 4. (sein) Jeden Tag
. . . . eine Unmenge Briefe zu beantworten. 5. (sein) Dem Dolmet-

scher . . . . eine Anzahl Übersetzungsfehler unterlaufen. 6. (sein)
Trotz zweimaligen Korrekturlesens . . . . eine Menge Druckfehler
übersehen worden. 7. (müssen) Aus Platzmangel . . . . eine Reihe Faktoren unberücksichtigt bleiben. 8. (sein) Als Reaktion auf diesen Artikel . . . . bei der Redaktion der „Abendzeitung" eine Unmenge Leserzuschriften eingegangen. 9. (sein) Auf die Lösung dieses Problems
. . . . eine Menge Energie verwendet worden. 10. (werden) In den letzten Jahren . . . . für unser Archiv eine Unmasse Daten auf Magnetband gespeichert, so daß uns nunmehr eine einmalige Informationsquelle zur Verfügung steht. 11. (sein) Zur Durchführung dieses Programms . . . . eine Unmenge Arbeitsstunden erforderlich; ohne zusätzliche Arbeitskräfte wäre das gar nicht zu schaffen. 12. (können)
Schon eine Handvoll Idealisten . . . . den Laden wieder in Schwung
bringen.

Das Subjekt besteht aus einem Mengen-Substantiv und einem Genitivattribut
oder einem durch von/an angeschlossenen Substantiv (SD 3, 70; DG, 1428):

Numerus des Mengen-Substantivs	Numerus des Genitivattributs oder des durch von/an angeschlossenen Substantivs	Numerus des finiten Verbs
1. Singular	Singular	Singular
Ein großer Teil der Arbeit war umsonst.		
2. Plural	Plural	Plural
Berge von Abfällen lagen in den Straßen.		
3. Plural	Singular	Plural
In der Deponie *wurden riesige Mengen von Giftmüll* entdeckt.		
4. Singular	Plural	im allgemeinen Singular
Ein Teil der Verbesserungsvorschläge war durchaus brauchbar.		

234 Ü Setze das in Klammern angegebene Verb in der passenden Form ein.

1. (werden) Eine Anzahl von Büchern aus dieser Reihe . . . . demnächst neu aufgelegt. 2. (sein) Ein großer Teil der Unfälle in unserem
Betrieb . . . . durch die Nichtbeachtung der Sicherheitsvorschriften
verursacht worden. 3. (werden) Täglich . . . . in unserer Datenverarbeitungsabteilung eine Unmasse neuer Daten auf Magnetband gespeichert. 4. (bleiben) Eine Fülle von Erkenntnissen . . . . ungenutzt.
5. (werden) Eine Gruppe türkischer Gastarbeiter . . . . von einem
Dutzend jugendlicher Rowdys brutal zusammengeschlagen. 6. (treffen) Im Nebenzimmer des Gasthauses „Zum Mohren" . . . . sich jeden

Mittwochabend ein kleiner Kreis von Gleichgesinnten. 7. (werden)
Im Laufe der letzten Monate . . . . in München eine Unzahl von klei-
neren Eigentumsdelikten registriert. 8. (überschwemmen) Eine nahezu unübersehbare Zahl von Taschenbüchern . . . . derzeit den Bücher-
markt. 9. (werden) Bei der Durchführung des Projekts . . . . eine Reihe schwerwiegender Fehler gemacht. 10. (sein) Bei den Diskussionen,
die in letzter Zeit geführt wurden, ... eine Reihe ganz neuer Gesichtspunkte aufgetaucht. 11. (werden) Auf einer Mülldeponie in
Oberbayern . . . . von einem Journalisten große Mengen an giftigem
Industriemüll entdeckt. 12. (wirken) Schon eine geringe Menge dieses Gifts . . . . tödlich. 13. (sein) Jeden Tag . . . . eine Unzahl von An-
trägen zu bearbeiten. 14. (sprechen) Die Mehrzahl der Anwesenden
. . . . sich gegen den Vorschlag aus.

Das Subjekt besteht aus zwei oder mehreren durch Konjunktion(en) verknüpf-
ten singularischen Nominativen (SD 3, 72):

I. Die koordinierenden Konjunktionen *und, sowie, sowohl* . . . $\begin{Bmatrix} als \\ wie \end{Bmatrix}$ *auch,
weder . . . noch*:

1. | Karl und Fritz | *sind* zur Zeit auf Urlaub.

2. | Das Justizministerium sowie der Rechtsausschuß des Bundestags | *haben*
   Gutachten vorgelegt.

3. | Sowohl die Geschäftsführung als auch der Betriebsrat | *sind* mit der Lösung
   einverstanden.

4. | Weder die Geschäftsführung noch der Betriebsrat | *stimmten* diesem Vor-
   schlag zu.

Geht — wie in obigen Beispielen — das mehrteilige Subjekt dem finiten Verb
voraus, so steht das finite Verb in der Regel im Plural.
Steht das mehrteilige Subjekt *hinter* der finiten Verbform, so ist — besonders
bei 2 und 4 — die Singularform im finiten Verb häufiger:

2. Für jeden Etat *ist*
   | ein Kundenberater (Kontakter) sowie eine „kreative Gruppe" von Textern
   und Graphikern |
   zuständig.
   (Der Spiegel 4/1966)

4. Soweit wir feststellen konnten, *hat* sich
   | weder die westliche Arbeitsgruppe noch die Außenministerkonferenz in
   Washington (. . .) |
   mit der Frage . . . befaßt.
   (Der Spiegel 44/1966)

II. Die koordinierende Konjunktion *nicht nur . . . sondern auch*.
Hier steht die finite Verbform meist im Singular:

Nicht nur das Justizministerium, sondern auch der Rechtsausschuß des Bundestags

hat ein Gutachten vorgelegt.

Bisher *hat*

nicht nur der US-Präsident, sondern auch Rotchina

gewissenhaft jeden Schritt vermieden, der zu einem direkten militärischen Konflikt zwischen beiden Mächten führen könnte.
(Der Spiegel 18/1966)

III. Die disjunktive (ausschließende) Konjunktion (*entweder*) . . . *oder*:

(Entweder) Herr Meier oder Herr Müller *nimmt* an der Sitzung teil.

Das finite Verb steht hier in der Regel im Singular, weil ein Teil des Subjekts logischerweise ausgeschlossen bleibt.

Das finite Verb *muß* im Singular stehen, wenn es zwischen die beiden Teile des Subjekts eingeschoben ist:

Sicher ist, daß entweder Herr Meier *kommt* oder Herr Müller .

235 Ü Setze das in Klammern angegebene Verb im passenden Numerus ein.

1. (teilen) Der Bund und der Freistaat Bayern . . . . sich in die Kosten des Unternehmens. 2. (haben) Sowohl der Freistaat Bayern als auch der Bund . . . . zugesagt, sich an der Finanzierung des Projekts zu beteiligen. 3. (sein) Dem Antrag auf Erstattung der Reisekosten . . . . die benutzte Fahrkarte sowie die Hotelrechnung beizulegen. 4. (müssen) Der Vorsitzende oder sein Stellvertreter . . . . die Richtigkeit des Protokolls durch seine Unterschrift bestätigen. 5. (scheinen) Zu weiteren Konzessionen . . . . gegenwärtig weder die Regierung in Athen noch die Regierung in Ankara bereit zu sein. 6. (legen) Nicht nur Großbritannien, sondern auch Frankreich . . . . gegen diesen Beschluß der EG-Kommission sein Veto ein. 7. (sein) Eine polizeiliche Überprüfung ergab, daß weder er noch seine Frau in München gemeldet . . . . . 8. (haben) Der Bundestag und der Bundesrat . . . . der Gesetzesvorlage zugestimmt. 9. (haben) Die Stadtratsfraktion der SPD sowie ein Vertreter der Freien Wählergemeinschaft . . . . den Antrag eingebracht, auf dem Gelände der Berufsschule eine städtische Turnhalle zu bauen. 10. (haben) Daß sich das so verhält, ... mir sowohl Herr Meier als auch Herr Müller bestätigt. 11. (übernehmen) Ich kann Ihnen noch nicht sagen, ob der Chefarzt die Operation . . . . oder der Oberarzt. 12. (stimmen) Gegen diese Vorlage . . . . nicht nur die gesamte SPD-Fraktion, sondern auch ein Abgeordneter der CSU. 13. (treffen) Am Sonntagnachmittag . . . . sich Breschnew und Kis-

singer zu einem vierstündigen Gespräch. 14. (stimmen) Sowohl Kissinger als auch Breschnew .... dem Wortlaut der sowjetisch-amerikanischen Aufforderung zur Feuereinstellung im Vorderen Orient zu. 15. (haben) Dinitz erklärte, nicht nur Israel, sondern auch Ägypten .... die Waffenruhe gebrochen. 16. (lassen) Weder die Aussage des Angeklagten noch die Aussage des Zeugen .... sich beweisen. 17. (sein) In dieser Frage .... sich das Kultusministerium sowie der Rektor der Universität einig. 18. (müssen) Für diese Einkünfte .... entweder Umsatzsteuer oder Mehrwertsteuer gezahlt werden. Sie können selbst entscheiden, welche der beiden Steuerarten Sie wählen wollen.

Treten im Subjekt eines Satzes Pronomen der 1./2./3. Person gemeinsam auf, so hat die 1. Person den Vorrang vor der 2. und 3. Person, die 2. Person vor der 3. Person:
(SD 3, 69)

1. + 2. Person	1. Person
Ich und *du* (*Sie*), *Wir* und *ihr* (*Sie*),	*wir* werden es schon schaffen. *wir* sind bis jetzt immer die Dummen gewesen.
1. + 2. + 3. Person	1. Person
Du (*Sie*), *er* und *ich*, *Ihr* (*Sie*), *Meiers* und *ich*,	*wir* könnten doch zusammen fahren. *wir* sollten uns mal wieder treffen.
2. + 3. Person	2. Person
Du (*Sie*) und *er*, *Ihr* (*Sie*) und *Meiers*,	*ihr* könntet (*Sie* könnten) uns doch mal besuchen. *ihr* seid (*Sie* sind) herzlich eingeladen.

236 Ü   Schreibe Sätze nach dem folgenden Muster:
(dieses Jahr im Urlaub zu Hause bleiben) Meine Frau und ich .... .
Meine Frau und ich (, wir) bleiben dieses Jahr im Urlaub zu Hause.

1. (sich getrennt haben) Ich habe gehört, du und Anna .... . 2. (doch sonst immer alles gemeinsam machen) Ihr und Bergers .... . 3. (nichts gespendet haben) Nur Sie und Meiers .... . 4. (immer die Besten in der Klasse gewesen sein) Du und Maria .... . 5. (aus dem Unternehmen wieder aussteigen wollen) Herr Meier und ich .... . 6. (sich jeden Abend im Gasthaus „Zum Ochsen" treffen) Der Meier, der Huber und ich .... . 7. (unbedingt in unseren Club eintreten müssen) Du und Karl .... . 8. (die einzigen sein, die ihm das sagen können) Du, er und ich .... . 9. (sich über Ihren Brief sehr gefreut haben) Meine Eltern und ich .... . 10. (doch in derselben Klasse gewesen sein) Du und mein Bruder .... . 11. (dieses Jahr gemeinsam

Urlaub machen wollen) Meiers und wir . . . . . 12. (Ihre freundliche Einladung erhalten haben und sie gerne annehmen) Meine Frau und ich . . . . . 13. (immer diejenigen sein, die am Ende alles ausbaden müssen) Du und ich . . . . . 14. (zusammenhalten müssen) Ihr und wir . . . . . 15. (jetzt die einzigen sein, die schon länger als zwanzig Jahre in der Lindenstraße wohnen) Ihr, Meiers und wir . . . . .

Zur Wortstellung

(SD 3, 270 ff.; DG, 1492 ff.)

Bestimmte — nicht steigerungsfähige — Adjektive werden nur attributiv verwendet; man kann sie also nicht mit *sein* verbinden wie etwa das Adjektiv *hoch*: Das ist ein sehr *hohes* Haus. / Das Haus ist sehr *hoch*.

Nur attributiv verwendbare Adjektive bezeichnen z.B.:

1. das berufliche Tätigkeitsfeld einer Person
   (der *juristische* Berater des US-Präsidenten)

2. die Person/en, von der/denen etwas betrieben wird
   (*gewerkschaftliche* Forderungen)

3. den Bereich, innerhalb dessen etwas anzutreffen ist
   (*betriebliche* Mitbestimmung, *gesundheitliche* Schäden, *technisches* Versagen).

Tritt zu einem dieser Adjektive ein Adjektiv, das mit *sein* verbunden werden kann, so gilt die Abfolge:

der ⎢ sehr einflußreiche ⎢ juristische Berater des Präsidenten

(Der juristische Berater des Präsidenten ist ⎢ sehr einflußreich ⎢.)

237 Ü Vervollständige die Sätze durch die in Klammern angegebenen Wörter.

1. (körperliche Überanstrengung / übermäßig) . . . . kann zu dauernden Gesundheitsschäden führen. 2. (praktische Ärzte / fähig) . . . . sind — besonders in ländlichen Gegenden — nach wie vor gesucht. 3. (polizeiliche Maßnahmen / erforderlich) Auf Veranlassung des Innenministers wurden die . . . . inzwischen eingeleitet. 4. (steuerliche Vorteile / erheblich) Bausparen oder Prämiensparen bringt nicht nur Zinsen, sondern bietet Ihnen darüber hinaus . . . . . 5. (kaufmännischer Angestellter / erfahren) Wir suchen zum sofortigen Eintritt . . . . für unsere Exportabteilung. 6. (technischer Zeichner / versiert) . . . . sucht entsprechenden Wirkungskreis. Angebote unter 904207. 7. (politische Parteien / klein) Auch bei den nächsten Landtagswahlen dürften die . . . . die 5%-Hürde kaum überspringen. 8. (berufliche Erfolge / groß) Seine Karriere war anfangs durch . . . . gekennzeich-

net. 9. (schriftstellerische Leistung / bedeutend) Diese Milieuschilderung stellt zweifellos eine . . . . dar. 10. (gesundheitliche Schädigungen / vermeidbar) Durch die regelmäßige Überprüfung der Bedingungen am Arbeitsplatz sollen . . . . auf ein Minimum herabgedrückt werden. 11. (juristische Bedenken / erheblich) Gegen diesen Vorschlag bestehen . . . . . 12. (militärischer Fachmann / ausgezeichnet) Er gilt als ein . . . . . 13. (ärztlicher Kunstfehler / gravierend) Der Gutachter bezeichnete die Operation als einen . . . . . 14. (gemeindliche Selbstverwaltung / durch das Grundgesetz gewährleistet) Die Gemeinden haben aufgrund der . . . . das Recht, alle Angelegenheiten der örtlichen Gemeinschaft im Rahmen der Gesetze in eigener Verantwortung zu regeln.

Zur Stellung der Personal- / Reflexivpronomen und von *man*:

Vorfeld (SD 3, 274)		Mittelfeld (SD 3, 274)			
		Nom.	Akk.	Dat.	
Gestern	hat	{ er man }	es	mir	gesagt.
Vorhin	hat	er	sich	mir	vorgestellt.
Inzwischen	hat	er	es	sich wahrscheinlich schon wieder anders	überlegt.
Wahrscheinlich	wird	er	es	ihr morgen	mitteilen.
Morgen	will	sie	es	sich	bestellen.
Wenn		{ er man }	es	mir schon gestern	gesagt hätte, . . .
Anstatt			sich	mir gleich	vorzustellen, . . .

Treten im Mittelfeld mehrere Personalpronomen (*ich, du, er* usw.; *man*) / Reflexivpronomen auf, so gilt die Abfolge: Nominativ, Akkusativ, Dativ.

Das akkusativische Pronomen *es* kann $\div$ vor allem in gesprochenen Texten — auch hinter das Dativpronomen treten; dann wird das *es* zu *'s* verkürzt:

Wahrscheinlich	hat	man	ihm's	schon gestern	gesagt.
Inzwischen	hatte	er	sich's	schon wieder anders	überlegt.

Das akkusativische Pronomen *es* sowie alle Reflexivpronomen können nicht im Vorfeld des Satzes stehen, wohl aber alle nominativischen Pronomen und hervorgehobene dativische Pronomen:

Man	hat		es	mir schon gestern	gesagt.
Mir	hat	man	es	schon gestern	gesagt.

238 Ü Vervollständige die Sätze durch die Sätze in Klammern.

1. (Er nimmt es sich ernsthaft vor.) Wenn . . . ., schafft er es auch.
2. (Er hat es ihr nicht übelgenommen.) Wenn . . . ., hätte ich mich nicht gewundert. 3. (Mir teilte man es viel zu spät mit.) Als . . . ., war es schon zu spät. 4. (Ihm hatte ich es rechtzeitig gesagt.) Obwohl . . . ., konnte er den Termin in seinem Terminkalender nicht mehr unterbringen. 5. (Wie hatte er sich's denn vorgestellt?) Anscheinend kam dann doch alles ganz anders, als . . . . . 6. (Sie hatte es sich nun einmal in den Kopf gesetzt.) Ich mußte mit ihr im Urlaub an die Ostsee fahren, weil . . . . . 7. (Sie hatte es mir schon längst erzählt.) Für mich war das alles nichts Neues mehr, weil . . . . 8. (Er machte es sich auf dem Sofa bequem.) Anstatt . . . ., hätte er ihr ruhig ein bißchen helfen können. 9. (So hatte er es sich gewünscht.) Es kam alles ganz anders, als . . . . . 10. (Er hatte es sich verbeten.) Man hätte ihm ein Geburtstagsständchen gebracht, wenn . . . . . 11. (Mir hatte er sich nicht vorgestellt.) Ich wußte sofort, wer er war, obwohl . . . . . 12. (Ich hätte es mir denken können.) Ich war dann doch überrascht, obwohl . . . . .

Die Personal-/Reflexivpronomen stehen im allgemeinen unmittelbar hinter einer finiten Verbform, einer Konjunktion bzw. den Präpositionen *um/anstatt/ohne* in Infinitivkonstruktionen. Das führt bei reflexiven Verben häufig dazu, daß das Reflexivpronomen weit entfernt steht von der Verbform, zu der es dem Sinne nach gehört:

Er	hatte	sich	mit ihr für Freitagabend	*verabredet.*
Sie	werden	sich	noch	*wundern.*
Er	wollte	sich	noch am selben Tag mit dem Konsulat seines Landes	*in Verbindung setzen.*
	Falls	sich	eine solche Gelegenheit	*bietet, . . .*
	Ohne	sich	weiter um uns	*zu kümmern, . . .*

Manchmal wird das Reflexivpronomen — wohl aus dem Bestreben, den Satz übersichtlicher zu gestalten — näher an die Verbform herangerückt, auf die es sich dem Sinne nach bezieht:

Diese neue Regelung wird besonders für die Endlösung . . . sich sehr günstig auswirken.
(Der Spiegel 31/1974, aus einem Protokoll von einer SD-Konferenz)

Dort hinten, wo weißlich leuchtend der Platz sich weitete.
(Hans Fallada, Wolf unter Wölfen; zitiert nach Hennig Brinkmann, Die deutsche Sprache)

239 Ü Füge die in Klammern angegebenen Modalverben ein. Lasse das Reflexivpronomen der finiten Form des Modalverbs unmittelbar folgen.

1. (müssen) Sie hielten sich streng an die Anweisungen. 2. (sollen) Das Restaurant befindet sich im 18. Stockwerk eines Hochhauses. 3. (können) Sie erinnern sich doch sicher noch an Mister Davis aus New York? 4. (sollen) Er beschäftigt sich schon seit Jahren nahezu ausschließlich mit mathematischen Problemen. 5. (können) Sie stellen sich ja nicht vor, wie schwierig so etwas ist. 6. (müssen) Wir stritten uns jahrelang mit ihr wegen der Aufteilung des Erbes herum. 7. (können) Er verläßt sich auf unsere Unterstützung. 8. (wollen) Er zieht sich demnächst ins Privatleben zurück. 9. (nicht können) Er trennte sich von seinen alten Möbeln. 10. (nicht dürfen) Sie geben sich Illusionen über Ihre Aufstiegschancen hin. 11. (müssen) Ich beschränke mich hier auf das Notwendigste. 12. (nicht dürfen) Sie lassen sich so schnell ins Bockshorn jagen.

Indefinitpronomen wie *jemand — niemand, einer — keiner, jeder — alle* im Nominativ und Substantive im Nominativ treten im allgemeinen hinter Personal-/Reflexivpronomen im Dativ/Akkusativ:

Warum	hat	es ihm	denn niemand		gesagt?
Am nächsten Tag	hat	sich	der Mann	auf grausame Weise	gerächt.

Man findet aber auch:

Warum	hat	keiner	es ihm		gesagt?
Am nächsten Tag	hat	der Mann	sich	auf grausame Weise	gerächt.

240 Ü Schreibe Fragen nach dem folgenden Muster:
Niemand hat es ihm gesagt.
Warum hat es ihm denn niemand gesagt?

1. Alle haben es ihm verschwiegen. 2. Alle haben es ihr verheimlicht. 3. Keiner hat es ihm empfohlen. 4. Keiner hat es ihm mitgeteilt. 5. Niemand hat es ihnen erklärt. 6. Niemand hat es ihnen verboten. 7. Keiner hat ihn ihr vorgestellt. 8. Keiner hat es ihnen untersagt. 9. Niemand hat es ihm gemeldet. 10. Keiner hat es ihm ausgeredet.

241 Ü Vervollständige die Sätze durch die Sätze in Klammern. Lasse das Indefinitpronomen den Personal-/Reflexivpronomen folgen.

1. (Jeder möchte es ihm nachtun.) Alle beschimpfen ihn als einen Neureichen, obwohl . . . . . 2. (Keiner hatte es ihm vorher gesagt.) Er war fuchsteufelswild, weil . . . . . 3. (Keiner merkte es ihm an.) Es ging ihm schon damals nicht gut, obwohl . . . . . 4. (Keiner wird es mir glauben.) Genauso ist es gewesen, wenn . . . . auch . . . . .

5. (Niemand traut es ihm zu.) Der Kerl ist zu allem fähig, wenn . . . .
auch . . . . . 6. (Alle bestätigten es ihm.) Er weigerte sich, das zu glauben, obwohl . . . . . 7. (Keiner von euch will es ihm sagen.) Da . . . . ,
muß ich es halt tun.

242 Ü Ersetze das Subjekt durch ein Pronomen.

1. Gestern hat sich mein jüngster Bruder wieder mal ein Loch in die
Hose gerissen. 2. Gestern hat sich die neue Sekretärin bei uns vorgestellt. 3. Am nächsten Tag hatte sich's meine Frau schon wieder anders überlegt. 4. Vor ihrer Abreise nach Afrika mußten sich die Entwicklungshelfer gegen Pocken impfen lassen. 5. Morgen will sich der
Personalausschuß endgültig für einen der beiden Bewerber entscheiden. 6. Für das Wochenende hat sich mein Mann viel vorgenommen.
7. In letzter Zeit hat sich Herr Müller nicht mehr dazu geäußert. 8. In
den letzten Jahren hat sich der Junge sehr zu seinem Nachteil verändert. 9. (man) Immer regen sich die Leute über uns auf, wenn wir ein
bißchen Musik machen.

Beachte den Unterschied in der Wortstellung des akkusativischen Personalpronomens *es* bzw. des akkusativischen Demonstrativpronomens *das*:

Eigentlich	hätte	ich	es	mir	denken können.
Eigentlich	hätte	ich	mir	das[1]	denken können.

Im Gegensatz zu dem akkusativischen Personalpronomen *es* kann das akkusativische Demonstrativpronomen *das* auch im Vorfeld des Satzes stehen:

Das	hätte	ich mir eigentlich	denken können.

243 Ü Schreibe Sätze nach dem folgenden Muster:
Er hat es mir nicht gesagt.
Er hätte mir das sagen müssen.

Er hat es ihr gesagt.
Er hätte ihr das nicht sagen dürfen.

1. Er hat es mir nicht mitgeteilt. 2. Er hat es uns vorher nicht erklärt.
3. Er hat es mir erst am nächsten Tag gemeldet. 4. Er hat es sich wohl
nicht so genau überlegt. 5. Er hat es sich nicht so genau angesehen.
6. Er hat es uns verschwiegen. 7. Er hat es ihr verheimlicht. 8. Er hat
es ihr immer wieder vorgeworfen. 9. Er hat es ihm erlaubt. 10. Er hat
es mir fest versprochen. 11. Er hat es ihm zugesichert. 12. Er hat es
sich zu leicht gemacht.

---

[1] Betonte dativische Personalpronomen können dem *das* auch folgen:
Er hat *das ihr* erzählt, nicht mir.

es als Hinweiswort:

Es	ist	aussichtslos,	diese Entwicklung aufhalten zu wollen.
Es	war	dumm von ihm,	daß er den Vertrag unterschrieben hat.
Es	ist	mir unbegreiflich,	wie er so etwas tun konnte.

Jedenfalls	ist	es	aussichtslos,	diese Entwicklung aufhalten zu wollen.
Auf jeden Fall	war	es	dumm von ihm,	daß er den Vertrag unterschrieben hat.
Noch immer	ist	es	mir unbegreiflich,	wie er so etwas tun konnte.

In obigen Beispielen weist *es* auf einen *folgenden* Subjektsatz hin.
Im Mittelfeld ist das hinweisende *es* nicht in allen Fällen obligatorisch:

| Jedenfalls | hat | es | keinen Sinn, | sich darüber den Kopf zu zerbrechen . |
| Noch immer | ist | (es) | mir unbegreiflich, | wie er so etwas tun konnte . |

Das Hinweiswort *es* ist überflüssig, wenn das Satzgefüge durch den Subjektsatz eröffnet wird:

Diese Entwicklung aufhalten zu wollen,	ist aussichtslos.
Daß er den Vertrag unterschrieben hat,	war dumm von ihm.
Wie er so etwas tun konnte,	ist mir unbegreiflich.

244 Ü Eröffne das Satzgefüge mit dem Subjektsatz.

1. Es ist mir völlig gleichgültig, wie Sie das machen; wenn Sie nur rechtzeitig fertig werden. 2. Es ist mir nicht ganz klar, was er damit bezweckt. 3. Es war ausgesprochen unfair, ihm das vorzuwerfen. 4. Es ist nur recht und billig, daß er für sein Tun geradestehen muß. 5. Es liegt durchaus im Bereich des Möglichen, daß das eines Tages gelingt. 6. Es war nicht vorauszusehen, daß die Entwicklung so verlaufen würde. 7. Es ist ein Skandal, was hier geschieht. 8. Es ist unverantwortlich, wie leichtfertig hier mit Steuergeldern umgegangen wird. 9. Es ist sinnlos, sich darüber den Kopf zu zerbrechen. 10. Es wäre eine Zumutung, das von ihm zu verlangen.

245 Ü Vervollständige die Sätze durch die Sätze in Klammern.

1. (Allzuviel Zeit darauf zu verwenden, hat keinen Sinn.) Nach meiner Ansicht . . . . . 2. (Alle Rücklagen aufzubrauchen, wäre leichtsinnig.) Jedenfalls . . . . . 3. (Das von ihm zu verlangen, war eine Unverfrorenheit.) Auf jeden Fall . . . . 4. (Auf dem Bürgersteig zu parken, ist verboten.) Reden Sie doch nicht! Natürlich . . . . . 5. (Diese Untersuchungen fortzuführen, hätte wenig Sinn.) Vermutlich . . . . . 6. (All diese alten Zeitschriften daraufhin durchzusehen, ist reine

Zeitverschwendung.) Wahrscheinlich . . . . . 7. (Das mal auszuprobieren, wäre ganz interessant.) Immerhin . . . . . 8. (Was Sie von mir denken, ist mir völlig gleichgültig.) Jedenfalls . . . . . 9. (Mit dieser Möglichkeit gar nicht zu rechnen, wäre sehr gefährlich.) Gerade deswegen . . . . . 10. (Daß er zu diesem Zeitpunkt noch gelebt hat, ist ziemlich unwahrscheinlich.) Daher . . . . .

es bei unpersönlichen Verben und *es* als Platzhalter im Vorfeld:
(SD 3, 65; SD 3, 66)

Einige Verben werden immer oder in bestimmten Verwendungsweisen mit dem „Subjekt" *es* verbunden (sogenannte unpersönliche Verben); dieses *es* tritt ins Mittelfeld, wenn das Vorfeld durch ein anderes Satzglied besetzt ist:

Es hat geregnet.	*Gestern* hat *es* geregnet.
Es hat mich nicht gedrängt, diese Aufgabe zu übernehmen.	*Mich* hat *es* nicht gedrängt, diese Aufgabe zu übernehmen.

Das *es* in obigen Beispielen ist zu unterscheiden von dem „platzhaltenden" *es*, das das Vorfeld des Satzes nur dann besetzt, wenn die Stelle vor der finiten Verbform sonst unbesetzt bliebe:

Es krachten drei Schüsse.	*Plötzlich* krachten drei Schüsse.
Es liegt kein begründeter Verdacht gegen ihn vor.	*Anscheinend* liegt kein begründeter Verdacht gegen ihn vor.

246 Ü Besetze das Vorfeld mit den in Klammern angegebenen Ausdrücken.

1. (mitten in der Nacht) Es klingelte an unserer Haustür Sturm.
2. (als Reaktion auf die Bombenanschläge) Es fanden mehrere Protestversammlungen statt. 3. (als wir in Gründorf ankamen) Es dämmerte schon. 4. (seit einiger Zeit) Es geht das Gerücht, daß er wieder heiraten will. 5. (seit gestern) Es soll ihm wieder bessergehen. 6. (seit kurzem) Es besteht die Möglichkeit, mit der S-Bahn nach Kleinhausen zu fahren. 7. (in der morgigen Sitzung) Es wird vor allem um finanzielle Fragen gehen. 8. (bei uns) Es gibt heute Kartoffelpuffer. 9. (seit einiger Zeit) Es besteht der Verdacht, daß man den Skandal verschleiern will. 10. (in weiten Kreisen der Bevölkerung) Es herrscht Einigkeit darüber, daß es sich um eine vordringliche Aufgabe handelt. 11. (in der diesjährigen Sommermode) Es herrschen Schockfarben vor. 12. (in Wahrheit) Es bestand keinerlei Anlaß zu solchem Argwohn. 13. (an den Grenzübergängen nach Österreich und in die Schweiz) Es kam wieder zu langen Verkehrsstauungen. 14. (dem Bundesverfassungsgericht) Es liegt eine Verfassungsbeschwerde des Freistaates Bayern vor. 15. (in der Nacht) Es begann zu schneien.

16. (jedes Jahr im Sommer) Es zieht mich in den Süden. 17. (auf der Autobahn München-Salzburg) Es ereigneten sich auch gestern wieder viele Auffahrunfälle. 18. (mir) Es ist etwas Schreckliches passiert. 19. (gegen Abend) Es kam eine frische Brise auf. 20. (auch gestern) Es kam zu Zusammenstößen zwischen jugendlichen Randalierern und der Polizei. 21. (in Ihrer Abwesenheit) Es ist nichts Besonderes vorgefallen. 22. (jeden Tag) Es kommen die unglaublichsten Dinge vor.

,,Bekanntes" — ,,neue Information":

Für die Übung 247 wollen wir Sätze herausgreifen, die neben dem Verb ein Subjekt (Nominativ), ein Akkusativobjekt und eine oder mehrere ,,freie Umstandsangaben" (SD 3, 291 ff.; DG, 1520 f.) enthalten. Treffen im Mittelfeld solcher Sätze das Akkusativobjekt und die ,,freie(n) Umstandsangabe(n)" zusammen, so lassen sich hinsichtlich der Wortstellung die beiden folgenden Fälle unterscheiden:

1. Im Akkusativobjekt wird etwas genannt, was für den Hörer/Leser eine ,,neue Information" darstellt:

		freie Angabe(n)	Akkusativobjekt	
Er	hat	sofort	ein Glückwunsch-telegramm	aufgegeben.
Er	hat	deswegen noch gestern abend	zwei längere Ferngespräche	geführt.
Er	hat	heute morgen	Geld	bekommen.

2. Im Akkusativobjekt wird etwas genannt, wovon schon die Rede war, der Sprechende nimmt Bezug auf etwas ,,Bekanntes":

		Akkusativobjekt	freie Angabe(n)	
Er	hat	{ das Telegramm / es }	im Hauptpostamt	aufgegeben.
Er	hat	{ das Ferngespräch / es }	vorhin vom Haupt-postamt aus	geführt.
Er	hat	{ das Geld / es }	erst heute morgen	bekommen.

247 Ü   Übernimm die Rolle des Sprechers B und verwende dabei die in Klammern angegebenen Ausdrücke.

Beispiel: A: Müllers sollen [nun endlich] [eine Wohnung] gefunden haben.

B: (beziehen, schon vor drei Wochen)
Ich weiß, sie haben [sie] [schon vor drei Wochen] bezogen.

1. A: Direktor Meier fährt *ja jetzt einen Mercedes 300.* B: (fahren, aus Prestigegründen) 2. A: Libermann soll *schon wieder ein neues Kinderbuch* geschrieben haben. B: (herausbringen, im Verlag Kindermann und Fritze) 3. A: Karl soll *im Stadtpark eine Brieftasche* gefunden haben. B: (abgeben, gleich,im Fundbüro) 4. A: Ich habe gehört, Müllers machen *dieses Jahr eine Italienreise.* B: (planen, schon seit Jahren) 5. A: Die Eisenbahnergewerkschaft hatte *doch für heute einen Warnstreik* angekündigt. B: (abblasen, im letzten Moment) 6. A: Fritz soll *seit voriger Woche eine neue Stelle* haben. B: (bekommen, auf Empfehlung seines Schwagers) 7. A: Haben Sie schon gehört, daß der Direktor der Städtischen Galerie *vor kurzem einen weiteren Kandinsky* erworben hat? B: (entdecken, ganz durch Zufall, auf einer Londoner Auktion) 8. A: Ich habe gehört, Müllers wollen *hier in der Nähe eine Wohnung* mieten. B: (besichtigen, zusammen mit Müllers) 9. A: Die Firma Meier & Co. hat *gestern eine neue Filiale* eröffnet. B: (einrichten, in dem ehemaligen Bergerschen Geschäft am Markt) 10. A: Eine Dame soll *hier einen Brief für mich* abgegeben haben. B: (abgegeben, im Büro bei Fräulein Lutz) 11. A: Ich habe gehört, daß Dr. Meier *heute abend einen Vortrag über seine Südamerikareise* hält. B: (den Vortrag halten, um 8 Uhr, in der Volkshochschule) 12. A: Ich habe gehört, Meier hat *gestern einen tollen Posten im Ausland* angeboten bekommen. B: (den Posten antreten, schon nächste Woche)

Die zweiteiligen Konjunktionen *so... so* und *je* $\left\{ \begin{array}{l} desto \\ um\ so \end{array} \right\}$:

Diese Konjunktionen treten in Satzgefügen auf, zwischen deren beiden Teilsätzen inhaltlich ein Entsprechungszusammenhang besteht:
(SD 3, 706; DG, 780).

1. | So wenig | er von mir | hält |, | so wenig | | halte | ich von ihm.
| So dumm | er | ist |, | so faul | | ist | er auch.

Es können auch sich entgegenstehende Sachverhalte/Eigenschaften zueinander in Beziehung gesetzt werden; sie entsprechen sich dann lediglich in ihrem Ausmaß:
| So große Erfolge | er | hatte |, | so geringen finanziellen Nutzen | | zog | er aus ihnen.
(= Wenn er auch große Erfolge hatte, so zog er *doch* nur geringen finanziellen Nutzen aus ihnen.)
| So liebenswürdig | er meist | ist |, | so unausstehlich | | kann | er aber auch sein.
(= Wenn er auch meist liebenswürdig ist, so kann er *aber* auch unausstehlich sein.)

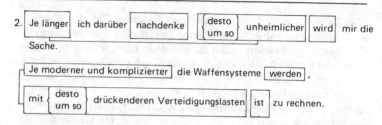

2. | Je länger | ich darüber | nachdenke | { desto / um so } | unheimlicher | wird | mir die Sache.

| Je moderner und komplizierter | die Waffensysteme | werden |,

mit { desto / um so } drückenderen Verteidigungslasten | ist | zu rechnen.

Zur Wortstellung:

Der erste Teil dieser zweiteiligen Konjunktionen leitet einen Nebensatz mit Endstellung, der zweite Teil einen Satz mit Zweitstellung der finiten Verbform ein. Diese Satzgefüge können also nie mit einer finiten Verbform enden.

248 Ü   Schreibe Sätze mit *so . . . so* bzw. *je . . . desto.*

1. Wenn man diesen Stich länger betrachtet, wird man immer mehr Einzelheiten darauf entdecken. 2. Diese Aufgabe ist zwar schwierig, aber interessant. 3. Mit zunehmendem Alter wird man bequemer. 4. Dieser Mensch ist ebenso unfähig wie anmaßend. 5. Als ich mich mit diesem Problem intensiver beschäftigte, erkannte ich mehr und mehr, worauf ich mich da eingelassen hatte. 6. Mit dem Fortschreiten der Automation wird der Bedarf an Arbeitskräften geringer. 7. Das Ziel ist sicher erstrebenswert, es dürfte jedoch schwierig sein, es zu erreichen. 8. Bei höheren Einkommen nimmt die Steuerprogression zu. 9. Dieser Job ist zwar gefährlich, man kann aber auch viel Geld dabei verdienen. 10. Man versuchte, seine Freiheit einzuschränken. Dadurch wurde er nur noch rebellischer. 11. Diese Aufgabe ist ebenso verantwortungsvoll wie reizvoll. 12. Er hatte immer größere Erfolge, er wurde aber auch immer leichtsinniger. 13. Der Stil ist schauerlich, aber der Inhalt des Buches ist interessant. 14. Sind die Geschwindigkeiten hoch, sind die Unfallfolgen um so verheerender. 15. Auf schmalen Straßen nimmt die Gefährlichkeit von Überholmanövern zu. 16. In dem Hotel hat es mir gut gefallen, es war aber auch teuer. 17. In dem Maße, in dem die Schädlichkeit des Zigarettenrauchens erkannt wird, scheint die Zahl der Raucher zuzunehmen.

Temporalsätze

(SD 3, 703 f., 238; DG, 786, 1356 f.)

(Vgl. auch „Forschungsberichte des Instituts für deutsche Sprache", 11 und 15.)

I. *als, wenn*

Vergangenheit	Zukunft

Das im Konjunktionalsatz genannte Geschehen ist punktuell/perfektiv:

Als wir in München ankamen, goß es in Strömen.	*Wenn* ich aus der Schule komme, lerne ich ein Handwerk.
Als sie mich sehen, rennen sie auf und davon.	
Die Gäste brachen erst auf, *als* sie alle unsere Vorräte aufgegessen hatten.	*Wenn* ich diese Arbeit abgeschlossen habe, mache ich erst einmal Urlaub.

Das im Konjunktionalsatz genannte Geschehen ist durativ, erstreckt sich über einen Zeitraum:

Als ich klein war, war das alles ganz anders.	„*Wenn* ich erwachsen bin, werde ich anders sein als meine Eltern", dachte er.
Das waren noch Zeiten, *als* wir jeden Samstagabend Skat spielten!	

II. *immer wenn / jedesmal wenn, sooft* (iterativ)

vergangen	nicht vergangen
Er wurde *jedesmal* böse, *wenn* man ihn daraufhin ansprach.	*Immer wenn* uns Großmutter besucht, bringt sie den Kindern Schokolade mit.
Sooft es klingelte, fuhr er zusammen, weil er Angst hatte, man komme, ihn zu verhaften.	Ich nehme an den Exkursionen des Alpenvereins teil, *sooft* sich mir die Gelegenheit dazu bietet.

III. (Teilweise) Gleichzeitigkeit der in den beiden Teilsätzen genannten Geschehen:

während (längerer Zeitraum, Dauer), *indem* (Augenblick, kurze Zeitspanne)

Das Subjekt in den beiden Teilsätzen ist gleich oder verschieden.	Das Subjekt in den beiden Teilsätzen ist gleich.
Während er noch die Schulbank drückte, träumte *er* schon von den Forschungsreisen, die er einmal unternehmen würde.	*Indem er* das sagte, machte *er* die Andeutung einer Verbeugung.
Herr Meier hat mich vertreten, *während ich* auf Urlaub war.	

IV. Parallelität der in den beiden Teilsätzen genannten Geschehen:

solange

vergangen	nicht vergangen
Solange er seine Zustimmung zu dem Plan verweigerte, war alles blockiert.	*Solange* er seine Zustimmung zu dem Plan verweigert, ist alles blockiert.

V. Das im Konjunktionalsatz genannte Geschehen siegt zeitlich nach
dem Geschehen in dem anderen Teilsatz:
bevor / ehe

vergangen	nicht vergangen
Bevor er mit seinem Studium be-gann, arbeitete er zwei Jahre als Praktikant.	*Bevor* Sie ein Urteil abgeben, sollten Sie sich mit der Sache erst einmal gründlich beschäftigen.
Er schüttelte immer jedem von uns die Hand, *ehe* er ging.	Sprechen Sie sich doch noch mal mit ihm aus, *ehe* Sie sich über ihn beschweren.
Noch ehe er recht begriffen hatte, was geschah, hatten sie ihn schon in ihr Auto gezerrt und rasten mit ihm davon.	Wir müssen, *noch ehe* es dunkel wird, in Kleindorf sein.

VI. Das im Konjunktionalsatz genannte Geschehen geht dem Geschehen in dem
anderen Teilsatz voraus:
nachdem

Das im Konjunktionalsatz genannte Geschehen ist/war abgeschlossen, bevor das in dem anderen Teilsatz genannte Geschehen beginnt/begann.	Der im Konjunktionalsatz genannte Sachverhalt besteht/bestand noch während des Geschehens, das in dem anderen Teilsatz genannt wird.
Nachdem ich das *erfahren habe,* bin ich mißtrauischer denn je.	*Nachdem* nun *feststeht,* daß er mein Nachfolger wird, nehme ich ihn zu allen wichtigen Besprechungen mit.
Nachdem ich das *erfahren hatte,* war ich mißtrauischer denn je.	*Nachdem feststand,* daß er mein Nachfolger werden würde, nahm ich ihn zu allen wichtigen Besprechungen mit.

VII. Das im Konjunktionalsatz genannte Geschehen geht dem Geschehen in
dem anderen Teilsatz unmittelbar voraus:
sobald, sowie

vergangen	nicht vergangen
Sobald sie draußen war, zog sie den Schleier vors Gesicht.	*Sobald* er kommt, sag ich's ihm.
Sowie er mich sah, rannte er auf und davon.	*Sowie* ich etwas Genaueres erfahre, teile ich es Ihnen mit.

VIII. Von einem Zeitpunkt an:
seit/seitdem

Seit er verheiratet *war*, bekam
man ihn kaum noch zu Gesicht.

Seit er Bücher *schrieb,* war er
ein berühmter Mann.

Seit er dieses Buch *geschrieben
hatte,* war er ein berühmter Mann.

Seitdem er aus Versehen seinen
Hund *erschossen hatte,* rührte er
kein Gewehr mehr an.

Seit er verheiratet *ist*, bekommt
man ihn kaum noch zu Gesicht.

Seit er Bücher *schreibt,* ist er
ein berühmter Mann.

Seit er dieses Buch *geschrieben hat,*
ist er ein berühmter Mann.

Seitdem er aus Versehen seinen
Hund *erschossen hat,* rührt er
kein Gewehr mehr an.

IX. Das in dem einen Teilsatz genannte Geschehen reicht heran an das im
Konjunktionalsatz genannte Geschehen:

bis

vergangen	nicht vergangen
Ich wartete, *bis* sie *zurückkam.*	Ich warte hier, *bis* du *zurückkommst.*
Ich wartete, *bis* sie *zurückgekommen war.*	Ich warte hier, *bis* du *zurückgekommen bist.*
Sie wollte nur noch so lange arbeiten, *bis* sie ihre Schulden *abbezahlt hatte.*	Sie will nur noch so lange arbeiten, *bis* sie ihre Schulden *abbezahlt hat.*
Ich habe den Text so oft gelesen, *bis* ich ihn auswendig *konnte.*	Ich werde den Text so oft lesen, *bis* ich ihn auswendig *kann.*

249 Ü Setze passende temporale Konjunktionen ein.

1. . . . . ich endlich an die Reihe kam, waren die letzten Weißwürste
gerade verkauft worden. 2. Sie dürfen nicht lockerlassen. Sie müssen
das, was Ihnen zusteht, so oft fordern, ... Sie es bekommen. 3. Haben Sie noch Verbindung zu ihm? – . . . . er nach Amerika ausgewandert ist, haben wir nichts mehr von ihm gehört. 4. Ich fürchte, er ist
frühestens in vier Wochen zurück. Und . . . . er weg ist, können wir
keinerlei Entscheidung treffen. 5. Wir wurden in einer Pension am
Markt untergebracht. . . . . wir unsere Koffer ausgepackt und uns
umgezogen hatten, machten wir unseren ersten Bummel durch die
Stadt. 6. Er hielt den Daumen auf den Klingelknopf und dachte:
„Jetzt klingle ich so lange, ... sich jemand meldet." 7. Ich hatte
schon viel von ihm gehört, ... ich ihn kennenlernte. 8. . . . . Sie aus
dem Krankenhaus entlassen werden, sind Sie mindestens noch vier
Wochen arbeitsunfähig. 9. . . . . du den Tisch deckst, gehe ich schnell
ein paar Flaschen Bier holen. 10. . . . . ich vom Urlaub zurück bin,
melde ich mich wieder bei Ihnen. 11. . . . . ich bei ihm anrufe, heißt
es, er sei gerade in einer Besprechung. 12. . . . . ich zum nächsten
Punkt komme, möchte ich das Fazit aus meinen bisherigen Über-

legungen ziehen. 13. . . . . der Vertrag nun unter Dach und Fach ist,
sollten wir den Beginn unseres gemeinsamen Projekts nicht mehr
länger hinauszögern. 14. Immer . . . . er einen Brief vom Finanzamt
bekommen hat, ist er ungenießbar. 15. . . . . die Kinder noch klein
waren, hatte ich noch nicht einmal genug Zeit, ins Kino zu gehen.
16. Jedesmal . . . . ich ihn treffe, jammert er mir vor, wie schlecht
es ihm gehe. 17. . . . . er das sagte, drehte er sich um und ließ uns
stehen. 18. . . . . ich die Hintergründe der Geschichte kenne, ver-
stehe ich viel besser, warum er aus dem Unternehmen wieder aus-
gestiegen ist. 19. . . . . er nach Deutschland einreisen durfte, mußte er
monatelang auf eine Arbeitsgenehmigung warten. 20. . . . . ich einmal pensioniert bin, kann ich keine so großen Reisen machen wie
Sie — bei der lächerlichen Rente, die ich zu erwarten habe. 21. . . . .
ich ihn etwas näher kennengelernt hatte, fand ich ihn ganz sympa-
thisch. 22. . . . . ich mich mit der deutschen Grammatik beschäftige,
wundere ich mich, daß es überhaupt Leute gibt, die Deutsch können.
23. . . . . nun auch die Finanzierung des Projekts gesichert ist, kann
ja nichts mehr schiefgehen. 24. Sie winkte dem Wagen nach, ... er
in einer Seitenstraße verschwunden war. 25. Greifen Sie zu, ... der
Vorrat reicht!

250 Ü Ersetze die kursiv gedruckten Ausdrücke durch temporale Konjunk-
tionalsätze.

1. *Zu seinen Lebzeiten* hatten sich alle strikt an diese Regelung zu
halten. 2. *Kurz vor seiner Abreise* besuchte er uns noch einmal.
3. *Nach tagelangen ergebnislosen Beratungen* wurde die Konferenz
abgebrochen. 4. *Bei Ausbruch des Zweiten Weltkriegs* befanden wir
uns auf einer Reise durch die Vereinigten Staaten. 5. *In seinem Bei-
sein* darf von diesen Dingen nicht gesprochen werden. 6. Er blieb *bis
zum Abbruch der Verhandlungen* in Genf. 7. *Sofort nach Klärung
dieser Fragen* werden Sie wieder von uns hören. 8. *Bei ihrer Ankunft
auf dem Flughafen* wurde die siegreiche Fußballmannschaft stür-
misch gefeiert. 9. *Seit seinem Tode* steht das Haus leer. 10. *Bei jedem
Treffen* erörterten sie erst stundenlang Verfahrensfragen. 11. *Während unseres Urlaubs* ist bei uns eingebrochen worden. 12. *Seit dem
Unfall* ist er nicht mehr Auto gefahren. 13. *Bei seinem Eintreten* erhoben sich alle von ihren Plätzen. 14. *Mich von Kopf bis Fuß mu-
sternd,* fragte er mich, warum ich ausgerechnet bei ihm arbeiten wolle. 15. *Seit seiner Ernennung zum Ministerialrat* verkehrt er nicht
mehr mit uns. Wir sind ihm nicht mehr fein genug. 16. *Nach Be-
kanntwerden des Verhandlungsergebnisses* atmete man erleichtert auf.

LÖSUNGEN

1 T Starke Verben mit den Stammvokalen *a, au, o*: verlassen, abfahren, anfangen, einfallen, raten, vorschlagen, lassen, gefallen, einladen; laufen; ausstoßen.
Schwache Verben mit den Stammvokalen *a, au*: zusammenpacken, warten, schaffen, sagen, verpassen; erlauben.
Die schwachen Verben *sich ärgern, läuten, aufhören* haben *ä, äu, ö* als Stammvokal.

2 Ü 1. Läufst du auch so gern Schlittschuh? 2. Bäckst du auch alle deine Kuchen selbst? 3. Lädst du am Wochenende auch oft Freunde ein? 4. Brätst du Fleisch auch immer in Bratfolie? 5. Unterhältst du dich auch so gern mit Leuten, die etwas von der Welt gesehen haben? 6. Verträgst du das Seeklima auch so schlecht? 7. Rätst du auch so gern Kreuzworträtsel? 8. Schlägst du auch so ungern Einladungen aus? 9. Stößt du dich auch immer an der Tischkante?

3 Ü 1. Er bläst doch immer die Trompete. 2. Sie trägt doch jeden Morgen Zeitungen aus. 3. Sie berät uns doch immer gut. 4. Er fällt doch immer durch sein dummes Gerede auf. 5. Er schläft doch jeden Morgen bis 10 Uhr. 6. Er läßt die Haustür doch immer offen. 7. Der verstößt doch immer gegen die Spielregeln. 8. Der besäuft sich doch jeden Tag. 9. Er wäscht doch jedes Wochenende sein Auto.

4 Ü 1. Er fragt doch nie nach den Kindern. 2. Er verfährt sich in der Innenstadt doch immer. 3. Sie verträgt die Majonäse doch nie. 4. Sie bewahrt doch immer alle Schachteln auf. 5. Er malt doch immer Männchen auf die Zeitung. 6. Sie mahlt sie doch immer sehr fein. 7. Sie errät unsere Gedanken doch immer. 8. Er schafft es doch immer allein. 9. Er schaltet es doch immer gleich ein. 10. Er läßt sich doch immer gleich breitschlagen. 11. Sie versalzt die Suppe doch immer. 12. Sie bäckt doch immer nur einen.

5 Ü 1. Du fängst doch sonst immer pünktlich an. 2. Du schaffst es doch sonst immer. 3. Du fragst doch sonst immer danach. 4. Du lädst sie doch sonst immer ein. 5. Du bäckst doch sonst immer einen Käsekuchen. 6. Du machst doch sonst jedes Jahr Obst ein. 7. Du hältst deine Termine doch sonst immer ein. 8. Du läßt sie doch sonst auch immer allein. 9. Du wäschst es doch sonst immer noch ab.

6 Ü 1. Ja, halt(e) gleich hier. 2. Ja, laß ihn am Bahnhof. 3. Ja, lauf schon vor und kauf die Karten. 4. Ja, warte hier auf mich. 5. Ja, lad(e) ihn mal ein. 6. Ja, stoß sie ab. 7. Ja, schlaf noch ein bißchen. 8. Ja, fahr mit. 9. Ja, schaff sie nach oben.

7 Ü Starke Verben: *gehen* und 8 Verben mit *e/i*-Wechsel (sehen, geben, sprechen, weiterhelfen, vorwerfen, eintreten, werden, vergessen).
Schwache Verben: sich et. vorstellen, lernen, sich setzen.

8 Ü   1. Es wäre möglich, daß das Obst inzwischen verdirbt. 2. Es wäre möglich, daß man uns den·wahren Grund verbirgt. 3. Es ist möglich, daß der Schlüsselbart mal abbricht. 4. Es wäre möglich, daß sie den Termin wieder vergißt. 5. In dieser Jahreszeit ist es möglich, daß der Schnee schnell wegschmilzt. 6. Es wäre möglich, daß er diesen Gesichtspunkt übersieht. 7. Es wäre möglich, daß man unserer Firma die besten Facharbeiter abwirbt. 8. Ist es möglich, daß der Vorwurf dir gilt? 9. Es wäre möglich, daß er als Reaktion darauf von seinem Posten zurücktritt.

9 Ü   1. erhebt 2. legt 3. stirbt 4. bewegt 5. vertritt 6. webt 7. setzt 8. wirbt 9. schert 10. stiehlt

10 Ü   1. Ja, miß es noch mal aus. 2. Ja, empfiehl es ihr mal. 3. Ja, tritt wieder aus. 4. Ja, wirf ihn noch heute abend ein. 5. Ja, bewirb dich darum. 6. Ja, nimm dir noch eins. 7. Ja, sieh sie dir mal an. 8. Ja, lies ihn zu Ende.

11 Ü   1. Gib ihm doch noch mal einen Vorschuß. 2. Lies uns doch noch mal etwas vor. 3. Hilf ihm doch noch mal. 4. Sprich doch noch mal mit ihm darüber. 5. Gib doch noch mal nach. 6. Iß doch noch etwas. 7. Vertritt ihn doch noch mal. 8. Lies ihn doch noch einmal durch.

12 Ü   1. Verdirb dir nicht schon wieder den Magen damit. 2. Iß nicht schon wieder so viel Eis. 3. Brich nicht schon wieder einen Henkel ab. 4. Gib nicht schon wieder so viel Geld aus. 5. Stich dir nicht schon wieder in den Finger. 6. Vergiß ihn nicht schon wieder. 7. Stiehl mir nicht schon wieder meine Zeit damit. 8. Erschrick nicht schon wieder vor unserem Dackel. 9. Unterbrich mich nicht schon wieder.

13 Ü   1. Zerbrich dir deswegen nicht länger den Kopf. 2. Sprich nicht länger davon. 3. Sieh nicht länger tatenlos zu. 4. Vertritt nicht länger die Interessen anderer. 5. Verdirb mir in Zukunft nicht mehr die Freude. 6. Gib in Zukunft nicht mehr so viel Geld aus. 7. Nimm dir in Zukunft nicht mehr so viel vor. 8. Versprich in Zukunft nicht mehr so viel.

14 T   Schwache Verben: entwurzeln; kentern, schleudern; beschädigen, beseitigen; blockieren; zerstören, wüten, toben, berichten, erreichen, sich verklemmen, erfassen, versagen. Starke Verben: ansteigen, herabreißen, sich verlieren, schließen, sinken, ertrinken, zurückschwimmen, sterben, bergen, auseinanderbrechen, kommen, geben, fahren, geraten, laufen, untergehen.

15 Ü   1. geklingelt 2. geöffnet 3. gefunden 4. geschadet, genützt 5. geatmet 6. geärgert, gesagt 7. geschrieben, geantwortet 8. geblitzt, gedonnert, geregnet

16 Ü   1. bezahlt, angeschafft 2. abgeholt, empfangen 3. gehört, verschenkt 4. entlassen, eingetreten 5. zerstört, aufgebaut 6. einberufen, zurückgerufen 7. miterlebt 8. vorbereitet, vorgesorgt 9. ersetzt, ausgelegt

17 Ü   1. einstudiert 2. probiert 3. ausprobiert 4. prophezeit 5. hinausposaunt 6. elektrisiert 7. rumort 8. herumkrakeelt 9. desinfiziert

18 Ü   1. durchgehalten 2. durchquert 3. überboten 4. übergegriffen 5. untergestellt 6. unternommen 7. umarmt 8. umgedreht 9. widerrufen 10. widergespiegelt 11. vollstreckt 12. vollgestopft

19 Ü   1. durchfahren / durchgefahren 2. durchschlagen / durchgeschlagen 3. durchgesetzt / durchsetzt 4. übersprungen / übergesprungen 5. übergangen / übergegangen 6. übergestanden / überstanden 7. umgefahren / umfahren 8. umgangen / umgegangen 9. umrissen / umgerissen 10. untergegraben / untergraben 11. untergestellt / unterstellt 12. unterhalten / untergehalten

20 Ü   1. gefrühstückt 2. notgelandet 3. gelangweilt 4. gehandhabt 5. hausgehalten 6. gewetteifert 7. gewallfahrtet 8. gemaßregelt

21 Ü   1. stritten 2. schwieg 3. blieb 4. schlich 5. schrie 6. riß 7. griff 8. glichen 9. trieb

22 Ü   1. flog 2. goß 3. bot 4. wog 5. roch 6. froren 7. schloß 8. verkroch 9. zog 10. schoß

23 Ü   1. entronnen 2. verschwunden 3. begonnen 4. geschwommen, ertrunken 5. empfunden 6. gelungen 7. besonnen 8. gesunken 9. gewonnen, zerronnen

24 Ü   1. geholfen 2. verbarg 3. erworben 4. vergalt 5. verdorben 6. warf 7. ausgescholten 8. wurde 9. überworfen

25 Ü   1. empfohlen 2. vergessen 3. gebeten 4. angetroffen 5. gestochen 6. geschehen 7. gelegen 8. davongestohlen 9. gegessen

26 Ü   1. lud 2. blies 3. fing 4. ließ, fuhr 5. stießen 6. vergrub 7. hing 8. hielt 9. schlug 10. fiel 11. liefen 12. riet

27 T   Die Präteritumformen in der Reihenfolge, in der sie im Text vorkommen: war, lag, war, kapitulierte, übertrug, berief, stieß, ausbat, empfingen, ließ, saß, begutachtete, stellte auf, fuhr ab, gaben, stachelte an, schonte, forderte, eintraf, luden um, gelangte, führte ein, wies zu, übernahmen, entstand, traten auf, verursachten, warfen zurück, ermutigte, verlor, gewannen, vergaß, hielt ab, vorsprach, hörte an, wuchs, genoß, dauerten, war geschafft, passierte, glitt, befanden sich, zog vor, vorüberkam, jubelten zu, ging, (war geworden), fand, galten. Starke Verben nach Gruppen geordnet: I. zuweisen, gleiten II. verlieren, vorziehen, genießen III. sich befinden, finden, gewinnen, gelten, zurückwerfen IV. übernehmen, eintreffen, vorsprechen, vorüberkommen V. geben, auftreten, vergessen; liegen, sich et. ausbitten, sitzen VI. übertragen, abfahren, umladen, wachsen VII. lassen, abhalten, stoßen, berufen, empfangen. Außerdem: (vor Anker) gehen, entstehen

28 Ü   1. Biß 2. Ritte 3. Schliff 4. Antrieb 5. Schnitt 6. Anstrich 7. Vertrieb 8. Angriff 9. Einstieg, Ausstieg 10. Riß

29 Ü 1. Flug 2. Schüsse 3. Zug 4. Geruch 5. Schub(lade) 6. (Laden)schluß-(gesetz) 7. Genuß 8. Anzug 9. (Tiefland)fluß 10. Verdruß

30 Ü 1. gemahlen, gemahlenen, mahlst 2. gemalt / mahlt 3. ausgemahlen / ausgemalt 4. versalzen, salzt, gesalzenen 5. gespaltene / gespalten

31 Ü 1. brannte, gebrannt 2. kannte, gekannt, 3. erkannte, anerkannt 4. nannten, genannt 5. ernannte, ernannt 6. rannten, gerannt 7. gebracht, brachte 8. dachte, gedacht 9. nachdachte, nachgedacht

32 Ü 1. gesendet 2. sandte 3. gesendet 4. sandten 5. gesendet 6. gesendet 7. gesandt 8. gesendet 9. sandte

33 Ü 1. Die britische Botschaft sandte die Unterlagen noch am selben Tag mit Kurierpost ab. Sie hat . . . abgesandt. 2. Die Firma Meier sandte uns regelmäßig Preislisten zu. Sie hat . . . zugesandt / zugesendet. 3. Man sandte ihm alle wichtigen Briefe an seine Urlaubsadresse nach. Man hat . . . nachgesandt / nachgesendet. 4. Er sandte das Protestschreiben ohne Kommentar an den Absender zurück. Er hat . . . zurückgesandt. 5. Der Vorstand der Gewerkschaft versandte ein Eil-Rundschreiben an alle Mitglieder. Er hat . . . versandt / versendet. 6. Irische und schottische Klöster sandten christliche Missionare zu den Heiden aus. Sie haben . . . ausgesandt. 7. Die Sowjetunion entsandte Militärberater nach Ägypten. Sie hat . . . entsandt. 8. Wir sandten die angeforderten Unterlagen termingerecht ein. Wir haben . . . eingesandt. 9. Das Amtsgericht sandte mir eine Kopie des Testaments zu. Es hat . . . zugesandt. 10. Er übersandte mir Grüße von Ihrem Herrn Vater. Er hat . . . übersandt.

34 Ü 1. wandte 2. gewendet 3. wendete 4. wandte 5. wendete 6. gewendet 7. wandte 8. gewendet 9. gewandt 10. gewendet

35 Ü 1. Er wendete durch sein Verhandlungsgeschick das Scheitern der Konferenz ab. Er hat . . . abgewendet. 2. Er wendete sich entsetzt ab und rannte aus dem Zimmer. Er hat sich . . . abgewendet und ist . . . gerannt. 3. Der Politiker wendete/wandte die Theorie konsequent auf seine politischen Entscheidungen an. Er hat . . . angewendet/angewandt. 4. Die Polizei wendete Gewalt an, um die Demonstranten am Eindringen in das Gebäude zu hindern. Die Polizei hat . . . angewendet, ... 5. Er wendete das Mittel äußerlich an; er hätte es aber auch einnehmen können. Er hat . . . angewendet; . . . . 6. Sie wendete/wandte viel Zeit und Mühe auf, um ihr Ziel zu erreichen. Sie hat . . . aufgewendet/aufgewandt, . . . 7. Der Geschäftsführer wandte/wendete dagegen ein, daß das Unternehmen zu kostspielig sei. Der Geschäftsführer hat . . . eingewandt/eingewendet, ... 8. Sie wendete ihm die Notenblätter um. Sie hat . . . umgewendet. 9. Sie schritt erhobenen Hauptes von dannen und wandte/wendete sich kein einziges Mal um. Sie ist . . . geschritten und hat sich . . . umgewandt/umgewendet. 10. Nur drei Lehrer verwendeten das neue Lehrbuch im Unterricht. Nur drei Lehrer haben . . . verwendet. 11. Der Gastgeber wandte/wendete sich seiner Tischnachbarin zu und begann ein Gespräch mit ihr. Der Gastgeber hat sich . . . zugewandt/zugewendet und hat . . . begonnen. 12. Er wandte sich danach neuen Aufgaben zu. Er hat sich . . . zugewandt.

36 Ü 1. bewegt 2. bewegt 3. bewogen 4. bewegte 5. bewegt 6. bewegte 7. bewegten 8. bewogen

37 Ü 1. geschaffen 2. schuf 3. geschafft 4. geschaffen 5. geschafft 6. geschaffen 7. geschafft 8. geschaffen 9. geschaffen 10. geschafft 11. geschafft

38 Ü 1. Er verschaffte sich auf noch nicht geklärte Weise Zutritt zu den Büroräumen. Er hat sich . . . verschafft. 2. Man schaffte in vielen Schulen den Lateinunterricht ab. Man hat . . . abgeschafft. 3. Er beschaffte sich gefälschte Papiere und eine Aufenthaltsgenehmigung. Er hat sich . . . beschafft. 4. Er schaffte alle belastenden Briefe beiseite. Er hat . . . beiseite geschafft. 5. Die beiden schafften sich zunächst das Nötigste für den Haushalt an. Die beiden haben sich . . . angeschafft.

39 Ü 1. geschliffen 2. geschleift 3. geschliffen 4. schleifte 5. geschliffen 6. schleifte 7. schleiften

40 Ü 1. erschreckt 2. erschrocken 3. erschrak 4. erschrickt 5. erschreckt 6. erschreckte 7. erschrak

41 Ü 1. geschreckt, schreckte, schreckte 2. abgeschreckt, abgeschreckt, schreckte, abgeschreckt 3. aufgeschreckt, schrak/schreckte (auf) 4. verschreckt, verschreckt

42 Ü 1. gehangen, gehängt 2. gehängt, gehangen 3. gehängt, gehangen 4. gehängt, hingen 5. hängten, hingen 6. gehangen, gehängt

43 Ü 1. abgehängt, abgehängt, hing 2. angehängt, hing, hingen 3. aufgehängt, aufgehängt, aufgehängt 4. ausgehängt, ausgehangen, ausgehängt 5. behängt 6. hingen 7. eingehängt, eingehängt 8. erhängt 9. hing 10. hing 11. umgehängt, hängte 12. verhängte(n), verhängten 13. weggehängt 14. zugehängt 15. hingen

44 T Die Perfekt-/Plusquamperfektformen in der Reihenfolge, in der sie im Text vorkommen: ist . . . zurückgekommen, gedauert hat, hatte . . . erwartet, sind . . . weggeblieben, beabsichtigt hatten, ist . . . (spät) geworden, habe . . . mich . . . beeilt, habe . . . gehabt, bin . . . durchgekommen, ist . . . gelaufen, gelungen ist, bin . . . gescheitert, hat . . . geklappt, hat . . . gegeben, ist dagewesen, ist gestorben, ist . . . geraten, hat . . . gezahlt, sind . . . gewesen, hab' . . . gegeben, hat sich . . . aufgeregt, angetroffen hat, hat . . . gesagt, hat . . . gewartet, ist . . . hiergeblieben, hat . . . sich's . . . überlegt, ist gegangen, haben . . . gegessen, hab' . . . gekonnt, habe . . . warten müssen, hat geläutet.

45 Ü 1. Er hat dein Bestes gewollt. 2. Wir haben ihn alle nicht gemocht. 3. Er hat nichts dafür gekonnt. 4. Das hat er ganz bestimmt nicht gewollt. 5. Er hat nie Zeit für uns gehabt. 6. Hat er nicht ein Landhaus am Starnberger See gehabt? 7. Der Zug hat in Würzburg nur zwei Minuten Aufenthalt gehabt. 8. Was hat sie denn heute angehabt? 9. Ich habe viel zuviel Sachen mitgehabt.

46 Ü 1. Das ist schon immer so gewesen. 2. Wo bist du denn so lange gewesen? 3. Er ist von Anfang an dagegen gewesen. 4. Ist er nicht zunächst Englischlehrer gewesen? 5. Er ist nur drei Tage bei uns geblieben. 6. Meine Familie ist diesmal von der Grippe verschont geblieben. 7. Er ist auch weiterhin Vorsitzender des Vereins geblieben. 8. Sie ist seelenruhig sitzen geblieben. 9. Die Antwort ist er uns schuldig geblieben. 10. Wir sind bis Mitternacht aufgeblieben. 11. Er ist mit seinem Wagen in einer Schneewehe steckengeblieben. 12. Die ganze Arbeit ist an mir hängengeblieben.

47 Ü 1. Er hat das nicht eingesehen. 2. Er hat zu hohe Anforderungen an seine Leute gestellt. 3. Ich habe für Großmutter einen Sessel ans Fenster geschoben. 4. Du hast ja schon wieder falsch überholt. 5. Er hat mich immer gut bedient. 6. Das habe ich auch gar nicht erwartet. 7. Er hat schon lange nicht mehr nach dir gefragt. 8. Sie hat mir nie eine Bitte abgeschlagen. 9. Er hat sie jeden Abend vom Büro abgeholt. 10. Plötzlich hat ein alter Mann die Straße überquert.

48 Ü 1. Die Sonne hat gestern den ganzen Tag geschienen. 2. Die Obstbäume haben dieses Jahr schon Anfang April geblüht. 3. In seinem Arbeitszimmer hat die ganze Nacht das Licht gebrannt. 4. Er hat äußerst bescheiden und zurückgezogen gelebt. 5. Er hat die ganze Nacht an ihrem Bett gewacht. 6. Hat ein begründeter Verdacht gegen ihn vorgelegen? 7. Hat diese Möglichkeit wirklich bestanden? 8. Ich habe jahrelang vergeblich gewartet. 9. In den letzten Monaten hat er wieder gekränkelt. 10. Er hat immer bei offenem Fenster geschlafen.

49 Ü 1. Aber heute bin ich eingeschlafen. 2. Aber heute bin ich zu spät aufgewacht. 3. Aber dieses Jahr sind sie alle verfault. 4. Aber dieses Jahr sind sie erst Ende September gereift. 5. Aber dieses Jahr sind sie schon viel früher verblüht. 6. Aber diesen Winter ist er zugefroren. 7. Aber diesen Winter ist sie eingefroren. 8. Aber diesen Sommer ist er ausgetrocknet. 9. Aber dieser Anstrich ist abgeblättert. 10. Aber dieses Unternehmen ist gescheitert.

50 Ü 1. Er ist ein guter Arzt geworden. 2. Es ist auffallend still um den Schlagersänger geworden. 3. Er ist gestern 60 Jahre alt geworden. 4. Es ist Mitternacht geworden, bis sie zu einem Entschluß gekommen sind. 5. Das ist bei ihr zur fixen Idee geworden. 6. Schließlich ist er schwermütig geworden. 7. Was ist denn aus der Sache geworden?

51 Ü 1. Der Ball ist ins Tor gerollt. 2. Er ist über eine Baumwurzel gestolpert und hingefallen. 3. Der Botschafter ist noch gestern abend nach Rom zurückgeflogen. 4. Obwohl die Maschine in München pünktlich gestartet ist, ist sie mit erheblicher Verspätung in Rom eingetroffen. 5. Er ist bei strömendem Regen in Rom angekommen. 6. In einem unbewachten Augenblick sind die Kinder auf den Kirschbaum geklettert. 7. Das Taxi ist bei Rot über die Kreuzung gerast. 8. Wir sind versehentlich in ein Abteil der 1. Klasse eingestiegen. 9. Sie sind in einen Neubau umgezogen. 10. Er ist auf dem frisch gewachsten Parkett ausgerutscht.

52 Ü 1. Er ist eingetreten, ohne anzuklopfen. / In dem Moment hat ein Clown die Arena betreten. 2. Sie sind Arm in Arm über den Marktplatz gegangen. / Sie haben die Straße an der falschen Stelle überquert. 3. Das Taxi hat uns rechts überholt. / Er ist dem Lastwagen im letzten Moment ausgewichen. 4. Er ist in eine Wohnung im Stadtzentrum umgezogen. / Später haben sie eine Neubauwohnung bezogen. 5. Das Schiff ist gestern mit Kurs auf Marseille ausgelaufen. / Der Frachter hat den Hafen von Rotterdam angelaufen. 6. Ein halbes Jahr später sind sie wieder ausgezogen. / Die Herren haben ihre Jacken ausgezogen. 7. Sie sind vor uns ausgerissen. / Er hat das Steuer herumgerissen und ist in einen Feldweg eingebogen.

53 Ü 1. Kurz entschlossen ist er hineingegangen. Bolivar ist als Befreier Südamerikas in die Geschichte eingegangen. Uns sind alle Geranien eingegangen. 2. Im Dunkeln ist er in eine Pfütze getreten. Er ist in eine Rechtspartei eingetreten. Es sind unvorhergesehene Schwierigkeiten eingetreten. 3. Der Blumentopf ist mitten auf die Straße gefallen. Der Dollarkurs ist gestern auf den diesjährigen Tiefststand gefallen. Er ist auf die Idee verfallen, Sanskrit zu lernen. 4. Er ist ins Hotel zurückgegangen. Die Gewinne sind im vergangenen Jahr erheblich zurückgegangen. Da ist mir·die Lust vergangen. Auf der Party ist es hoch hergegangen. Da ist's zugegangen! 5. Wir sind durch das Stadtzentrum gefahren. Der Schreck ist ihm durch alle Glieder gefahren. Er ist nicht gerade kollegial mit ihm verfahren. 6. Er ist vorausgelaufen, um Plätze für uns zu reservieren. Der Vertrag ist zum Jahresende ausgelaufen. Es ist alles abgelaufen, wie es geplant war. 7. Er ist oft mit ihr ausgegangen. Wie ist denn die Geschichte ausgegangen? Uns sind die Mittel ausgegangen. Plötzlich ist das Licht ausgegangen. Da ist mir ein Licht aufgegangen. 8. Dann sind wir in häßliche Industrieviertel gekommen. Das Unternehmen ist in finanzielle Schwierigkeiten gekommen. Er ist nie mit seinem Geld ausgekommen. Die Tabletten sind ihm nicht bekommen. 9. Wir sind in einen tiefen, finsteren Wald geraten. Er ist auf Abwege geraten. Die Familie ist unverschuldet in Not geraten. Der Wagen ist ins Schleudern geraten. 10. Durch einen Seiteneingang sind wir wieder auf die Straße gelangt. Der Brief ist nie in seine Hände gelangt. Er ist ans Ziel seiner Wünsche gelangt. Viele Wagneropern sind in München zur Uraufführung gelangt.

54 Ü 1. Bist du früher auch so gern Rollschuh gelaufen? 2. Bist du früher auch lieber Riesenrad als Karussell gefahren? 3. Bist du früher auch Schlittschuh gelaufen? 4. Bist du früher auch so gern Kettenkarussell gefahren? 5. Bist du früher im Sommer auch immer Motorboot gefahren? 6. Bist du früher auch jeden Winter Schlitten gefahren? 7. Bist du früher auch so gern Roller gefahren? 8. Bist du früher auf dem Oktoberfest auch immer Achterbahn gefahren?

55 Ü 1. Er ist die Wendeltreppe hinaufgestiegen. 2. Er ist den Hang hinuntergepurzelt. 3. Wir sind sieben Kilometer in einer Stunde marschiert. 4. Er ist zehn Stunden an einem Stück gefahren. 5. Der Arzt ist jeden Tag gekommen. 6. Sie ist die Treppe hinuntergestürzt. 7. Der Ball ist noch einige Meter weitergerollt. 8. Er ist weite Strecken zu Fuß gegangen. 9. Wir sind die Strecke München-Hamburg in gut einer Stunde geflogen.

56 Ü 1. Er hat sich immer wieder schnell erholt. 2. Er hat sich immer so leicht erkältet. 3. Er hat sich immer zu viel vorgenommen. 4. Ich habe mich immer wieder über seine Leistungsfähigkeit gewundert. 5. Er hat sich immer sehr korrekt benommen. 6. Er hat sich nur selten verspätet. 7. Er hat sich um nichts gekümmert. 8. Er hat sich nicht immer klug verhalten.

57 Ü 1. Er hat sich nie geschont. 2. Er hat sich am Arm verletzt. 3. Er hat sich gründlich auf die Prüfung vorbereitet. 4. Er hat sich gefragt, wie es weitergehen solle. 5. Er hat sich mit an den Haaren herbeigezogenen Argumenten verteidigt. 6. Er hat sich wegen dieses Fauxpas entschuldigt. 7. Er hat sich mit jedem Wort, das er sagte, blamiert. 8. Er hat sich vor seinem Fernsehauftritt geschminkt.

58 Ü 1. Sie sind sich nach Möglichkeit aus dem Weg gegangen. 2. Sie sind sich immer wieder in die Quere gekommen. 3. Sie sind sich wegen der Erbschaft in die Haare geraten. 4. Sie sind sich in den Rücken gefallen. 5. Durch ihre gemeinsamen Interessen sind sie sich allmählich nähergekommen. 6. Sie sind sich mit ausgebreiteten Armen entgegengegangen. 7. Gerührt sind sie sich um den Hals gefallen. 8. Die beiden Firmen sind sich beim Aushandeln der Vertragsbedingungen entgegengekommen.

59 Ü 1. hat . . . geschneit 2. hat getaut 3. hat . . . geregnet 4. hat . . . gehagelt 5. hat geklingelt 6. hat . . . geklopft 7. hat gerochen 8. hat . . . gefehlt 9. hat . . . geklappt. 10. hat . . . gedrängt

60 Ü 1. Das ist hin und wieder mal vorgekommen. 2. In diesem langweiligen Laden ist nie etwas Besonderes vorgefallen. 3. Das ist ja nicht zum ersten Mal passiert. 4. Was ich dir jetzt erzähle, ist vor vielen, vielen Jahren geschehen. 5. Fehler dieser Art sind ihm nie unterlaufen. 6. Auf Reisen sind ihm die merkwürdigsten Dinge widerfahren. 7. Wer weiß, was ihm da alles zugestoßen ist. 8. Nach der Operation ist eine merkliche Besserung seines Gesundheitszustandes eingetreten. 9. Jeden Tag sind neue Schwierigkeiten aufgetreten. 10. Diese Vorfälle haben sich am Hofe Ludwigs XIV. zugetragen. 11. Was sich hinter den Kulissen abgespielt hat, ist noch immer nicht aufgeklärt. 12. Über Pfingsten haben sich auf allen bundesdeutschen Autobahnen schwere Verkehrsunfälle ereignet.

61 Ü 1. ist . . . gelungen 2. ist . . . mißlungen 3. ist . . . geraten 4. ist . . . mißraten 5. ist . . . geglückt 6. ist mißglückt 7. ist . . . schiefgegangen 8. fehlgeschlagen ist

62 Ü 1. Sie haben bis nach Mitternacht getanzt. / Sie sind quer über die Tanzfläche bis zur Terrasse getanzt. 2. Sie sind ans andere Ufer gerudert. / Früher hat er begeistert gerudert. 3. Er hat/ist täglich seine 2 000 m gelaufen, um fit zu bleiben. / Im Dauerlauf ist er zur nächsten Telefonzelle gelaufen. 4. Sie hat/ist im Sommer jeden Tag eine halbe Stunde geschwommen. / Sie ist über den Bodensee geschwommen. 5. Sie sind quer durch den Wald geritten. / Sie hat jahrelang im Pfälzer Reiterverein geritten. 6. Sie sind am Ufer entlanggepaddelt. / Früher habe ich sehr gern gepaddelt.

63 Ü 1. Er ist noch gestern abend nach Paris geflogen. / Er hat zum ersten Mal eine Düsenmaschine geflogen. 2. Unsere Maschine ist pünktlich gestartet. / Der Pilot hat die Maschine auf Startbahn 7 gestartet. 3. Die Maschine ist ohne Zwischenfälle in München-Riem gelandet. / Die Alliierten haben Fallschirmjäger hinter den deutschen Linien gelandet. 4. Er hat seinen Wagen beim Technischen Überwachungs-Verein vorgefahren. / Er ist in seinem Dienst-Mercedes vorgefahren. 5. Er hat einen Schimmel geritten. / Der General ist immer auf einem Schimmel zum Exerzierplatz geritten.

64 Ü 1. Der Motor ist einfach nicht angesprungen. / Plötzlich hat ihn ein zottiger Hund angesprungen. 2. Er ist auf erbitterten Widerstand gestoßen. / In seiner Erregung hat er die chinesische Vase vom Buffet gestoßen. 3. Nach einem Krach mit dem Hausbesitzer ist er ausgezogen. / Trotz der Hitze im Saal hat keiner der Herren am Vorstandstisch die Jacke ausgezogen. 4. Der Tanker hat den Hafen von Rotterdam angelaufen. / Die Produktion ist später angelaufen als geplant. 5. Wir sind schon in aller Herrgottsfrühe aufgebrochen. / Beim Einbruch in die Mohrenapotheke haben Unbekannte den Giftschrank aufgebrochen. 6. Der Zug ist schon mit Verspätung abgefahren. / Sie haben lastwagenweise Schutt abgefahren. 7. Er hat den Draht geradegebogen. / Der Wagen ist in die Luisenstraße eingebogen. 8. Diese Unsitte ist mehr und mehr eingerissen. / Die Nachbarkinder haben unsere Sandburgen immer wieder eingerissen.

65 Ü 1. hat / ist 2. ist / hat 3. hat / ist 4. ist / hat 5. haben / ist 6. hat / ist 7. sind / haben 8. hat / ist 9. ist / hat 10. sind / hat

66 Ü 1. hat . . . angefangen, hat . . . aufgehört 2. hat . . . angefangen, hat . . . aufgehört 3. hat . . . eingesetzt 4. hat . . . ausgesetzt 5. ist . . . angegangen, ist . . . ausgegangen 6. ist . . . losgegangen 7. ist . . . zu Ende gegangen 8. ist . . . angelaufen 9. ist . . . ausgelaufen 10. ist . . . abgelaufen 11. ist . . . angebrochen 12. ist . . . ausgebrochen

67 Ü 1. reifen 2. faulen 3. verwelkt sind 4. sind . . . veraltet 5. sind . . . verblaßt 6. sind vertrocknet 7. verdorrt ist 8. ist . . . verfault 9. sind vermorscht 10. sind . . . verödet 11. gesundet ist 12. erstarkt ist

68 Ü 1. ist . . . ergraut 2. ermüdet 3. ist . . . erblindet 4. errötete 5. erblaßte 6. erstarrte 7. verstummte 8. ist . . . vereinsamt 9. verdummt ist/verblödet ist 10. ist . . . erwacht 11. erlahmt 12. sind . . . verarmt

69 Ü 1. verengt sich 2. hat sich . . . versteift 3. verdüsterte sich 4. erwärmt sich

70 Ü 1. Der Ausschlag hat sich durch die Salbe noch verschlimmert. 2. Das Straßenbild hat sich durch die neuen Schaufenster belebt. 3. Die wirtschaftliche Lage der Entwicklungsländer hat sich durch die gestiegenen Ölpreise verschlechtert. 4. Die Fronten haben sich durch seine unbedachten Äußerungen noch mehr verhärtet. 5. Die Aussichten auf Frieden in der Welt haben sich durch diesen Konflikt verringert. 6. Die Spannungen im Vorderen Orient haben

sich durch die diplomatische Tätigkeit Kissingers entschärft. 7. Die Friedenschancen haben sich durch das militärische Patt der Supermächte vergrößert.
8. Die Unsicherheit in der Bevölkerung hat sich durch die Entschlußlosigkeit
der Regierung noch verstärkt. 9. Die Kluft zwischen den Regierungsparteien
und der Opposition hat sich durch die letzte Bundestagsdebatte noch vertieft.

71 Ü   1. Über seine Rücksichtslosigkeit habe ich mich wirklich geärgert. 2. Wir
haben uns über die altklugen Bemerkungen des Kleinen sehr amüsiert. 3. Ich
habe mich über seine ablehnende Haltung nicht im geringsten gewundert.
4. Ich habe mich über Ihren reizenden Brief sehr gefreut. 5. Ich habe mich über
ihre abfälligen Bemerkungen sehr geärgert.

72 Ü   1. Er hat sich über die Unordnung in unserem Büro aufgeregt. 2. Sogar
seine besten Freunde haben sich über sein Verhalten entrüstet. 3. Die Öffentlichkeit hat sich über das Vorgehen der Polizei empört.

73 Ü   1. Können Sie sich nicht noch einen Augenblick gedulden? / Können Sie
nicht noch einen Augenblick warten? 2. Das Büro des Chefs ist am Ende des
Gangs. / Das Büro des Chefs befindet sich am Ende des Gangs. 3. Ich habe
nicht gewagt, ihn danach zu fragen. / Ich habe mich nicht getraut, ihn danach
zu fragen. 4. Er hat nicht lange überlegt und hat die Gelegenheit beim Schopfe
ergriffen. / Er hat sich nicht lange besonnen und hat die Gelegenheit beim Schopfe ergriffen. 5. Es geht um eine private Angelegenheit. / Es handelt sich um eine
private Angelegenheit. 6. Er stand auf und verließ unter Protest den Saal. / Er
erhob sich und verließ unter Protest den Saal. 7. Er gab sich mit dem Erreichten zufrieden. / Er war mit dem Erreichten zufrieden. 8. Die Übung 68 besteht
aus 12 Sätzen. / Die Übung 68 setzt sich aus 12 Sätzen zusammen. 9. Die Produktionskosten erhöhen sich laufend. / Die Produktionskosten steigen laufend.
10. Wir haben beschlossen, eine Eigentumswohnung zu kaufen. / Wir haben
uns entschlossen, eine Eigentumswohnung zu kaufen. 11. Ich garantiere dafür,
daß die Arbeiten rechtzeitig abgeschlossen werden. / Ich verbürge mich dafür,
daß die Arbeiten rechtzeitig abgeschlossen werden. 12. Aus alldem ergibt sich,
daß unsere Entscheidung richtig war. / Aus alldem folgt, daß unsere Entscheidung richtig war. 13. Ich staune immer wieder darüber, daß ihm noch niemand
auf die Schliche gekommen ist. / Ich wundere mich immer wieder darüber, daß
ihm noch niemand auf die Schliche gekommen ist. 14. Die Ordnung hier hebt
sich wohltuend von dem Durcheinander in unserem Büro ab. / Die Ordnung
hier sticht wohltuend von dem Durcheinander in unserem Büro ab. 15. Der
Wald erstreckt sich bis an den Fuß des Gebirges. / Der Wald reicht bis an den
Fuß des Gebirges. 16. Er hat es abgelehnt, über diesen Punkt zu verhandeln. /
Er hat sich geweigert, über diesen Punkt zu verhandeln.

74 Ü   1. Die Teilnehmer an der Konferenz haben sich schon in den Konferenzraum begeben. 2. Die ersten Gäste haben sich bereits gestern abend eingefun-
den. 3. Bei dieser Gelegenheit hat sich herausgestellt, daß er auch an früheren
Einbrüchen beteiligt war. 4. In der Zwischenzeit hat sich nichts Besonderes ereignet. 5. Ich weiß nicht mehr genau, wann sich das zugetragen hat. 6. Wer
weiß, was sich da alles abgespielt hat.

75 Ü   1. mir 2. mir 3. dir 4. mir 5. mir 6. mir

76 Ü   1. Meine Kritik bezieht sich besonders auf den zweiten Teil des Buches. 2. Er hielt sich mehrere Krawatten vor; schließlich entschied er sich für eine rote. 3. In all seinen Beschlüssen bemüht sich der Betriebsrat um eine Verbesserung des Betriebsklimas. 4. Der Betriebsrat hat sich gegen diese Regelung mit Mehrheit ausgesprochen. 5. Der Vorstand hat sich für diese Maßnahme ausgesprochen. 6. Die Zinsen belaufen sich jährlich auf etwa 200 Mark.

77 Ü   1. Hans hat sich inzwischen mit Emil angefreundet. 2. Frau Meier hat sich mit Frau Müller wegen der Treppenreinigung verkracht. 3. Hans hat sich mit Fritz zu gemeinsamer Arbeit zusammengetan. 4. Der Geschäftsinhaber hat sich mit dem Geschäftsführer wegen der Höhe des Werbeetats überworfen. 5. Die revoltierenden Matrosen verbrüderten sich mit den streikenden Arbeitern. 6. Die Kommunisten haben sich mit der linken Mitte gegen die Rechtsparteien verbündet. 7. Für das Abschlußkommuniqué einigte sich Nixon mit Breschnew auf eine Kompromißformel.

78 Ü   1. Die beiden zankten sich um die Beute. 2. Er und seine Verwandten zerstritten sich wegen der Verteilung der Erbschaft. 3. Die Stadt München und der Freistaat Bayern teilen sich in die Kosten des Projekts. 4. Die beiden verbanden sich zu gemeinsamem Vorgehen. 5. Er und alle seine früheren Freunde haben sich verfeindet. 6. Wenn sich die beiden einmal offen ausgesprochen hätten, wäre es zu vielen Mißverständnissen gar nicht erst gekommen. 7. Die Konservativen und die Rechtsliberalen haben sich zu einer neuen Partei zusammengeschlossen.

79 Ü   1. Die beiden Kreise überschneiden sich. 2. Die beiden Geraden schneiden sich im Punkt Y. 3. Die beiden Bereiche überlappen sich. 4. Die beiden Aussagen decken sich nicht. 5. Die beiden Prinzipien vereinbaren sich nicht. 6. Die beiden Briefe haben sich gekreuzt.

80 Ü   1. zueinander 2. aufeinander 3. voreinander 4. voneinander 5. aufeinander 6. gegeneinander 7. füreinander 8. aneinander 9. miteinander 10. voneinander 11. gegeneinander 12. aufeinander

81 Ü   1. füreinander 2. umeinander 3. ineinander 4. aufeinander 5. voneinander 6. übereinander 7. aneinander 8. voreinander

82 T   lebenssteiger-nd/er, umfass-end/er, leberschütz-end, durchblutungsförder-nd, kräftig-end, kreislaufförder-nd, aktivier-end, regenerier-end, konzentrationsförder-nd, gedächtnisförder-nd

83 Ü   1. Dieser Schluß ist naheliegend. 2. Die Ruhe hier draußen ist wohltuend. 3. Diese Behauptung ist unzutreffend. 4. Das Buch ist unterhaltend und belehrend zugleich. 5. Ein kaltes Bad ist erfrischend 6. Mit unserer neuen Wohnung sind wir ganz zufrieden; nur der Verkehrslärm ist störend. 7. Diese Beweisführung war einleuchtend. 8. Seine Antwort war entlarvend.

84 Ü   1. Die Fülle der Argumente war verwirrend für die Zuhörer. 2. Die lange Serie von Rückschlägen war entmutigend für ihn. 3. Die dauernden Streß-

situationen waren aufreibend für ihn. 4. Das Unverständnis seiner Umgebung
war deprimierend für ihn. 5. Seine Äußerungen waren beleidigend für das Andenken des Verstorbenen. 6. Die langen Spaziergänge waren ermüdend für den
alten Herrn. 7. Solche Gewaltmärsche waren zu anstrengend für ihn. 8. Das beharrliche Schweigen der offiziellen Stellen war beunruhigend für die Bevölkerung.

85 Ü   1. Seine Worte wirkten beruhigend auf die aufgeregte Menge. 2. Seine
positive Kritik wirkte befruchtend auf die Arbeit seiner Kollegen. 3. Die Arroganz dieser Leute wirkte abstoßend auf uns. 4. Staatlicher Dirigismus wirkt
hemmend auf die Initiative des einzelnen. 5. Diese Rückschläge wirkten er-
nüchternd selbst auf die größten Optimisten. 6. Die harten Strafen sollen auf
eventuelle Täter abschreckend wirken.

86 Ü   1. Matetee wirkt blutreinigend. 2. Kräuterpillen wirken verdauungs-
fördernd. 3. Ein Gläschen Obstsaft vor dem Essen wirkt appetitanregend.
4. ,,Restrictor''-Tabletten wirken appetithemmend. 5. Diese Tabletten wirken
krampflösend und schmerzlindernd. 6. Ihre Hilflosigkeit wirkte mitleiderregend.
7. Schaumstoffplatten wirken schalldämpfend. 8. Bestimmte Substanzen, die
Waschmitteln zugesetzt werden, wirken schaumbremsend. 9. Das Präparat
,,Activator'' wirkt konzentrations- und gedächtnisfördernd. 10. Konzentrationsschwäche und Nervosität wirken leistungsmindernd. 11. Erhöhte Nachfrage und Spekulation wirken preistreibend. 12. Die Erhöhung des Diskontsatzes sollte konjunkturdämpfend wirken.

87 T   klein/en, winkelig/en, armselig/e, schmal/en, link/en, staubig/er, riesig/e,
aufgeblüht/e, winkelig/es, aufgehängt/e

88 Ü   1. mein, mein/en, dein/em, kein/en 2. dein, mein/s, mein/s, mein/em, .
ihr/es

89 Ü   1. schwarzer, ungesüßter, schwarzer 2. französischen, russischen, harte
3. heiße, aufgelöstem, heißer, hochprozentigem 4. deutsche, französischer,
deutschen, französischen, deutscher 5. italienisches, feines, gemischte

90 Ü   1. größter 2. schärfsten 3. ausgezeichneter, nennenswertem 4. vermin-
derter 5. überhöhter 6. ungebührlichen 7. dichten 8. zuverlässiger 9. anhalten-
der 10. ausgefahrener 11. aller 12. tadellosem 13. vorgehaltener 14. erheblicher 15. geringem 16. eingehender 17. unterrichteter 18. niedrigen 19. langjäh-
rige treue 20. menschliches

91 Ü   1. veraltete 2. nachlassende 3. aufziehenden 4. laufenden 5. gestiegenen
6. gebührenden 7. anhaltenden 8. unzutreffenden 9. empörende 10. wachsen-
den 11. schwindenden 12. mangelnde

92 Ü   1. Darf ich auch mal auf Annas neuem Fahrrad fahren? 2. Das Geschenk
stammt von Mutters bester Freundin. 3. Auf dem Maskenball hatte sie Vaters
alten Zylinder auf. 4. Als kleines Mädchen mußte ich immer Annas abgelegte
Kleider auftragen. 5. Fritzchen hat mit Vaters neuer Tabakspfeife Fußball gespielt. 6. Vaters ewiges Geschimpfe ist nicht mehr auszuhalten. 7. Gerade sind

Vaters alte Klassenkameraden gekommen, um ihn zu einem Vatertagsausflug abzuholen. 8. Sie ist mit Herrn Meiers ältestem Sohn verheiratet. 9. Herrn Meiers jüngster Sohn studiert in München Soziologie. 10. Professor Meiers neuestes Buch ist eine Sensation auf dem Buchmarkt.

93 Ü 1. überwältigender 2. zutreffende 3. anregende 4. unausgeglichenen 5. abgeschlossenen 6. hinhaltenden 7. zufriedenstellenden 8. naheliegender 9. vielversprechender 10. auffallende 11. entscheidenden 12. gespannten

94 Ü 1. Er konnte für sein Verhalten keine vernünftigen Gründe angeben. 2. Wegen technischer Fehler muß die ganze Anlage überholt werden. 3. Ich weiß von keinen schriftlichen Abmachungen. 4. Er hat ganz brauchbare Vorschläge gemacht. 5. Das sind doch keine neuen Gesichtspunkte. 6. Wegen unbedachter Äußerungen wurde er von der Gestapo verhaftet. 7. Er gab mir keine klaren Auskünfte. 8. Es ist zu heftigen Auseinandersetzungen zwischen den beiden gekommen. 9. Bedauerliche Mißverständnisse waren der Anlaß für ihre Feindschaft. 10. Die Experimente haben zu keinen neuen Erkenntnissen ge - führt. 11. Am Marktplatz gibt es keine billigen Hotels. 12. Er hat sich aus mir unbekannten Gründen aus dem Unternehmen zurückgezogen. 13. Anständige Menschen tun so etwas nicht. 14. Der Bau moderner Hochhäuser erfordert Millionen. 15. Er hat sich als Autor origineller Hörspiele einen Namen gemacht. 16. In langen Gesprächen legte er mir seinen Standpunkt dar. 17. Meines Wissens gibt es darüber keine vertraglichen Abmachungen. 18. Er hat mir lange Vorträge gehalten, wie ich alles viel besser hätte machen können.

95 Ü 1. mehrere/ein paar/einige / viele alt*e* Räume des Schlosses; durch alle alt*en* Räume des Schlosses 2. mehrere/einige/viele/zahlreiche/zahllose/unzählige zustimmend*e* Leserbriefe 3. viele/zahlreiche unzufrieden*e* Elemente 4. nur wenige/mehrere/einige/zahlreiche brauchbar*e* Bücher 5. einige/viele/zahlreiche/zahllose/unzählige ausgezeichnet*e* Fälschungen 6. keine/alle studentisch*en* Organisationen; nur wenige/mehrere/einige/viele/zahlreiche studentisch*e* Organisationen 7. *in* mehreren/einigen/vielen/zahlreichen einschlägig*en* Fachzeitschriften; *in* allen einschlägig*en* Fachzeitschriften 8. keine/alle poppig*en* Farben 9. keine dunkl*en* Anzüge; nur wenige/mehrere/einige dunkl*e* Anzüge 10. für einige teur*e* Plätze

96 Ü 1. heiklen 2. übler 3. eitlen 4. miserables 5. unrentablen 6. plausible 7. flexible 8. ungeheuren 9. saure 10. makabres 11. reger 12. böses 13. weise 14. spröden

97 Ü 1. prima, prima 2. rosa, rosa, rosa 3. lila, lila, lila, lila, lila 4. orangefarbene, orangefarbene, orangefarbenen 5. beigefarbene, beigefarbene, beigefarbene, beigefarbener 6. türkisfarbenen, türkisfarbene

98 Ü blau*e*, weiß*er*, komisch*en*, weiß*en*; struppig*en*, gekämmt*e*, weit*e*, dunkl*e*, hell*e*, geflickt*e*, niedrig*en*, breit*en*, altertümlich*e*, schwarz*e*, alt*en*, dunkl*e*, gestreift*e*, unförmig*en*, schwarz*en*

99 Ü 1. gesünder 2. kälter 3. wärmer 4. näher 5. dümmer 6. längeren 7. kürzere 8. jünger 9. älter 10. gröberes 11. höher 12. klüger 13. kränker 14. härter.

100 Ü 1. schlanker, jünger 2. älter, starrer 3. magerer, schärfer 4. schärfer, straffer 5. schlaffer, matter, kränker

101 Ü 1. dunkleres 2. übler 3. sensiblerer 4. nobleres 5. eitleren 6. teurer 7. plausiblere 8. akzeptabler 9. leiser

102 Ü 1. wie 2. als 3. *viel* wichtiger als 4. *weit* weniger umständlich als 5. wie 6. *wesentlich* geringer als 7. wie 8. wie 9. *bei weitem* rentabler als 10. *erheblich* besser . . . als 11. als 12. *ein bißchen* besser als

103 Ü 1. berühmtesten 2. lebhafteste 3. geschickteste, 4. überzeugendste 5. gefürchtetsten 6. bornierteste 7. schwärzeste 8. falscheste 9. hübscheste 10. energischste 11. gewissenloseste 12. treuesten 13. am schlausten 14. frühesten

104 Ü 1. billigst 2. sehnlichst 3. höflichst 4. gründlichst 5. peinlichst 6. gröblichst 7. sparsamst 8. höchst

105 Ü 1. spätestens 2. frühestens 3. höchstens 4. mindestens 5. mindestens 6. höchstens/längstens

106 Ü 1. aufs freundlichste 2. aufs herzlichste 3. aufs tiefste 4. aufs genaueste 5. aufs beste 6. aufs heftigste 7. aufs energischste 8. aufs schärfste 9. aufs engste

107 Ü 1. die Streikenden 2. Beamte, zu den Angestellten 3. die Zahl der Arbeitslosen 4. für Alte und Kranke 5. seine Angehörigen 6. bei meinen Verwandten 7. zum neuen Vorsitzenden 8. ein typischer Intellektueller 9. als Beinamputierter 10. um einen Geistesgestörten 11. wie ein Wahnsinniger 12. der Klügere

108 Ü 1. mit dem Schlimmsten 2. auf das Wesentliche 3. Hervorragendes 4. das Beste 5. aus dem Gröbsten 6. Ähnliches 7. fürs Praktische, fürs Theoretische 8. vom Dunkeln ins Helle 9. Gleiches mit Gleichem 10. das Blaue 11. ihr Gutes 12. Wichtigeres, in Vergangenem

109 Ü 1. etwas ganz Komisches 2. einiges Richtige, viel Unsinniges 3. wenig Positives 4. viel Neues 5. genug Schlimmes 6. einiges Verwertbare 7. allerlei Lustiges 8. manches Wichtige 9. alles Einseitige und Extreme 10. nichts Vernünftiges 11. zu etwas Besserem 12. mehr Positives

110 T I.

der Pinguin	die Pinguine	das Kind	die Kinder
das Krokodil	die Krokodile	das Rind	die Rinder
der Wolf	die Wölfe	das Nashorn	die Nashörner
	der Tiger	die Tiger	
	der Oberkellner	die Oberkellner	
	der Dickhäuter	die Dickhäuter	
	der Vogel	die Vögel	

II.	Familie Meier	= Meiers	
	das Zebu	die Zebus	
III.	der Bär	die Bären	
	der Elefant	die Elefanten	
	der Löwe	die Löwen	
	die Gazelle	die Gazellen	
→ 113 Ü	der Alligátor	die Alligatóren	des Alligátors
	das Auge	die Augen	des Auges
	das Aquarium	die Aquarien	des Aquariums

111 Ü   1. Kurzgeschichten, Erzählungen, Hörspiele, Romane, Gedichte 2. in den Regalen, Reagenzgläser, Flaschen mit Chemikalien 3. in den Straßen, vor den Verkehrsampeln, lange Autoschlangen 4. die Dekorateure, in allen Schaufenstern, Pullover, Blusen 5. die Löhne und Gehälter 6. in allen Kinos, in den Matinee-Vorstellungen, ausländische Originalfilme mit deutschen Untertiteln 7. die Fahrpläne für die Zubringerbusse, auf die Abfahrtszeiten der Bundesbahnzüge 8. gemeinsame Gottesdienste für Katholiken und Protestanten

112 Ü   1. mit einem Medizinstudenten 2. zum Photographen 3. einen Experten 4. die Meinung eines Spezialisten 5. der Patient 6. ein Nachkomme des russischen Zaren 7. mit dem Fürsten 8. ein ausgezeichneter Pädagoge, als Erzieher des Kronprinzen 9. um einen . . . Elefanten 10. deinem Drogisten

113 Ü   1. als Autor eines historischen Dramas 2. die Berufung eines Professors 3. er sammelt Material 4. die Entwicklung eines neuen Autotyps 5. die Grenzen dieses Staates 6. auf ein Privatkonto 7. ein Bett aus der Barockzeit 8. ein langatmiges Epos 9. die Funktion des Adverbs 10. für ein Hemd

114 Ü   1. Regierungskoalition, Meinungsverschiedenheiten, Mitbestimmungsmodell 2. Fraktionschef, Unionsparteien, Inflationsraten 3. Geschwindigkeitsbegrenzungen, von Sicherheitsgurten 4. Elektrizitätswerke, Kapazitätsgrenze 5. von den Weltmeisterschaftsspielen, Gemeinschaftssendung

115 Ü   1. Kabinenroller, Nummernschild 2. Putenkeulen, Suppenfleisch, Hasenrücken 3. Aktienkurse, Börsenbericht 4. Opern- und Operettenfreund 5. Lungenheilstätte, Höhenkurort 6. von . . . Wolkenbrüchen, Katastrophengebiet

116 T   Bayern, eines der beliebtesten Feriengebiete Deutschlands; für Mittenwald . . . , die Geigenbauerstadt; für Garmisch-Partenkirchen, den internationalen Luftkurort; für Oberammergau, den Schauplatz der Passionsspiele; für Bad Kohlgrub, das weithin anerkannte Moorbad; auf die Zugspitze, den höchsten Berg Deutschlands; auf dem Kochelsee, einem der reizvollen oberbayerischen Seen; das Walchenseekraftwerk, ein Zentrum der Stromerzeugung; Ettal, die berühmte Benediktiner-Abtei; die Wieskirche, eine der schönsten Rokokokirchen Deutschlands; die Schlösser Ludwigs II., des schwermütigen Märchenkönigs

117 Ü 1. Die Fünf-Tage-Woche, für uns heute eine Selbstverständlichkeit, konnte von den Gewerkschaften erst nach langen Kämpfen durchgesetzt werden. 2. Seine Dissertation, eine Abhandlung über das österreichische Barocktheater, ist inzwischen im Druck erschienen. 3. Einer der Bankräuber, vermutlich der Chef der Bande, konnte inzwischen in einem Kölner Hotel festgenommen werden. 4. Der Verdacht fiel zunächst auf einen gewissen Jacques Beauregard, einen internationalen Ganoven, dessen Name seit langem auf den Fahndungslisten von Interpol steht. 5. Von Ludwig Meier, dem Hintermann des Spions, fehlt seitdem jede Spur. 6. Er soll in Begleitung Greta Garbos, der einst gefeierten Filmschauspielerin, gesehen worden sein.

118 Ü 1. in Kairo, der Hauptstadt Ägyptens 2. Beirut, die Hauptstadt des Libanon 3. Istanbul, das alte Konstantinopel 4. Kennedy, der 35. Präsident 5. auf Kennedy, den 35. Präsidenten 6. wegen einer plötzlichen Erkrankung, vermutlich einer Nervenentzündung 7. an Gürtelrose, einer schmerzhaften Erkrankung 8. den Robinson Crusoe, den bekanntesten Roman von Daniel Defoe 9. das Kind, einen 5jährigen Jungen 10. der militanten Linken, seinen Bundesgenossen von gestern 11. eine Drosselung der Automobilproduktion, des wichtigsten Erwerbszweigs 12. anstelle des erkrankten Bundesverkehrsministers, eines energischen Verfechters der Geschwindigkeitsbegrenzung

119 Ü 1. die Rolle der Großmächte als der Garanten des Weltfriedens 2. des Wirkens dieses Mannes als eines mutigen Vorkämpfers 3. auf Engels als einen der Haupttheoretiker 4. an Sie als einen der bedeutendsten Vertreter 5. von ihm als dem zuständigen Richter 6. Maigret als unerschrockener Kriminalkommissar

120 Ü 1. Ludwig der Fromme; Karls des Großen; Lothar, den Kaiser; Ludwig den Deutschen; Karl den Kahlen 2. Karls des fünften 3. Ludwig dem ersten; Maximilian dem zweiten 4. Johannes der dreiundzwanzigste; des Papstes Pius des zwölften

121 Ü 1. am Montag, dem 11. März, . . . 2. für Donnerstag, den 25. April, . . . 3. auf Dienstag, den 2. September, . . . 4. bis Montag, den 8. Juli, . . . 5. am 28. August, einem Sonntag, . . . 6. ab kommenden Montag, den 4. Juni, . . . / ab kommendem Montag, dem 4. Juni, . . .

122 Ü 1. dem 2. sie 3. unserer 4. die 5. der 6. dem 7. das 8. die 9. die beiden 10. den beiden 11. die 12. den 13. der 14. das 15. den 16. einer

123 Ü 1. des Dorfes 2. der 3. des Flusses 4. der 5. des Rheins 6. der 7. der 8. des Rheins 9. der alten 10. des Chiemsees 11. seiner 12. der 13. der 14. der

124 Ü 1. in der / aus der 2. im / aus dem 3. im / aus dem 4. im / aus dem 5. in der / aus der 6. in der / aus der 7. in den / aus dem 8. ins / aus dem 9. in die / aus der 10. in die / nach

125 Ü 1. von . . . zum, zum 2. zu dem, bei dem 3. zu seiner / bei seiner 4. bei seinem neuen / von diesem 5. zur, von der 6. zur / von der 7. vom . . . zur

126 Ü 1. an die / von der 2. an die / von der 3. auf den / vom 4. am / vom 5. auf dem / vom 6. an die / von der

127 Ü 1. auf der linken / am 2. auf einem(n) / am (an den) 3. auf dem / am 4. auf dem / an den 5. auf dem / am 6. an der / auf 7. auf der / an diese 8. auf dem / am 9. an / auf dem

128 Ü 1. auf 2. aufs 3. auf Ihrem 4. auf meinem 5. auf dem 6. bei der 7. aufs (zum) 8. aufs (zum) 9. auf der 10. bei 11. bei der Deutschen Bank 12. bei der 13. bei der 14. auf dem 15. an die 16. ans 17. auf das 18. in die 19. auf eine 20. am

129 Ü 1. durch 2. über 3. über 4. durch 5. über 6. durch, über 7. durch, durch / über 8. durch, durch / über 9. über / durch

130 Ü 1. um das (sein) 2. gegen das 3. den ganzen Strand entlang 4. um, gegen die

131 Ü 1. am 2. hinter 3. zwischen 4. unter 5. unter 6. an 7. an 8. zur 9. über 10. neben 11. bei 12. an 13. an 14. hinter 15. über das / auf dem 16. vor 17. unter 18. zum 19. am 20. zum

132 Ü 1. an 2. vor 3. in 4. durch 5. um 6. zu 7. auf 8. ins 9. von 10. über

133 Ü 1. zu; am 2. im 3. zu; am zweiten 4. bei, gegen 5. an 6. in der, im 7. am 8. in aller, bei 9. um, um 10. im 11. an seinem; am 12. in der 13. in den 14. in der 15. am 16. um

134 Ü 1. in 2. zu 3. um 4. in 5. zur 6. in 7. zu 8. in 9. in 10. zur

135 Ü 1. in / nach 2. in / nach 3. in / nach 4. in / nach 5. in / nach

136 Ü 1. Er ist seit einigen Tagen erkältet. 2. Wir sind erst seit zehn Minuten zurück. 3. Ich kenne ihn seit etwa zwölf Jahren. 4. Der Hauptfilm läuft seit 20 Minuten. 5. Ich rauche schon seit zwei Monaten nicht mehr. 6. Sie arbeitet seit kurzem nicht mehr. 7. Er liegt seit sechs Wochen im Krankenhaus. 8. Mein Großvater ist schon seit einem Jahr tot. 9. Das Zweigwerk in Hinterhausen ist schon seit einigen Monaten geschlossen. 10. Die neue Schleuse ist erst seit drei Monaten in Betrieb. 11. Dr. Müller leitet den Betrieb seit einem halben Jahr. 12. Professor Dr. Huber ist seit kurzem Chefarzt der Universitäts-Kinderklinik.

137 Ü 1. ab 2. vom . . . an 3. vom . . . bis 4. zwischen 5. bis zum 6. ab 7. bis 8. vom . . . bis (zum) 9. bis

138 Ü 1. während 2. innerhalb 3. außerhalb 4. während 5. innerhalb 6. während 7. außerhalb

139 Ü 1. vom 2. aus 3. von 4. aus 5. aus 6. vom 7. aus 8. aus 9. von 10. aus 11. vom 12. aus

140 Ü 1. auf 2. um 3. für 4. um 5. für 6. für 7. auf 8. auf 9. für 10. für
11. auf 12. für 13. auf 14. auf 15. auf 16. für 17. für 18. um 19. um 20. um

141 Ü 1. mit 2. nebst 3. mit 4. samt 5. mitsamt 6. mit 7. samt 8. mit
9. samt 10. mit 11. mitsamt 12. samt 13. nebst 14. samt

142 Ü 1. mit dem, mit dem 2. durch / vermittels 3. mit einem / mit Hilfe
eines / mittels eines 4. durch seinen persönlichen / vermittels seines persönlichen Einflusses 5. mit der 6. durch / vermittels Druckausgleichs 7. mit einem
guten / mit Hilfe eines guten Fleckenwassers / mittels eines guten Fleckenwassers 8. mit 9. mit einer riesigen 10. durch seine guten / vermittels seiner guten
11. mit einer dreistufigen / mit Hilfe einer dreistufigen / mittels einer dreistufigen

143 Ü 1. mit Maske / mit einer Maske 2. mit der neuen Brille / mit Brille
3. mit Regenschirm / mit dem Regenschirm 4. mit einem falschen Bart / mit
Bart 5. mit ausgestreckter Hand / mit der linken Hand, mit der rechten 6. mit
gesenktem Kopf / mit dem Kopf

144 Ü 1. aus 2. vor 3. aus 4. aus 5. aus 6. vor 7. vor 8. aus 9. vor 10. aus,
aus 11. vor 12. vor 13. aus 14. vor 15. vor 16. aus 17. aus, aus 18. vor 19. vor
20. aus 21. aus 22. aus 23. vor 24. vor 25. aus

145 Ü 1. aus dem 2. in seine 3. an die 4. auf die 5. aus unserer 6. von dieser
7. in seinen 8. aus der Sozialistischen Partei 9. an seinen 10. von dem (vom)
11. in die / in der 12. in ihre neue 13. von der 14. von dieser 15. aus dem
16. in seinen 17. auf die / auf der 18. von der 19. aus einer undichten 20. an das

146 Ü 1. in unsere 2. vom eigentlichen 3. von seiner 4. aus dem 5. an die
6. in die 7. aus dem 8. in die römischen / in den römischen 9. von diesem
10. auf die / auf der 11. in Ihre 12. aus der 13. in ein 14. von einer 15. aus diesem 16. in 17. auf ein 18. von 19. in die 20. in die

147 Ü 1. über die hohen 2. an 3. auf Ihren 4. vor der geringsten 5. auf 6. für
7. von dem guten 8. auf die 9. nach . . . abgestandenem 10. zu Ihrem gestreif-
ten 11. auf diese 12. mit seinem 13. mit seinen 14. auf meinen 15. mit der
16. auf 17. für unsere 18. auf einen so billigen 19. mit diesem 20. aus

148 Ü 1. auf seiner vorgefaßten 2. mit einem solchen 3. über diese 4. in der
5. gegen die 6. auf einer sofortigen 7. auf diesen 8. zu 9. an der 10. an der
11. auf wahren 12. nach den beiden flüchtigen 13. an einer schweren 14. auf
eine 15. von dieser 16. auf Ihre 17. unter diesen 18. auf seine 19. auf einem
20. von einem

149 Ü 1. um das 2. auf Ihren 3. über diese 4. gegen die ungerechtfertigten
5. zu einer 6. mit seinen 7. zu seiner früheren 8. für Ihre 9. mit 10. auf 11. mit
diesem 12. auf das 13. auf den 14. für einen 15. zu einer 16. über seine 17. mit
18. auf ein paar überzeugende 19. mit dem 20. mit der sogenannten

150 Ü 1. gegen die 2. nach Ihren 3. für eine / gegen eine 4. mit dem 5. vor solchen 6. nach 7. zu einer internationalen 8. zu der 9. um Ihre 10. gegen diese 11. über meinen 12. mit jedem 13. an meiner 14. gegen jede 15. mit Ihren persönlichen 16. von den 17. auf einen kleinen 18. auf die 19. über die 20. von diesem

151 Ü 1. zur 2. gegen 3. an 4. um seinen 5. nach 6. um Ihren 7. mit einer besonderen 8. zu einer 9. mit einem 10. an der 11. mit einem 12. mit diesem 13. auf diese 14. mit seiner 15. von seiner 16. zum 17. vom 18. mit 19. zum sofortigen 20. für seine tatkräftige

152 Ü 1. auf engbegrenzte 2. zur 3. gegen radioaktive / vor radioaktiven 4. vor unliebsamen 5. vor diesem 6. zu diesem 7. mit einer 8. zu methodischem 9. um ihre 10. zu einer solchen 11. vom 12. aus seinen eigenen 13. mit der kommissarischen 14. über den 15. zu einer derart unsachlichen 16. auf 17. zu diesem 18. von der ärztlichen 19. zu strengstem 20. zu folgenschweren

153 Ü 1. als ein gefährliches Abenteuer 2. einen gemeinen Betrüger 3. als/ zum Klassensprecher 4. als/zum Universalerben 5. für einen äußerst fähigen Mann 6. zum Bundeswirtschaftsminister 7. als unseren Fürsprecher 8. als einen skrupellosen Gangster 9. als einen ärztlichen Kunstfehler 10. als/zum Pflichtverteidiger 11. als einen notorischen Querulanten 12. zum Vorsitzenden des Vereins 13. als einen unausgeglichenen und cholerischen Menschen 14. als den eigentlichen Begründer dieses Wissenschaftszweigs 15. für volljährig 16. als Verräter und gemeine Lügner 17. zu seinem Nachfolger 18. als vordringlich 19. zum Verräter 20. als eine Einmischung 21. zum Major 22. zum König 23. zum Vorsitzenden des zweiten Senats 24. zum neuen Leiter 25. als erledigt

154 Ü 1. Bestehen / (Bücher)bestand 2. Übertritt / Übertretung 3. Vorgehen / Vorgang 4. Schluß / Schließung 5. Vergabe / Vergebung 6. Eingehen / (Post)eingang 7. Rückzug / Zurückziehung

155 Ü 1. Vor dem Wissenschaftsrat hielt Professor Meier ein Referat über seine neuesten Forschungsergebnisse. 2. Das Parlament faßte einstimmig den Beschluß, ... 3. Der Fraktionschef der Oppositionsparteien übte schärfste Kritik an der Finanzpolitik der Regierung. 4. Manche Geologen sind der Meinung, . . . /vertreten die Meinung, ... 5. Schon jetzt werden Vorbereitungen für den nächsten Parteitag getroffen. 6. Der Kurpfuscher stellte die Behauptung auf, ... 7. Er konnte den Beweis für die Richtigkeit seiner Theorie erbringen. 8. Er machte seiner Frau den Vorwurf, ... 9. Aus seinen Andeutungen zogen wir den Schluß, ... 10. Er gab seine Zustimmung zu unserem Plan. 11. Der Personalrat hat noch keine Entscheidung darüber getroffen, ... 12. Diese Maßnahmen können einen wesentlichen Beitrag dazu leisten, ... 13. Die Agrarminister der EG-Länder konnten in allen wesentlichen Fragen Einigung erzielen. 14. Er hat kein Interesse mehr an diesen Dingen. 15. Wir haben den Entschluß gefaßt, ...

156 Ü 1. Benachrichtigen Sie mich bitte sofort, ... 2. Herr Hartmann hat auch in diesem Jahr Steuerermäßigung beantragt. 3. Herr Hartmann hat sein

Reisebüro beauftragt, ... 4. Die sportliche Leistung der sowjetischen Mannschaft hat die Zuschauer sehr beeindruckt. 5. Die französische Kultur hat das Geistesleben in den romanischen Nachbarländern zu allen Zeiten stark beeinflußt. 6. Darf ich Sie zu Ihrem Erfolg beglückwünschen? 7. Ich könnte das beeiden. 8. Wirtschaftsfachleute beurteilen die weitere wirtschaftliche Entwicklung sehr pessimistisch. 9. Island beansprucht die alleinige Kontrolle über dieses Fischfanggebiet. 10. Ich würde die erstere Lösung bevorzugen. 11. Sie sollten diese Dinge nicht zu gering bewerten. 12. Ich sehe nicht recht, was dieser Schritt bezwecken soll. 13. Was berechtigt Sie eigentlich zu so harter Kritik? 14. Er ließ sich ein halbes Jahr beurlauben, ... 15. Der Firmenchef bevollmächtigte seinen Vertreter, ... 16. Ich bezweifelte, daß es so gehen würde.

157 Ü 1. gebracht 2. gegangen 3. geriet 4. bringen 5. gezogen 6. stellte 7. gegangen 8. setzt 9. stellen 10. gekommen 11. steht 12. gestellt 13. lassen 14. ziehen 15. gekommen 16. gegeben 17. kommt 18. setzen 19. geraten 20. bringt 21. nehmen 22. stellen 23. nehmen 24. gegangen 25. setzen

158 T wird ... 85 Jahre alt; ist ... bekanntgeworden; zu einem Bestseller wurde; ist ... bezeichnet worden; werde nicht mehr ... so weitergehen können; müsse ... gerechnet werden

159 Ü Futur Aktiv: Satz 1, 2, 4, 6, 7, 11; Passiv: Satz 3, 5, 8, 9, 10, 12

160 T werden ... gesichtet, gewaschen und klassiert; werden ... gemischt; werden ... zugesetzt; wird ... transportiert; kann ... verarbeitet werden

161 Ü 1. werden ... geschrieben 2. werden ... geerntet und ... verpackt 3. wird ... gelagert 4. wird ... geschlachtet 5. werden ... transportiert 6. wurden ... importiert 7. wird ... geleert 8. werden ... ausgetragen 9. werden ... zugestellt 10. werden ... beglichen 11. werden ... diskutiert 12. wird ... getrunken

162 Ü 1. In den letzten Jahren wird viel öfter telefoniert als früher. 2. Dafür werden weniger Briefe geschrieben. 3. Neuerdings wird wieder mehr Sport getrieben. 4. Seit der Ölkrise werden wieder öfter die öffentlichen Verkehrsmittel benutzt. 5. In letzter Zeit wird wieder mehr gespart. 6. Neuerdings werden viel mehr Taschenbücher gekauft als früher. 7. Die Billigangebote in den Supermärkten werden nicht genügend genutzt. 8. Zu Neujahr werden immer ganze Berge von Glückwunschkarten verschickt. 9. Heute wird öfter im Gasthaus gegessen als früher. 10. Trotz aller Warnungen der Ärzte wird mehr geraucht als früher.

163 Ü 1. Haupt- und Nebensätze werden durch ein Komma getrennt. 2. Wörtliche Zitate werden in Anführungszeichen gesetzt. 3. Wird „zugrunde liegen" in zwei Wörtern geschrieben oder zusammen? 4. Marokko wird mit kk, nicht mit ck geschrieben. 5. Die Grundierungsfarbe wird dünn auf die zu lackierende Fläche aufgetragen. 6. Die Postleitzahl wird links vor dem Bestimmungsort geschrieben. 7. Das gewürzte Fleisch wird vor dem Grillen ohne Fettzugabe in die Folie eingelegt. 8. Nach Beendigung der Bratzeit wird die Bratfolie oben mit einer Schere aufgeschnitten. 9. Für einen Kurtag im Rahmen einer Entschlackungskur werden fünfmal täglich zwei Eßlöffel des Präparats in Gemüse- oder Obstsaft verquirlt. 10. Zur Bestimmung der Vereinigungsmenge werden alle Elemente von A und alle Elemente von B in eine Mengenklammer geschrieben.

164 Ü 1. Es wurde ihm zunächst nicht geglaubt. 2. Es wurden bereits erste Vorgespräche geführt. 3. Es wurde schon mehrfach auf diese Möglichkeit hingewiesen. 4. Es wird überall nach Ihnen gesucht. 5. Es wurden bereits gewisse Fortschritte erzielt. 6. Es wurde von niemandem ernsthaft mit einer solchen Möglichkeit gerechnet. 7. Es wird viel zu wenig auf diese Dinge geachtet. 8. Es wurde bereits ein entsprechender Antrag gestellt. 9. Es wurden keine neuen Argumente vorgebracht. 10. Es wird hier anscheinend kein großer Wert auf Pünktlichkeit gelegt. 11. Es wurde von tausend Dingen gesprochen, ... 12. Es wurde in drei Punkten Einigkeit erzielt.

165 Ü 1. Ich bestehe darauf, daß die Angelegenheit sofort geregelt wird. 2. Es gilt in Fachkreisen als sicher, daß Dr. Krause zum Direktor der Staatsbank ernannt wird. 3. Die Mitglieder fordern, daß Ludwig Huber sofort aus dem Turnverein „Trimm dich" ausgeschlossen wird. 4. Die Schulbehörde hat sich dafür ausgesprochen, daß Dr. Müller ins Beamtenverhältnis übernommen wird. 5. Es wird allgemein bedauert, daß die Verhandlungen vorzeitig abgebrochen worden sind. 6. Der Bundesaußenminister begrüßte es, daß die Verhandlungen zwischen Prag und Bonn wiederaufgenommen wurden. 7. Er hat sich noch immer nicht damit abgefunden, daß sein Antrag abgelehnt worden ist. 8. Wir garantieren Ihnen, daß alle Reparaturarbeiten schnell und preisgünstig ausgeführt werden. 9. In seinem Testament hat er verfügt, daß sein Barvermögen an das städtische Waisenhaus überschrieben wird. 10. Ich bin damit einverstanden, daß die Sitzung nochmals verlegt wird. 11. Das Kultusministerium hat inzwischen angeordnet, daß der Lehrer an eine andere Schule versetzt wird. 12. Es ist vorgesehen, daß die Ausstellung am 15. September eröffnet wird. 13. Mehrere Abgeordnete verlangen, daß die Geschwindigkeitsbegrenzung auf Autobahnen aufgehoben wird. 14. Wirtschaftsexperten rechnen damit, daß die Steuern um 8 bis 10 Prozent erhöht werden. 15. In Fachkreisen hält man es nicht mehr für ausgeschlossen, daß die D-Mark nochmals aufgewertet wird. 16. Es erscheint notwendiger denn je, daß auch diese Gesichtspunkte berücksichtigt werden. 17. Ich halte es nicht für zweckmäßig, daß die Steuern im gegenwärtigen Zeitpunkt gesenkt werden. 18. Er setzt sich dafür ein, daß alle Exportbeschränkungen sofort aufgehoben werden. 19. Niemand glaubt mehr daran, daß diese Probleme schnell gelöst werden können. 20. Ich bin dafür, daß ein Untersuchungsausschuß eingesetzt wird.

166 Ü 2. Der schwerverletzte und stark blutende Fahrer wurde (von den Sanitätern) vorsichtig aus dem Unglückswagen, . . . , befreit und auf eine Bahre gehoben. 4. Noch an der Unfallstelle wurde dem Verletzten (vom Unfallarzt) ein Notverband angelegt. 5. Danach wurde der Verunglückte in rasender Fahrt ins nächste Krankenhaus gebracht, ... 6. Im Krankenhaus wurde der Verletzte (von den Sanitätern) sofort in den Operationssaal getragen, ... 7. Mit der Operation wurde sofort begonnen. 9. Erst nach vier Monaten konnte er nach Hause entlassen werden.

167 Ü 1. Reisepässe müssen bei der zuständigen Polizeidienststelle beantragt werden. 2. Die nördliche Umgehungsstraße soll noch in diesem Jahr gebaut werden. 3. Das Frühstück kann Ihnen auch aufs Zimmer gebracht werden. 4. Eine Haussuchung darf grundsätzlich nur von einem Richter angeordnet werden. 5. Er will nicht immer nur kritisiert werden. 6. Das Haus mußte abgerissen werden, ... 7. Auf diese Fragen soll nachher noch näher eingegangen werden. 8. Er möchte von niemandem kontrolliert werden. 9. Er soll demnächst ins Ausland versetzt werden. 10. Diese Schwierigkeiten dürfen nicht unterschätzt werden.

168 Ü 1. durch wolkenbruchartige 2. von einem 3. von einem weiteren 4. von allen seinen Anhängern 5. von einem 6. durch eine 7. vom stellvertretenden 8. durch bezahlte/von bezahlten Killern 9. durch/von 10. von der 11. durch die staatlichen/von den staatlichen Finanzämtern 12. von einer langanhaltenden 13. durch übermäßigen 14. durch einen plötzlichen 15. von 16. durch 17. von 18. von einem Franzosen 19. von den 20. von; von, von

169 Ü 1. durch das 2. von seinem 3. von einem betrunkenen; durch die 4. von allen bundesdeutschen 5. von dem (vom) 6. durch 7. von 8. durch einen 9. von niemandem 10. durch eingeschleuste / von eingeschleusten Spitzeln 11. durch seine 12. durch den 13. von einer 14. von einem 15. von einem 16. durch einen 17. von einem herabstürzenden 18. von einer 19. durch einen vereidigten / von einem vereidigten 20. von gut ausgebauten

170 Ü 1. Mein Koffer ist schon gepackt. 2. Sind die Möbel schon bestellt? 3. Er ist erkältet. 4. Der Schaden ist behoben. 5. Sind die Briefe schon getippt? 6. Die Eisenplatte ist mit einer dicken Rostschicht überzogen. 7. Alle Schlösser sind frisch geölt. 8. Die Türrahmen sind völlig verzogen. 9. Soviel ich weiß, ist das alles mit ihm abgesprochen. 10. Der Vertrag ist immer noch nicht unterschrieben. 11. Es scheint, daß er jetzt mit seinem Schicksal ausgesöhnt ist. 12. Er ist mal wieder in die Lektüre seines Lieblingsbuches vertieft. 13. Die Druckfahnen sind noch nicht korrigiert. 14. Ist schon gedeckt? 15. Ihr Antrag ist genehmigt.

171 Ü 1. Ich bin auf alles vorbereitet. 2. Sind meine Schuhe schon besohlt? 3. Ist meine Hose immer noch nicht gebügelt? 4. Ich bin immer noch nicht an das Klima hier gewöhnt. 5. Er ist schon wieder betrunken. 6. Diese chemische Fabrik ist auf die Herstellung von synthetischen Textilfasern spezialisiert. 7. Über Ihren Antrag ist noch nicht entschieden. 8. Ich war noch nicht gewaschen und gekämmt, als es an der Tür klingelte. 9. Sie sind gut aufeinander eingespielt. 10. . . .; das Wohnzimmer ist schon ausgeräumt. 11. Der alte Wagen von Herrn Müller ist immer noch nicht verkauft. 12. Über Einzelheiten bin ich nicht unterrichtet. 13. Ist das Gepäck schon eingeladen? 14. Ich bin entschlossen, ... 15. Sind Sie auch eingeladen?

172 Ü 1. Alle Gehwege im Stadtpark sind asphaltiert worden. 2. Im Krieg wurde das Stadtzentrum völlig zerstört. 3. Sie haben Ihre Beispiele gut gewählt. 4. Das Gesetz wurde mit 204 gegen 150 Stimmen angenommen. 5. Er hatte den Plan gut durchdacht. 6. Wir haben unser Wohnzimmer frisch tapezieren lassen.

7. Haben Sie sich auch gegen Einbruch und Wasserschaden versichert? 8. Die Arbeiten wurden vor drei Wochen abgeschlossen. 9. Gestern wurde bei uns die Zentralheizung abgestellt. 10. Sie ist als Aushilfskraft eingestellt worden. 11. Diese Geschmacksrichtung hat sich überlebt. 12. Alle Waschmittel, . . . , haben wir sorgfältig erprobt. 13. Der Himmel hat sich bedeckt. 14. . . .; wir haben die Stelle bereits an einen anderen vergeben. 15. Die Mordaffäre Schulze konnte inzwischen aufgeklärt werden.

173 Ü   1. Die Berggipfel sind mit Neuschnee bedeckt. 2. Die Fahrbahn ist jetzt ausreichend beleuchtet. 3. Die Länder Mitteleuropas sind von einem dichten Straßen- und Eisenbahnnetz überzogen. 4. Im ersten Buch von Cäsars Bellum Gallicum ist der Krieg gegen die Helvetier beschrieben. 5. Ein solches Verständnis des Satzes ist durch den Zusammenhang ausgeschlossen. 6. Wir sind durch sein Vorgehen zu diesem Schritt gezwungen. 7. Er ist bei allen gefürchtet. 8. Mit dieser Arbeit ist er nicht völlig ausgelastet. 9. Mit diesem Problem ist er nahezu ausschließlich beschäftigt. 10. Er ist durch den Lehrbetrieb und Verwaltungsarbeiten sehr beansprucht. 11. Sein Gesicht ist von tiefen Furchen durchzogen. 12. Die Stadt ist von ausgedehnten Wäldern umgeben. 13. Wir sind von der Verordnung nicht betroffen. 14. Von der neuen Devisenordnung ist insbesondere der Außenhandel berührt. 15. Im letzten Kapitel sind die Ergebnisse in knapper Form zusammengefaßt. 16. Die moderne Werbesprache ist durch einfache und kurze Sätze charakterisiert. 17. Die europäische Politik in der 2. Hälfte des 19. Jahrhunderts ist durch eine enorme Beschleunigung der kolonialen Expansion gekennzeichnet.

174 Ü   1. Ich glaube nicht, daß er für diesen Posten geeignet ist. 2. Leider ist unsere Arbeit sehr ungleichmäßig über das ganze Jahr verteilt. 3. Mit diesem Haus sind für mich viele persönliche Erinnerungen verbunden. 4. Die Geschwindigkeitsbegrenzung ist auf bestimmte Autobahnabschnitte beschränkt. 5. Alle Zahlenangaben sind auf das Bruttosozialprodukt von 1973 bezogen. 6. A ist deutlich von B unterschieden. 7. Die Atomkerne sind aus drei Arten von Grundbausteinen zusammengesetzt. 8. Er ist stets um einen Ausgleich zwischen den verschiedenen Interessen bemüht. 9. Sein Verdacht ist nur auf vage Vermutungen gegründet.

175 Ü   1. Er hat es unbedingt allein schaffen wollen; am Schluß hat er einfach nicht mehr gekonnt. 2. Sie haben unter sich sein wollen; ich habe nicht mitgedurft. 3. Als Kind habe ich immer im Garten helfen müssen. – Das haben wir auch gemußt. 4. Noch vor ein paar Jahren habe ich 20 Kilometer an einem Stück zu Fuß gehen können, das habe ich ohne Schwierigkeiten gekonnt. 5. Ich habe nicht noch mal davon anfangen wollen. – Das habe ich auch nicht gewollt. 6. Mein Bruder hat in den Ferien immer mit seinen Freunden wegfahren dürfen; ich habe das nie gedurft. 7. Erst hat er diese Aufgabe nicht übernehmen wollen, aber dann hat er es doch gemußt. 8. Ich habe gestern abend noch zehn Briefe tippen müssen. – Wieso „müssen"? Sie haben es doch selbst gewollt.

176 Ü   1. Er hat erst gerufen werden müssen; . . . . 2. Dieser Tagesordnungspunkt hat nicht mehr behandelt werden können; . . . . 3. Die Ladung hat nicht gelöscht werden dürfen; . . . . 4. Er hat nicht auch noch in diese Geschichte hin-

eingezogen werden wollen; . . . . 5. Vor unserem Einzug hat die Wohnung
gründlich renoviert werden müssen; . . . . 6. Wegen Personalmangels haben die
gesetzten Fristen nicht eingehalten werden können.

177 Ü 1. Ich glaube nicht, daß er Ihnen hat schaden wollen. 2. Ich hoffe,
daß die Sekretärin das noch hat erledigen können. 3. Ich fürchte, daß man den
Motor nicht mehr wird reparieren können. 4. Ich meine, daß sich hier manches
wird ändern müssen. 5. Sie wissen doch so gut wie ich, daß ich das nicht habe
verhindern können. 6. Wir sind noch nicht umgezogen, weil unsere neue Wohnung erst noch hat renoviert werden müssen. 7. Ich habe dazu geschwiegen,
weil ich keinen Streit habe anfangen wollen. 8. Ich habe auf einem schriftlichen
Vertrag bestanden, weil ich mich habe absichern wollen. 9. Ich glaube, daß das
von niemandem wird bestritten werden können. 10. Ich glaube, daß man das
nicht wird verhindern können.

178 Ü Die Infinitive können wegfallen in den Sätzen:
1, 3, 5, 6, 7, 9, 10, 11, 12

179 Ü 1. möchten; möchte 2. mögen 3. möchte 4. mag 5. möchte 6. mag
7. mögen 8. mag

180 Ü 1. Mutter möchte, daß wir Weihnachten gemeinsam feiern. 2. Der
Arzt will, daß du die Kur gleich machst. 3. Ich möchte, daß niemand etwas von
unserem Gespräch erfährt. 4. Er möchte nicht, daß für ihn eine große Geburtstagsfeier veranstaltet wird. 5. Wer will denn, daß Sie das tun? 6. Ich möchte
nicht, daß ihr meinetwegen große Umstände macht. 7. Ich will nicht, daß du
diesen Auftrag annimmst. 8. Er will, daß seine Frau über jeden Pfennig Haushaltsgeld abrechnet. 9. Ich will nicht, daß man mir eines Tages vorwerfen kann,
ich hätte mich um die Angelegenheit nicht genügend gekümmert.

181 Ü 1. Ich glaube, das war gewollt. 2. Das war von niemandem ernsthaft
gewollt. 3. Alle Neune! Das war gekonnt. 4. Schuß aufs Tor! Und . . . gehalten.
Das war gekonnt! 5. Ich weiß nicht, ob das wirklich gewollt war.

182 Ü 1. Er kann die kompliziertesten Dinge einfach darstellen. 2. In der
Maschinenhalle war ein solcher Lärm, daß man sich nur durch Gesten verstän-
digen konnte. 3. Sie brauchen mir das nicht lang und breit zu erklären. 4. . . . ,
aber er kann sich immer noch nicht mit Franzosen unterhalten. 5. Er will sich
bessern. 6. Vom äußeren Ring aus soll eine Zufahrtsstraße zur Autobahn gebaut werden. 7. „Darf ich mich vorstellen: Meier." 8. Kann man mit der S-
Bahn nach Kleinhausen fahren? 9. Wenn ich das Fenster wieder schließen soll,
sagen Sie es mir bitte. 10. Ich möchte mir mal wieder so einen richtigen Western ansehen. 11. Niemand muß vor Gericht gegen seine nächsten Angehörigen
aussagen. 12. Soll ich das für Sie erledigen? 13. Du sollst es später einmal besser
haben als ich. 14. Schon seit langem soll die nördliche Umgehungsstraße vierspurig ausgebaut werden. 15. Wertpakete müssen versiegelt sein. 16. Bei Lastwagen dieses Typs darf die Nutzlast drei Tonnen nicht überschreiten. 17. Können
Sie das Paket für mich annehmen? 18. Alle Staatsbürger müssen Steuern zahlen.
19. Ich will Sie nicht daran hindern. 20. Daß das so kommen würde, konnte
man nicht voraussehen. 21. Er will sein Haus wieder verkaufen. 22. Darf ich
ihr auch in Ihrem Namen gratulieren?

183 Ü 1. abgeschlossen haben 2. beendet haben 3. erledigt haben 4. ausgegeben haben 5. gebracht haben 6. zurückgezahlt haben 7. geschrieben haben 8. vorgelegt haben 9. registriert und verteilt haben 10. verabschiedet haben

184 Ü 1. Muß der Bericht denn unbedingt bis nächste Woche abgeschlossen sein? 2. Ursprünglich sollte der Ausschuß seine Arbeiten bis zum Jahresende abgeschlossen haben. 3. Bis zum Jahresende will ich 10.000 Mark gespart haben. 4. Bis zum 30. Juni dürfen wir nicht mehr als 50 % des uns zur Verfügung stehenden Betrags ausgegeben haben. 5. Die Ausschachtungsarbeiten sollen bis Ende März beendet sein.

185 Ü 1. Um Kraftfahrzeuge führen zu können, muß man die Kenntnis der gesetzlichen und polizeilichen Vorschriften und die Fahrbefähigung nachgewiesen haben. 2. Um als beamteter Lehrer an einer höheren Schule unterrichten zu können, muß man das Assessorenexamen abgelegt haben. 3. Um in den höheren Schuldienst eintreten zu können, muß man das erste Staatsexamen bestanden haben. 4. Um den Beruf eines Arztes ausüben zu können, muß man die staatliche Approbation erlangt haben. 5. Um als Anwalt zugelassen werden zu können, muß man ein Jahr als Anwaltsassessor bei einem Anwalt tätig gewesen sein. 6. Um ein Bankinstitut eröffnen zu können, muß man den Nachweis einer entsprechenden fachlichen Vorbildung erbracht haben. 7. Um an einer landwirtschaftlichen Fakultät oder Hochschule studieren zu können, muß man ein sechsmonatiges Praktikum gemacht haben. 8. Um auf diesem Gebiet mitreden zu können, muß man selbst reiche Erfahrungen gesammelt haben. 9. Um einen Antrag auf Gewährung einer Altersrente stellen zu können, muß man mindestens 15 Jahre Beiträge zur Sozialversicherung gezahlt haben. 10. Um eine Eigentumswohnung wieder veräußern zu können, muß man zuvor das Einverständnis der Eigentümerversammlung eingeholt haben. 11. Um als Kandidat für das Amt des Bundespräsidenten aufgestellt werden zu können, muß man das 40. Lebensjahr vollendet haben. 12. Um als Ausländer an einer deutschen Universität studieren zu können, muß man mit Erfolg an den Lehrveranstaltungen eines Studienkollegs teilgenommen haben.

186 T muß ... sein, muß ... instand gesetzt worden sein; kann sich ... nicht leisten, kann ... nicht gebaut haben; dürfte ... sein, dürfte ... gekostet haben; kann/könnte ... gehören, kann/könnte ... gebaut haben

187 Ü 1. Die Warmwasseranlage muß mal wieder defekt sein. 2. Das kann er nicht gesagt haben. 3. Er muß den Hörer ausgehängt haben. 4. Er muß gedacht haben, daß ... . 5. In zwei Monaten kann er nicht so ausgezeichnet Deutsch gelernt haben. 6. Er muß eingesehen haben, daß ... . 7. Er muß mich mit jemandem verwechselt haben. 8. Er kann es nicht gewesen sein, der ... . 9. Ihr muß etwas dazwischengekommen sein. 10. Er kann den Termin nicht vergessen haben; er muß einen Grund gehabt haben, nicht zu kommen.

188 Ü 1. brauchen 2. müssen 3. kann 4. müssen 5. brauchen 6. kann

189 Ü 1. Sie dürfen uns nichts verschweigen. 2. Wenn Sie im Ausland sind, dürfen Sie nie vergessen, daß ... . 3. Das dürfen Sie auf keinen Fall unterlassen. 4. Sie dürfen sich nicht verzetteln. 5. Diese Faktoren müssen auch berücksichtigt werden. 6. Das muß in diesem Zusammenhang erwähnt werden. 7. Es muß berücksichtigt werden, daß . . . . 8. Sie dürfen sich noch nicht zuviel zumuten.

190 Ü   1. Diese Tatsachen dürften heutzutage unumstritten sein. 2. Der Höhepunkt des Flugtourismus dürfte bereits überschritten sein. 3. Diese Entwicklung dürfte sich nicht mehr rückgängig machen lassen. 4. Sein Vorschlag dürfte nicht so ernst gemeint gewesen sein, wie Sie anscheinend annehmen. 5. Ein Kompromiß zwischen der Steigerung der Industrieproduktion und der Erhaltung der Umwelt dürfte gegenwärtig das Problem Nummer eins in allen Industriestaaten sein. 6. Der Minister bezeichnet sich als parteilos, er dürfte jedoch den politischen Vorstellungen der F.D.P. nahestehen. 7. Dem Kanzler dürfte der Rücktrittsentschluß nicht leichtgefallen sein. 8. Das gute Einvernehmen zwischen den Beteiligten dürfte zu dem schnellen Erfolg der Verhandlungen beigetragen haben. 9. Das Ergebnis der letzten Wahlen dürfte durch die Angst vor einer wirtschaftlichen Rezession beeinflußt worden sein. 10. Die internationalen Erdölgesellschaften dürften an der sogenannten „Ölkrise" nicht schlecht verdient haben. 11. Die Verringerung der Nachfrage auf dem Automobilmarkt dürfte nicht zuletzt durch das ständige Gerede von einer drohenden Wirtschaftskrise verursacht worden sein. 12. Die britische Regierung dürfte sich nicht im klaren darüber gewesen sein, welche Wirkung ihre Beschlüsse auf die europäischen Partnerländer haben mußten. 13. Der obere Steigerwald dürfte damals von Wald überzogen und kaum besiedelt gewesen sein. Die Hochstraßen dürften jedoch auch weiterhin benutzt worden sein. 14. Damit dürfte das Nötige gesagt sein, ... 15. Das Caféhaus Tomaselli in Salzburg dürfte fast so alt sein wie das Kaffeetrinken in Europa.

191 Ü   1. Er mag drei, vier Jahre alt gewesen sein, älter sicher nicht. 2. Es mögen 200 gewesen sein. 3. Das mag sechs Jahre her sein. 4. Er mag gedacht haben, daß er bei denen schneller vorankommt. 5. Es mögen 100 Kilometer sein. 6. Es mag hinzugekommen sein, daß es ihm bei uns hier in Bayern nicht gefällt.

192 Ü   1. Sie hätten sich vorher nach dem Weg erkundigen sollen. 2. Sie hätten gleich zum Arzt gehen sollen. 3. Sie hätten mehr Rücksicht auf seine Empfindlichkeit nehmen sollen. 4. Sie hätten mich sofort benachrichtigen sollen. 5. Sie hätten sich von einem Fachmann beraten lassen sollen. 6. Sie hätten einen Anwalt nehmen sollen. 7. Sie hätten sich das nicht gefallen lassen sollen. 8. Sie hätten nicht so schnell fahren sollen. 9. Man hätte auf mich hören sollen. 10. Sie hätten mit uns gehen sollen. 11. Sie hätten sich noch etwas schonen sollen. 12. Sie hätten sofort Anzeige erstatten sollen. 13. Sie hätten uns mal besuchen sollen. 14. Sie hätten ganz offen mit ihr darüber sprechen sollen. 15. Sie hätten sich gegen diese Unterstellung wehren sollen.

193 Ü   1. Sie hätten nicht gleich Krach mit ihr anfangen dürfen. 2. Auf so etwas hätten Sie sich nicht einlassen dürfen. 3. Sie hätten nicht so viel Whisky trinken dürfen. 4. Sie hätten nicht wieder von dieser alten Geschichte anfangen dürfen. 5. Sie hätten nicht gleich so ausfallend werden dürfen. 6. Sie hätten mich nicht vor allen Leuten blamieren dürfen. 7. Einen solchen Vertrag hätten Sie nicht unterschreiben dürfen. 8. So etwas hätten Sie nicht sagen dürfen.

9. Einen solchen Brief hätten Sie ihm nicht schreiben dürfen. 10. Einen solch verrückten Plan hätten Sie nicht gutheißen dürfen. 11. Sie hätten diesen hergelaufenen Handwerksburschen nicht in Ihrer Wohnung aufnehmen dürfen. 12. Sie hätten sich nicht in solche Unkosten stürzen dürfen.

194 Ü 1. Sie hätten uns schon längst mal wieder besuchen können. 2. Du hättest mich doch ein bißchen unterstützen können. 3. Du hättest mir das doch mal sagen können. 4. Sie hätten sich ruhig auch einmal um diese Dinge kümmern können. 5. Du hättest ruhig noch ein bißchen länger bleiben können. 6. Du hättest ruhig ein bißchen höflicher zu ihr sein können.

195 Ü 1. So etwas sollte heutzutage eigentlich nicht mehr möglich sein. 2. Sie sollten Ihre Erfindung als Patent anmelden. 3. Sie sollten endlich mit Ihrer ewigen Schimpferei aufhören. 4. Du solltest dir nicht immer wieder einreden, daß alle dir schaden wollen. 5. So etwas sollte verboten sein. 6. Sie sollten sich durch dieses Gerede nicht kopfscheu machen lassen. 7. Sie sollten das nicht so ernst nehmen. 8. Eine solche Gelegenheit sollten Sie sich nicht entgehen lassen. 9. Sie sollten sich schämen! 10. Eigentlich sollten Sie ihr dankbar sein. 11. Sie sollten Ihrer Sache nicht zu sicher sein. 12. Du solltest nicht so viel trinken.

196 Ü 1. Du könntest inzwischen den Tee aufbrühen. 2. Wir könnten das Bild im Schlafzimmer aufhängen. 3. Wir könnten doch mal diskutieren, ob sich unsere Arbeiten nicht besser aufeinander abstimmen lassen. 4. Du könntest doch mal in unserem Club einen Vortrag darüber halten. 5. Du könntest Bastschuhe machen oder Körbe flechten. 6. Du könntest inzwischen die Erde hier wegschaufeln. 7. Sie könnten doch mal wieder zu uns zum Schachspielen kommen. 8. Wir könnten doch Karl auch einladen. 9. Wir könnten uns doch mal zusammensetzen und in aller Ruhe darüber sprechen. 10. Wir könnten doch den Ausflug zusammen machen. 11. Wir könnten doch mal wieder Spargel essen. 12. Das könntest du doch erledigen.

197 Ü 1. Bewerber für diesen Posten sollten längere Zeit im Ausland tätig gewesen sein. 2. Die Kandidaten sollten bereits längere Zeit praktisch gearbeitet haben. 3. Neue Produktionsverfahren sollten vor ihrer Anwendung längere Zeit praktisch erprobt worden sein. 4. Das sollten Sie inzwischen begriffen haben. 5. Die Prüfungskandidaten sollten sich einen Überblick über die wichtigste Literatur zu ihrem Prüfungsgebiet verschafft haben. 6. Jeder sollte dieses Buch gelesen haben. 7. Es sollte ihm inzwischen klargeworden sein, daß er mit mir so nicht umspringen kann. 8. So etwas sollte jeder mal erlebt haben. 9. Solche Erfahrungen sollte jeder mal gemacht haben.

198 Ü 1. So viel Geld wie Sie müßte man haben. 2. Fabrikbesitzer müßte man sein. 3. Fliegen müßte man können. 4. Einen reichen Erbonkel müßte man haben. 5. In einer solchen Villa müßte man wohnen. 6. Einen Mercedes müßte man besitzen. 7. Siebenmeilenstiefel müßte man haben. 8. Ewige Ferien müßte man haben. 9. Abitur müßte man haben. 10. Professor müßte man sein.

199 Ü 1. Ich wollte, ich hätte mehr Zeit zum Lesen. 2. Ich wollte, ich könnte dir helfen. 3. Ich wollte, ich müßte heute nicht ins Büro. 4. Ich wollte, ich hätte mir das gründlicher überlegt. 5. Ich wollte, ich hätte alles schon hinter mir. 6. Ich wollte, er wäre schon wieder gesund. 7. Ich wollte, ich dürfte schon wieder aufstehen. 8. Ich wollte, ich wäre vorsichtiger gefahren. 9. Ich wollte, ich hätte meine Steuererklärung schon gemacht. 10. Ich wollte, ich hätte nicht so viel Wodka getrunken. 11. Ich wollte, ich wäre schon beim Zahnarzt gewesen. 12. Ich wollte, der Backenzahn wäre schon gezogen. 13. Ich wollte, ich hätte mehr Zeit gehabt, mich auf die Prüfung vorzubereiten. 14. Ich wollte, ich hätte es so gut wie Sie. 15. Ich wollte, ich hätte ihr nichts davon erzählt. 16. Ich wollte, die Woche hätte drei Sonntage.

200 Ü 1. An seiner Stelle hätte ich den Vorschlag auch abgelehnt. 2. An seiner Stelle hätte ich auch Angst vor diesem Gespräch. 3. An seiner Stelle wäre ich mit dem Ergebnis der Verhandlungen auch zufrieden. 4. An seiner Stelle wäre ich daraufhin auch sofort abgereist. 5. An seiner Stelle hätte ich gegen diese Lösung auch nichts einzuwenden gehabt. 6. Da wäre ich an seiner Stelle auch böse geworden. 7. An seiner Stelle läge mir auch sehr daran, daß die Dinge nun endgültig geregelt werden. 8. An seiner Stelle ließe ich mir das auch nicht gefallen. 9. An seiner Stelle hätte ich es auch abgelehnt, den Vertrag zu unterschreiben. 10. An seiner Stelle wäre ich auf diese überzogenen Forderungen auch nicht eingegangen. 11. An seiner Stelle hätte ich an diesen Zusammenkünften auch nicht länger teilgenommen. 12. An seiner Stelle verhielte ich mich auch abwartend. 13. An seiner Stelle hätte ich mich auch auf keinerlei Diskussion eingelassen. 14. An seiner Stelle ginge ich auch nicht mehr zu den Diskussionsabenden. 15. An seiner Stelle hätte ich meine Zustimmung auch davon abhängig gemacht, daß die Finanzierung des Projekts gesichert ist. 16. An seiner Stelle behielte ich mir auch ein Mitspracherecht in finanziellen Fragen vor. 17. An seiner Stelle bliebe ich auch nicht mehr länger hier. 18. An seiner Stelle hätte ich das Angebot auch nicht angenommen. 19. An seiner Stelle käme es mir jetzt auf ein paar Tage mehr oder weniger auch nicht mehr an. 20. An seiner Stelle hätte ich mir das auch nicht lange überlegt und hätte auch sofort ja gesagt.

201 Ü 1. Wer bliebe in den Ferien schon gern zu Hause? 2. Wer ließe sich schon gern nachsagen, daß er unmodern sei? 3. Wer dächte in der Not nicht zuerst einmal an sich? 4. Wer fände sich schon so ohne weiteres damit ab, für einen Dummkopf gehalten zu werden? 5. Wer gäbe schon gern zu, daß er im Unrecht ist? 6. Wer könnte schon von sich behaupten, nie einen Fehler gemacht zu haben? 7. Wer wüßte nicht, wie schwierig eine solche Aufgabe ist? 8. Wer brächte schon den Mut auf, immer die Wahrheit zu sagen? 9. Wer wäre davon nicht betroffen? 10. Wem fiele es schon leicht einzugestehen, daß er alles falsch gemacht hat? 11. Wer bliebe schon gern sein Leben lang im Schatten seines Vorgesetzten? 12. Wer wollte schon ständig gegängelt und kontrolliert werden? 13. Wer ginge schon gern Verpflichtungen ein, die er nicht einhalten kann? 14. Wer würde mit zunehmendem Alter nicht bequemer?

202 T Konjunktiv II: stimmte; erdreistete; lebte; horchten
Präteritum-Formen der schwachen Verben: sagte, tröstete, quälte sich, setzte sich . . . hin, hörte . . . ab, machte

203 Ü   1. Wenn Sie bitte solange im Vorzimmer warten würden. 2. Wenn Sie den bitte als ersten tippen würden. 3. Wenn Sie sich diesen Termin bitte vormerken würden. 4. Wenn Sie bitte hier im Nebenzimmer Platz nehmen würden. 5. Wenn Sie bitte etwas lauter sprechen würden. 6. Wenn Sie bitte gleich das Anmeldeformular ausfüllen würden. 7. Wenn Sie bitte auch Ihre Paßnummer eintragen würden. 8. Wenn Sie bitte hier unten rechts unterschreiben würden. 9. Wenn Sie das bitte gleich erledigen würden. 10. Wenn Sie ihm den bitte gleich vorlegen würden. 11. Wenn Sie ihm bitte ausrichten würden, ich käme nächste Woche noch mal vorbei. 12. Wenn Sie bitte nach 17 Uhr noch einmal anrufen würden. 13. Wenn Sie die bitte genau durchlesen würden. 14. Wenn Sie Ihre Mäntel und Schirme bitte an der Garderobe abgeben würden.

204 Ü   1. Würden Sie mich bitte morgen noch einmal daran erinnern. 2. Würden Sie bitte dreimal klingeln, damit . . . . 3. Würden Sie Ihren Namen bitte buchstabieren. 4. Würden Sie bitte das Radio etwas leiser stellen. 5. Würden Sie mich bitte Herrn Meier melden. 6. Würden Sie bitte einen Augenblick zu mir ins Büro kommen. 7. Würden Sie bitte dafür sorgen, daß . . . . 8. Würden Sie sich bitte um die Unterbringung unserer Gäste kümmern. 9. Würden Sie uns bitte Ihre Wünsche mitteilen, damit . . . . 10. Würden Sie Ihre Frage bitte noch einen Augenblick zurückstellen. 11. Würden Sie uns das bitte etwas näher erläutern. 12. Würden Sie ihr bitte herzliche Grüße von mir bestellen. 13. Würden Sie mir die Akte bitte morgen noch einmal vorlegen. 14. Würden Sie bitte mal in der Staatsbibliothek nachfragen, ob . . . . 15. Würden Sie mich bitte mit Herrn Meier verbinden.

205 Ü   1. Chinesisch, 16. Jahrhundert, würde ich sagen. 2. Ich würde schon meinen, daß unsere Planung realistisch ist. 3. Ich würde das bejahen. 4. Ich würde annehmen, daß wir 1980 soweit sein können. 5. Ich würde sagen, es handelt sich um ein ökonomisches, nicht so sehr um ein ideologisches Problem. 6. Ich würde denken, daß sich mit einigem guten Willen alle Probleme lösen lassen.

206 Ü   1. bliebe, hätte 2. ginge, wäre 3. verstünde, könnte 4. gäbe, könnte 5. abliefe, würde . . . bewerben 6. ließe, könnten 7. beginnen würden, würden 8. befehlen würde, würde . . . weigern 9. würde . . . helfen, hätte 10. wüßte, würde 11. angriffe, würde . . . ziehen 12. aufladen würde, käme 13. täte, unterstellte 14. wüßte, würde . . . sagen 15. beschränkte, würde . . . akzeptieren 16. würde . . . mieten, verlangte 17. wäre, mitteilten 18. hätten, stünde 19. machte, ließe 20. nennen würde, würde . . . machen

207 Ü   1. Ich hätte sofort die Polizei alarmiert. 2. Er wäre an der Unfallstelle verblutet. 3. Ich hätte mich auf dem Absatz rumgedreht und wäre rausgegangen. 4. Ich würde sofort gegen den Bescheid Einspruch erheben und den Mieterschutzverein um Hilfe bitten. 5. Ich hätte mir nichts anmerken lassen und hätte versucht, ihn auf frischer Tat zu ertappen. 6. Wir müßten den Bankrott anmelden. 7. Ich wäre sofort zum Arzt gegangen und hätte mich gegen Tollwut impfen lassen; dann hätte ich Anzeige gegen den Besitzer erstattet und hätte ihn auf Schmerzensgeld verklagt. 8. Ich hätte das alles nicht so ernst genommen wie Sie und hätte keine große Geschichte daraus gemacht. 9. Ich hätte versucht, den Mann zu beruhigen. 10. Wahrscheinlich wäre es zu einem Riesenkrach gekommen.

208 Ü 1. Wenn der angebliche Graf nicht ununterbrochen gewonnen hätte, hätte er nicht den Verdacht des Croupiers erregt. 2. Wenn man von einem Symptom unmittelbar auf eine Krankheit schließen könnte, wäre das Stellen der richtigen Diagnose nicht schwierig. 3. Wenn er jetzt hier wäre, könnten wir ihn fragen. 4. Wenn wir nicht ein Haus in Mannheim hätten, wäre ich nicht auf einen Arbeitsplatz in Mannheim oder Ludwigshafen angewiesen. 5. Wenn Sie ihn kennen würden, wüßten Sie, wie unsinnig alles ist, was man von ihm behauptet. 6. Wenn nicht alle Autofahrer gleich am ersten Ferientag losführen (losfahren würden), käme es nicht immer wieder zu kilometerlangen Verkehrsstauungen. 7. Wenn das neuartige Radarsystem nicht in alle Verkehrsmaschinen eingebaut wäre, könnte man bei Nebel nicht für sichere Landungen garantieren. 8. Wenn es seine Frau nicht verstünde, sparsam zu wirtschaften, kämen sie mit seinem niedrigen Gehalt nicht aus. 9. Wenn der Brief nicht den Vermerk ,,vertraulich" trüge, könnten Sie ihn lesen. 10. Wenn die S-Bahn nicht ausnahmsweise pünktlich gewesen wäre, hätten wir den Anschlußzug nicht mehr erreicht.

209 Ü 1. Wenn schönes Wetter wäre, hätten wir von hier aus eine herrliche Aussicht. 2. Wenn Karl im Tor gewesen wäre, hätten wir nicht verloren. 3. Wenn er keinen Bart hätte, sähe er wahrscheinlich ganz unbedeutend aus. 4. Wenn fürs Rote Kreuz gesammelt worden wäre, hätte ich etwas gespendet. 5. Wenn wir gegen Gründorf spielen müßten, hätten wir keine Chance. 6. Wenn man den Mittelstürmer ausgetauscht hätte, wäre das Spiel vielleicht noch zu gewinnen gewesen. 7. Wenn er seine Einwilligung nicht gegeben hätte, hätten wir gar nichts unternehmen können. 8. Wenn er Einspruch erhoben hätte, wäre das Unternehmen sofort abgeblasen worden. 9. Wenn das Projekt gründlicher vorbereitet worden wäre, hätte sich sicher manche Panne vermeiden lassen. 10. Wenn die Steuern nochmals erhöht würden, würde die Leistungsfähigkeit der Exportindustrie stark beeinträchtigt. 11. Wenn er uns nicht finanziell unterstützt hätte, hätten wir das Projekt längst aufgeben müssen. 12. Wenn die Anweisungen genau beachtet worden wären, hätte das Experiment gelingen müssen.

210 Ü 1. Es wäre interessant, wenn man das mal ausprobierte. 2. Es wäre eine große Beruhigung für mich, wenn Sie inzwischen auf mein Gepäck aufpaßten. 3. Es wäre äußerst beunruhigend, wenn sich solche Vorfälle wiederholten. 4. Es wäre mir sehr unangenehm, wenn dieser Punkt morgen zur Sprache käme. 5. Es wäre reine Zeitverschwendung, wenn diese Frage erneut beraten würde. 6. Es wäre auch zu schön gewesen, wenn alles geklappt hätte. 7. Es wäre auch sinnlos gewesen, wenn du etwas gesagt hättest. 8. Es hätte auch zu weit geführt, wenn Sie auf Details eingegangen wären. 9. Es wäre vernünftiger gewesen, wenn er gleich zum Arzt gegangen wäre. 10. Es wäre verzeihlich, wenn sie das vergessen hätte. 11. Es wäre erstaunlich, wenn er sich noch an mich erinnerte. 12. Es wäre mir lieber gewesen, wenn Meier dagewesen wäre. 13. Es wäre ein Skandal, wenn die Staatsbank die Zahlungen eingestellt hätte. 14. Es wäre sehr zu begrüßen, wenn es endlich zu einer Einigung zwischen den streitenden Parteien käme.

211 Ü 1. Es wäre anständiger gewesen, wenn er von seinem Posten zurückgetreten wäre. 2. Es wäre ja hirnverbrannt, wenn Sie den Vertrag unterschrieben. 3. Es wäre verkehrt, wenn Sie sich durch solche Drohungen einschüchtern ließen. 4. Es wäre klüger, wenn Sie sich etwas mehr im Hintergrund hielten. 5. Es wäre richtiger gewesen, wenn Sie gleich Anzeige erstattet hätten. 6. Es wäre klüger gewesen, wenn Sie auf diesen Vorschlag eingegangen wären. 7. Es wäre zu gefährlich, wenn Sie sich auf diese Sache einließen. 8. Es wäre schade, wenn Sie Ihren Plan aufgäben. 9. Es wäre konsequenter, wenn Sie jetzt auch nein sagten. 10. Es wäre ratsam, wenn Sie mal ganz offen mit ihm darüber sprächen. 11. Es wäre nicht richtig, wenn Sie jetzt von Ihren Forderungen abgingen. 12. Es wäre nicht zweckmäßig, wenn Sie zu viele Leute in die Sache einweihten.

212 Ü 1. Eine nochmalige Aufwertung der D-Mark würde die deutsche Exportindustrie in eine schwierige Lage bringen. 2. Eine Restaurierung dieser Kirche würde Millionen erfordern. 3. Ein weiterer Rückgang der Exportaufträge könnte die Automobilindustrie in eine bedrohliche Krise stürzen. 4. Eine gründlichere Auseinandersetzung mit dieser Frage wäre der Diskussion sehr zugute gekommen. 5. Ein weiteres Ansteigen der Preise würde Englands preisbewußte Hausfrauen wieder zurück in das Lager der Torys treiben. 6. Eine Rückkehr zu diesen Methoden würde von niemandem verstanden werden. 7. Eine kurzfristige Absage des Termins hätte nur Verstimmung hervorgerufen. 8. Ein Abbruch der Verhandlungen hätte zu einer gefährlichen Lage geführt. 9. Ein erneutes Nachgeben hätte die Gegenseite nur zu weiteren Forderungen ermuntert. 10. Eine Aufhebung des Numerus clausus würde die deutschen Universitäten in ein Chaos stürzen.

213 Ü 1. Wenn sie doch öfter etwas von sich hören ließe! 2. Wenn Sie nur nicht immer gleich beleidigt wären! 3. Wenn Sie mir das nur gleich gesagt hätten! 4. Wenn Sie das doch nur für sich behalten hätten! 5. Wenn ich doch bloß den gebrauchten Staubsauger nicht gekauft hätte! 6. Wenn ich doch schon alles hinter mir hätte! 7. Wenn doch nicht immer alles an mir hängenbliebe! 8. Wenn ich nur etwas davon gewußt hätte! 9. Wenn wir nur etwas schneller vorankämen! 10. Wenn Sie doch bloß nicht so stur wären! 11. Wenn sie nur etwas mehr Verständnis für meine Lage hätte! 12. Wenn mich doch jemand daran erinnert hätte!

214 Ü 1. als ob du nicht wüßtest, worum es hier geht 2. als ob es mit ihm wieder bergauf ginge 3. als wäre er der Herr des Hauses 4. als wäre sie aus Seide 5. als ob seine Existenz auf dem Spiel stünde 6. als hätte er uns nicht gesehen 7. als ob wir nicht zu Hause wären 8. als ob ich unter lauter Verrückte geraten wäre 9. als ob ich den Mann schon einmal irgendwo gesehen hätte 10. als ob sie seine Diener wären 11. als hätte er in eine Zitrone gebissen 12. als wäre er von einem Juristen geschrieben worden 13. als ob sie sich stritten 14. als ob wir das Schlimmste noch vor uns hätten 15. als ob sie sich für dumm verkaufen ließe 16. als schliefe er schon 17. als machten Sie diese Arbeit zum ersten Mal 18. als wäre er in dieser Umgebung groß geworden 19. als führe ich auf einem Motorrad einen endlosen steilen Abhang hinunter und könnte nicht mehr bremsen 20. als müßte man einen Festschmaus für fünfzig Hochzeitsgäste zubereiten 21. als ob ihn meine Bemerkung nachdenklich gestimmt hätte 22. als würde ich von ihm examiniert

215 Ü 1. als würde mein Knie so dick und rund wie ein Fußball 2. als ob das Unternehmen völlig risikolos wäre 3. als hätte er seine Meinung inzwischen geändert 4. als wäre es schon seit langem unbewohnt 5. als verheimlichte er uns etwas 6. als würde ich beobachtet 7. als träten wir auf der Stelle und kämen überhaupt nicht voran 8. als ob ihm mein Besuch unangenehm wäre

216 Ü 1. Sie flüsterte, als hätte sie ein Geheimnis mitzuteilen. 2. Er rieb sich die Hände, als wäre ihm gerade ein großer Coup gelungen. 3. Im Schlaf schrie sie auf, als hätte sich ihr ein Vampir auf die Brust gesetzt. 4. Er bog sein linkes Ohr nach vorn, als hörte er schlecht. 5. Er sah sich im Zimmer um, als suchte er etwas. 6. Er gab beim Kellner die Bestellung auf, als wäre es für ihn nichts Besonderes, in Luxushotels zu dinieren. 7. Er hielt sich im Hintergrund, als fürchtete er, gesehen zu werden. 8. Er sah auf, als kehrte er gerade aus weiter Ferne in die Wirklichkeit zurück. 9. Er zuckte zusammen, als hätte er sich elektrisiert. 10. Er warf den Geldschein auf den Tisch, als käme es ihm auf einen Hunderter nicht an.

217 Ü 1. Tun Sie doch nicht so, als hätten Sie noch nie etwas davon gehört. 2. Er verschlang das, . . . , mit einem solchen Heißhunger, als hätte er seit Tagen nichts gegessen. 3. Er sah so verstört aus, als hätte er eine schreckliche Vision gehabt. 4. Sie ging so leise hinaus, als hätte sie Angst, ... 5. Er hatte einen so/solch steifen Gang, als wäre er in ein Korsett eingeschnürt. 6. Der Zeuge hatte während der Vernehmung eine solche Angst, als wäre er selbst der Angeklagte. 7. Er tat uns gegenüber so überlegen, als wären wir blutige Anfänger. 8. Er lebte so spartanisch, als wollte er ein Mönchsleben außerhalb des Klosters führen. 9. Dieser Amerikaner schreibt ein so/solch elegantes Deutsch, als wäre Deutsch seine Muttersprache. 10. Die Dinge nehmen einen so/solch ungünstigen Verlauf, als hätte sich die ganze Welt gegen ihn verschworen.

218 Ü 1. die in der Lage wären 2. die in ihren wissenschaftlichen Ansichten völlig übereinstimmten 3. der dieses Thema mit so großer Sachkenntnis behandeln könnte 4. der mich hätte veranlassen können 5. der sich nicht genau überlegte 6. an dem nichts zu beanstanden gewesen wäre 7. der nicht abgelehnt worden wäre 8. in dem wir den Schrank hätten aufstellen können 9. der nicht aus dem Germanischen zu erklären wäre 10. den wir hätten fragen können 11. die einen solchen Plan in die Tat hätten umsetzen können 12. der nicht über Arrangements aus einem unserer Reisebüros zu erreichen wäre 13. der nicht gemacht worden wäre 14. denen man diese Aufgabe anvertrauen könnte 15. die für diesen Posten in Frage kämen 16. der beunruhigt gewesen wäre 17. mit dem er das hätte besprechen können 18. der sich bereit gefunden hätte 19. was wir ihr zum Geburtstag hätten schenken können 20. der dazu in der Lage wäre 21. die sinnloser gewesen wäre als diese 22. die so etwas zum Spaß sagten

219 T fahre, sei, gebe, reise, falle . . . auf, habe . . . gelesen, besitze, müsse, tue . . . leid, beschäftige, dürfe

220 Ü Kurz nachdem er die vierstrahlige „DC-8" um 7.45 Uhr in Zürich-Kloten gestartet und Kurs nach Norden genommen habe, habe er im Luftraum über Singen (Kreis Konstanz) einen Brand in einem der Düsentriebwerke festgestellt. Er habe sofort den Flughafen in Kloten verständigt, der die Maschine zurückbeordert habe. Das Feuer in dem inzwischen abgestellten Triebwerk sei durch die eingebaute Löschanlage bekämpft worden. Durch den Ausfall des Triebwerks habe die Maschine jedoch ständig an Höhe verloren. Die Passagiere seien von Gründli aufgefordert worden, Ruhe zu bewahren. Es sei ihm gelungen, die Maschine heil herunterzubringen. Die inzwischen alarmierte Flughafenfeuerwehr habe das in Brand geratene Triebwerk in kürzester Zeit löschen können. Schon wenig später seien die Passagiere, die sich sehr diszipliniert verhalten hätten, mit einer „Coronado" nach Düsseldorf geflogen worden. Techniker hätten inzwischen festgestellt, daß der Brand im Triebwerk durch ein durchgebranntes Ventil ausgelöst worden sei.

221 T 1. sei . . . geknüpft, seien . . . ausgerüstet und . . . besetzt, fehle, ließen 2. glaube, lägen . . . vor 3. habe . . . betreten sehen, müsse, hätten . . . geschlafen

222 Ü 1. stamme, halte 2. beziehe 3. sehe 4. sähen 5. gründeten 6. sei, hätten, fahre 7. habe, hätten 8. gehe, entsprächen, seien 9. müsse, könnten 10. biete, ansehe, lasse, trage, blieben 11. seien, hätten, habe, wolle, studiere 12. habe, wisse, gehöre, habe, sei

223 Ü 1. Wie konntest du denn behaupten, du hättest den Mann noch nie gesehen? 2. Als wir an seinem Schrebergarten vorbeikamen, rief er uns zu, wir kämen gerade recht. Er brauche Hilfe. 3. Ich lasse mir nicht gern vorwerfen, ich kümmerte mich nicht genug um meine Arbeit. 4. Erst gestern hast du wieder damit geprahlt, du könntest es mit allen von uns aufnehmen. 5. Er hat mich beschuldigt, ich hätte ihn im entscheidenden Moment im Stich gelassen. 6. Ich erinnere mich noch genau, daß du gesagt hast, du wolltest mit der ganzen Geschichte nichts mehr zu tun haben. 7. Ihr habt uns doch immer wieder versichert, daß ihr an einer Zusammenarbeit mit uns interessiert wärt. 8. Erst hast du behauptet, du wärst krank, und jetzt kommst du mit dem Vorwand, du müßtest eine Dienstreise machen. 9. Ich gab vor, ich müsse dringender Geschäfte halber nach Kopenhagen fliegen. 10. Da hast du's wieder! Du stehst eben in dem Ruf, du wärst ein gutmütiger Mensch. 11. Ich habe nie behauptet, ich könne die Arbeit allein schaffen. 12. . . . Und dabei hat uns der dicke Schaffner mindestens dreimal gesagt, wir brauchten uns keine Sorgen zu machen, den Anschlußzug kriegten wir auf jeden Fall. 13. Er hat mir vorgehalten, ich hätte ihm einen ganzen schönen Plan vermasselt. 14. Wenn du noch mal behauptest, du wärst Fachmann auf diesem Gebiet, dann lache ich nur noch. 15. Es vergeht kaum ein Tag, an dem wir nicht von irgendjemand gesagt bekämen, wir müßten uns darauf einstellen, daß der Automation die Zukunft gehöre. Wir befänden uns im Übergang zur automatisierten Gesellschaft.

224 Ü 1. Er hatte uns fest versprochen, er werde sich energisch für unsere Interessen einsetzen. 2. Er hatte mir zugesagt, er werde mein Gehalt mit Wirkung vom 1. Februar um 10 % erhöhen. 3. Er gab mir sein Wort, er werde mich nie im Stich lassen. 4. Er machte mir die Zusage, er werde mich bei der ersten sich bietenden Gelegenheit ins Ausland versetzen. 5. Das Ministerium stellte in Aussicht, es werde für Forschungen auf dem Gebiet des Umweltschutzes noch im Haushaltsjahr 1974 einen namhaften Betrag bewilligen. 6. Er versicherte, er werde seinen ganzen Einfluß geltend machen, um eine für uns befriedigende Lösung zu erreichen. 7. Er hatte mir in die Hand versprochen, er werde über unser Gespräch strengstes Stillschweigen bewahren. 8. Er hat sein Versprechen, er werde die Angelegenheit vertraulich behandeln, leider nicht eingehalten. 9. Er gelobte, er werde sich bessern. 10. Er schwor an ihrem Sterbebett, er werde sich ihrer Kinder annehmen. 11. Die Firma sicherte uns zu, sie werde die Reparaturen schnell und preisgünstig ausführen. 12. Bei den Koalitionsverhandlungen gab die SPD ihrem Koalitionspartner die Zusicherung, sie werde ihm die Besetzung von vier Ministerposten überlassen. 13. Die arabischen Regierungen drohten, sie würden ihr Ölembargo vorläufig aufrechterhalten. 14. Die Lebensmittelhändler . . . kündigten an, sie würden gegen die Verfügung des Magistrats durch alle Instanzen ankämpfen. 15. Du hast mir doch versprochen, du würdest mir das Buch bis zum Wochenende besorgen. 16. Ihr hattet doch versprochen, ihr würdet das für uns erledigen.

225 Ü   1. Er sagte, ich solle/dürfe nicht vergessen, daß von der Sache viel abhänge. 2. Er sagte, ich solle das ja niemandem weitererzählen. 3. Er sagte, ich solle das niemandem weitersagen. 4. Er sagte, ich möge/solle mich hüten, daraus voreilige Schlüsse zu ziehen. 5. Er sagte, ich solle nicht nervös werden. 6. Er sagte, ich solle aufpassen. Das könne schiefgehen. 7. Er sagte, ich solle ihn am nächsten Tag noch einmal anrufen und ihm Bescheid geben, wie die Tabletten gewirkt hätten. 8. Er sagte, ich möge/solle ihm das etwas genauer erläutern. 9. Er sagte, ich solle tief einatmen und die Luft anhalten. 10. Er sagte, ich solle ihn bei der nächsten Sitzung noch mal daran erinnern. 11. Er sagte, ich solle ihm sofort meine Brieftasche geben. 12. Er sagte, ich solle nicht übertreiben; so schlimm sei es nun auch wieder nicht. 13. Er sagte, ich müsse/solle jetzt sofort zu ihm gehen und ihm das Geld zurückgeben. 14. Er sagte, ich möge/solle mir das noch einmal durch den Kopf gehen lassen. 15. Er sagte, ich solle/dürfe nicht so nah rangehen. Der Hund sei bissig. 16. Er sagte, ich solle das Licht ausmachen. Ich dürfe nicht mehr länger lesen. 17. Er sagte, ich solle es übernehmen, den Termin den anderen mitzuteilen. 18. Er sagte, ich solle doch mal wieder zu ihm zum Schachspielen kommen. 19. Er sagte, ich solle ja die Finger davonlassen. 20. Er sagte, ich solle das ja für mich behalten.

226 Ü   1. Er fragte bei mir an, bis wann ich das erledigen könne. 2. Er fragte mich, ob ich mir das auch genau überlegt hätte. 3. Er wollte von mir wissen, ob es irgendwelche Schwierigkeiten gegeben habe. 4. Er fragte mich, seit wann Müllers in Hamburg wohnten. 5. Er fragte mich, ob ich Näheres darüber wisse. 6. Er fragte bei mir an, ob mir der Termin recht sei. 7. Er wollte von mir wissen, wie lange der Zug in Würzburg Aufenthalt habe. 8. Er fragte, ob die Briefe schon getippt seien. 9. Er fragte bei mir an, welchen Betrag für Portokosten er in die Kalkulation einsetzen solle. 10. Er fragte mich, ob er mit meiner Unterstützung rechnen könne. 11. Er wollte von mir wissen, worüber sich Herr Müller eigentlich so geärgert habe. 12. Er fragte mich, warum ich gestern so früh weggegangen sei. 13. Er wollte von mir wissen, wie es mir in Mannheim gefalle. 14. Er fragte bei mir an, ob er das denn unbedingt noch diese Woche erledigen müsse. 15. Er wollte von mir wissen, was ich denn von der Sache hielte.

227 T   1. nehmen . . . an 2. . . . ihm einfiel 3. dachte 4. sich . . . einbildeten 5. hatte . . . gefürchtet 6. fühlte 7. spürend 8. begriff

228 Ü   1. Er lebte in der ständigen Furcht, er könne sich eine Blöße geben. 2. . . ., weil er fürchtete, er könne in eine Falle geraten. 3. . . ., weil er befürchtete, er könne einem Bekannten begegnen. 4. Er hatte Angst, er könne eines Tages die Kontrolle über den aufgeblähten Verwaltungsapparat verlieren. 5. Aus Angst, sie könnten beim Zweikampf der beiden großen Parteien ins Hintertreffen geraten, haben die kleinen Parteien Kontrastprogramme ausgearbeitet, . . . 6. . . . aus Furcht, er könne den Überblick über die Entwicklung in seinem Fachgebiet verlieren. 7. . . . aus Sorge, er könne seinen Gegnern Argumente für neue Angriffe liefern. 8. Von der Sorge getrieben, er könne politisch den Anschluß verpassen, kehrte er . . . zurück. 9. Ihn quälte die Vorstellung, er könne eines Tages in Vergessenheit geraten.

229 Ü   1. Er soll seine Laufbahn als Goldsucher in Alaska begonnen haben. 2. Er will noch nie etwas von diesen Plänen gehört haben. 3. Er will das Geld geschenkt bekommen haben. 4. Es soll zu heftigen Auseinandersetzungen innerhalb der Fraktion gekommen sein. 5. Er will den Termin zu spät erfahren haben. 6. Er soll zum dritten Mal geheiratet haben. 7. Er will die Akte sofort weitergegeben haben. 8. Das Unternehmen soll wieder abgeblasen worden sein. 9. Von diesen Transaktionen will er erst gestern unterrichtet worden sein. 10. Drei Abgeordnete der CDU sollen für den SPD-Antrag gestimmt haben.

230 Ü   1. zu der fraglichen Zeit im Gasthaus „Zum Mohren" gewesen zu sein 2. uns damit einen Gefallen getan zu haben 3. Bestechungsgelder angenommen zu haben 4. Ihr Buch dem Dudenverlag anzubieten 5. seinen Antrag nicht energisch genug unterstützt zu haben 6. im Besitz belastenden Materials zu sein 7. die Steuerreform am 1. Januar 1975 in Kraft zu setzen 8. von diesen Vorgängen nichts gewußt zu haben 9. mit einer solchen Aufgabe überfordert zu sein 10. von einer Anzeige Abstand zu nehmen 11. öffentliche Gelder für private Zwecke verwendet zu haben 12. meine Zusage bewußt vage formuliert zu haben 13. ein besonders schlagfertiger Debattenredner zu sein 14. diese kritischen Äußerungen nicht allzu ernst zu nehmen 15. im politischen Spiel ins Abseits zu geraten 16. selbst Gelegenheit zu haben 17. ihn meinem Chef als einen besonders fähigen Mann zu empfehlen 18. bei der nächsten Steuererklärung einen Steuerberater zu nehmen 19. mit ihm einen Bummel durch die Schwabinger Künstlerlokale zu machen 20. ihm das Schriftstück auszuhändigen

231 Ü   1. sich selbst um diese Angelegenheit zu kümmern 2. meine Arbeiten fortzusetzen und die Ergebnisse zu veröffentlichen 3. gemeinsam mit seinem Klassenkameraden G.S. im Juni 1927 den Kochlehrling Hans Stephan umgebracht zu haben 4. uns mit dieser Drohung in Angst und Schrecken versetzt zu haben 5. im Namen der gesamten Bevölkerung zu sprechen 6. dafür zu sorgen, daß . . . 7. einem Friedensgespräch zuzustimmen 8. in eine Falle zu geraten und verhaftet zu werden 9. ein Glas Bier mit ihm zu trinken 10. in ihre Kasernen zurückzukehren 11. den Gästen unsere Abteilung zu zeigen 12. auf niemandes Hilfe angewiesen zu sein 13. seine Ausführungen schriftlich zu fixieren und ihm zuzuleiten 14. sich für die Belange der Kriegsopfer einzusetzen 15. sie noch tags darauf gesehen zu haben 16. die Lage völlig falsch eingeschätzt zu haben 17. zu bleiben 18. den Dollarkurs von derzeit mindestens DM 3,15 nicht mehr länger zu stützen 19. auf die Forderungen der Gewerkschaft einzugehen 20. meine Kompetenzen überschritten zu haben 21. seine geheimen Kenntnisse nicht länger für sich zu behalten 22. den größten Fehler seines Lebens gemacht zu haben 23. nochmals die Notbremse zu ziehen 24. noch vor dem EG-Termin mit seinem französischen Kontrahenten Giscard d'Estaing ein Gespräch zu führen 25. die bereits erteilte Baugenehmigung wieder zurückzuziehen

232 Ü   1. sind 2. sind 3. ist 4. sind 5. sind 6. waren 7. sind 8. sind 9. sind 10. sind 11. ist 12. waren 13. sind 14. sind 15. ist 16. sind

233 Ü   1. ist/sind 2. sind 3. fehlt/fehlen 4. ist/sind 5. ist/sind 6. ist/sind 7. mußte/mußten 8. ist/sind 9. ist 10. wurde/wurden 11. ist/sind 12. könnte/könnten

234 Ü   1. wird 2. ist 3. wird 4. blieb 5. wurde 6. trifft 7. wurde 8. überschwemmt 9. wurde 10. ist 11. wurden 12. wirkt 13. ist 14. sprach

235 Ü   1. teilen 2. haben 3. ist/sind 4. muß 5. scheint/scheinen 6. legte 7. sind 8. haben 9. haben 10. haben 11. übernimmt 12. stimmte 13. trafen 14. stimmten 15. habe 16. lassen 17. sind 18. muß

236 Ü   1. (, ihr) hättet euch getrennt 2. (, ihr) macht doch sonst immer alles gemeinsam 3. (, Sie) haben nichts gespendet 4. (, ihr) seid immer die Besten in der Klasse gewesen 5. (, wir) wollen aus dem Unternehmen wieder aussteigen 6. (, wir) treffen uns jeden Abend im Gasthaus „Zum Ochsen" 7. (, ihr) müßt unbedingt in unseren Club eintreten 8. (, wir) sind die einzigen, die ihm das sagen können 9. haben uns über Ihren Brief sehr gefreut 10. (, ihr) seid doch in derselben Klasse gewesen 11. (, wir) wollen dieses Jahr gemeinsam Urlaub machen 12. haben Ihre freundliche Einladung erhalten und nehmen sie gerne an 13. (, wir) sind immer diejenigen, die am Ende alles ausbaden müssen 14. (, wir) müssen zusammenhalten 15. (, wir) sind jetzt die einzigen, die schon länger als zwanzig Jahre in der Lindenstraße wohnen

237 Ü   1. übermäßige körperliche Überanstrengung 2. fähige praktische Ärzte 3. die erforderlichen polizeilichen Maßnahmen 4. erhebliche steuerliche Vorteile 5. erfahrenen kaufmännischen Angestellten 6. versierter technischer Zeichner 7. die kleinen politischen Parteien 8. große berufliche Erfolge 9. eine bedeutende schriftstellerische Leistung 10. vermeidbare gesundheitliche Schädigungen 11. erhebliche juristische Bedenken 12. ein ausgezeichneter militärischer Fachmann 13. einen gravierenden ärztlichen Kunstfehler 14. der durch das Grundgesetz gewährleisteten gemeindlichen Selbstverwaltung

238 Ü   1. wenn er es sich ernsthaft vornimmt 2. wenn er es ihr übelgenommen hätte 3. als man es mir mitteilte 4. obwohl ich es ihm rechtzeitig gesagt hatte 5. als er sich's vorgestellt hatte 6. weil sie es sich nun einmal in den Kopf gesetzt hatte 7. weil sie es mir schon längst erzählt hatte 8. anstatt es sich auf dem Sofa bequem zu machen 9. als er es sich gewünscht hatte 10. wenn er es sich nicht verbeten hätte 11. obwohl er sich mir nicht vorgestellt hatte 12. obwohl ich es mir hätte denken können

239 Ü   1. Sie mußten sich streng an die Anweisungen halten. 2. Das Restaurant soll sich im 18. Stockwerk eines Hochhauses befinden. 3. Sie können sich doch sicher noch an Mister Davis aus New York erinnern? 4. Er soll sich schon seit Jahren nahezu ausschließlich mit mathematischen Problemen beschäftigen. 5. Sie können sich ja nicht vorstellen, wie schwierig so etwas ist. 6. Wir mußten uns jahrelang mit ihr wegen der Aufteilung des Erbes herumstreiten. 7. Er kann sich auf unsere Unterstützung verlassen. 8. Er will sich demnächst ins Privatleben zurückziehen. 9. Er konnte sich von seinen alten Möbeln nicht trennen. 10. Sie dürfen sich keinen Illusionen über Ihre Aufstiegschancen hingeben. 11. Ich muß mich hier auf das Notwendigste beschränken. 12. Sie dürfen sich nicht so schnell ins Bockshorn jagen lassen.

240 Ü 1. Warum haben es ihm denn alle verschwiegen? 2. Warum haben es ihr denn alle verheimlicht? 3. Warum hat es ihm denn keiner empfohlen? 4. Warum hat es ihm denn keiner mitgeteilt? 5. Warum hat es ihnen denn niemand erklärt? 6. Warum hat es ihnen denn niemand verboten? 7. Warum hat ihn ihr denn keiner vorgestellt? 8. Warum hat es ihnen denn keiner untersagt? 9. Warum hat es ihm denn niemand gemeldet? 10. Warum hat es ihm denn keiner ausgeredet?

241 Ü 1. obwohl es ihm jeder nachtun möchte 2. weil es ihm keiner vorher gesagt hatte 3. obwohl es ihm keiner anmerkte 4. wenn es mir auch keiner glauben wird 5. wenn es ihm auch niemand zutraut 6. obwohl es ihm alle bestätigten 7. da es ihm keiner von euch sagen will

242 Ü 1. Gestern hat er sich wieder mal ein Loch in die Hose gerissen. 2. Gestern hat sie sich bei uns vorgestellt. 3. Am nächsten Tag hatte sie sich's schon wieder anders überlegt. 4. Vor ihrer Abreise nach Afrika mußten sie sich gegen Pocken impfen lassen. 5. Morgen will er sich endgültig für einen der beiden Bewerber entscheiden. 6. Für das Wochenende hat er sich viel vorgenommen. 7. In letzter Zeit hat er sich nicht mehr dazu geäußert. 8. In den letzten Jahren hat er sich sehr zu seinem Nachteil verändert. 9. Immer regt man sich über uns auf, wenn . . .

243 Ü 1. Er hätte mir das mitteilen müssen. 2. Er hätte uns das vorher erklären müssen. 3. Er hätte mir das noch am selben Tag melden müssen. 4. Er hätte sich das genauer überlegen müssen. 5. Er hätte sich das genauer ansehen müssen. 6. Er hätte uns das nicht verschweigen dürfen. 7. Er hätte ihr das nicht verheimlichen dürfen. 8. Er hätte ihr das nicht immer wieder vorwerfen dürfen. 9. Er hätte ihm das nicht erlauben dürfen. 10. Er hätte mir das nicht fest versprechen dürfen. 11. Er hätte ihm das nicht zusichern dürfen. 12. Er hätte sich das nicht so leicht machen dürfen.

244 Ü 1. Wie Sie das machen, ist mir völlig gleichgültig; wenn Sie nur rechtzeitig fertig werden. 2. Was er damit bezweckt, ist mir nicht ganz klar. 3. Ihm das vorzuwerfen, war ausgesprochen unfair. 4. Daß er für sein Tun geradestehen muß, ist nur recht und billig. 5. Daß das eines Tages gelingt, liegt durchaus im Bereich des Möglichen. 6. Daß die Entwicklung so verlaufen würde, war nicht vorauszusehen. 7. Was hier geschieht, ist ein Skandal. 8. Wie leichtfertig hier mit Steuergeldern umgegangen wird, ist unverantwortlich. 9. Sich darüber den Kopf zu zerbrechen, ist sinnlos. 10. Das von ihm zu verlangen, wäre eine Zumutung.

245 Ü 1. Nach meiner Ansicht hat es keinen Sinn, allzuviel Zeit darauf zu verwenden. 2. Jedenfalls wäre es leichtsinnig, alle Rücklagen aufzubrauchen. 3. Auf jeden Fall war es eine Unverfrorenheit, das von ihm zu verlangen. 4. Natürlich ist es verboten, auf dem Bürgersteig zu parken. 5. Vermutlich hätte es wenig Sinn, diese Untersuchungen fortzuführen. 6. Wahrscheinlich ist es reine Zeitverschwendung, all diese alten Zeitschriften daraufhin durchzusehen. 7. Immerhin wäre es ganz interessant, das mal auszuprobieren. 8. Jedenfalls ist es mir völlig gleichgültig, was Sie von mir denken. 9. Gerade deswegen wäre es sehr gefährlich, mit dieser Möglichkeit gar nicht zu rechnen. 10. Daher ist es ziemlich unwahrscheinlich, daß er zu diesem Zeitpunkt noch gelebt hat.

246 Ü 1. Mitten in der Nacht klingelte es an unserer Haustür Sturm. 2. Als Reaktion auf die Bombenanschläge fanden mehrere Protestversammlungen statt. 3. Als wir in Gründorf ankamen, dämmerte es schon. 4. Seit einiger Zeit geht das Gerücht, daß er wieder heiraten will. 5. Seit gestern soll es ihm wieder bessergehen. 6. Seit kurzem besteht die Möglichkeit, mit der S-Bahn nach Kleinhausen zu fahren. 7. In der morgigen Sitzung wird es vor allem um finanzielle Fragen gehen. 8. Bei uns gibt es heute Kartoffelpuffer. 9. Seit einiger Zeit besteht der Verdacht, daß man den Skandal verschleiern will. 10. In weiten Kreisen der Bevölkerung herrscht Einigkeit darüber, daß es sich um eine vordringliche Aufgabe handelt. 11. In der diesjährigen Sommermode herrschen Schockfarben vor. 12. In Wahrheit bestand keinerlei Anlaß zu solchem Argwohn. 13. An den Grenzübergängen nach Österreich und in die Schweiz kam es wieder zu langen Verkehrsstauungen. 14. Dem Bundesverfassungsgericht liegt eine Verfassungsbeschwerde des Freistaates Bayern vor. 15. In der Nacht begann es zu schneien. 16. Jedes Jahr im Sommer zieht es mich in den Süden. 17. Auf der Autobahn München-Salzburg ereigneten sich auch gestern wieder viele Auffahrunfälle. 18. Mir ist etwas Schreckliches passiert. 19. Gegen Abend kam eine frische Brise auf. 20. Auch gestern kam es zu Zusammenstößen zwischen jugendlichen Randalierern und der Polizei. 21. In Ihrer Abwesenheit ist nichts Besonderes vorgefallen. 22. Jeden Tag kommen die unglaublichsten Dinge vor.

247 Ü 1. Ich weiß. Er fährt ihn aus Prestigegründen. 2. Ich weiß. Er bringt es im Verlag Kindermann und Fritze heraus. 3. Ich weiß. Ich hat sie gleich im Fundbüro abgegeben. 4. Ich weiß. Sie haben sie schon seit Jahren geplant. 5. Ich weiß. Man hat ihn aber im letzten Moment abgeblasen. 6. Ich weiß. Er hat sie auf Empfehlung seines Schwagers bekommen. 7. Ich weiß. Er hat ihn ganz durch Zufall auf einer Londoner Auktion entdeckt. 8. Ich weiß. Ich habe sie zusammen mit Müllers besichtigt. 9. Ich weiß, Sie hat sie in dem ehemaligen Bergerschen Geschäft am Markt eingerichtet. 10. Ich weiß. Sie hat ihn im Büro bei Fräulein Lutz abgegeben. 11. Ich weiß. Er hält den Vortrag (ihn) um 8 Uhr in der Volkshochschule. 12. Ich weiß. Er tritt den Posten (ihn) schon nächste Woche an.

248 Ü 1. Je länger man diesen Stich betrachtet, desto mehr Einzelheiten wird man darauf entdecken. 2. So schwierig diese Aufgabe ist, so interessant ist sie auch. 3. Je älter man wird, desto bequemer wird man. 4. So unfähig dieser Mensch ist, so anmaßend ist er auch. 5. Je intensiver ich mich mit diesem Problem beschäftigte, desto deutlicher erkannte ich, worauf ich mich da eingelassen hatte. 6. Je weiter die Automation fortschreitet, desto mehr nimmt der Bedarf an Arbeitskräften ab. 7. So erstrebenswert das Ziel ist, so schwierig dürfte es sein, es zu erreichen. 8. Je höher die Einkommen sind, desto steiler steigt die Steuerprogression an. 9. So gefährlich dieser Job ist, so viel Geld kann man dabei verdienen. 10. Je mehr man seine Freiheit einzuschränken versuchte, desto rebellischer wurde er. 11. So verantwortungsvoll diese Aufgabe ist, so reizvoll ist sie auch. 12. Je größere Erfolge er hatte, desto leichtsinniger wurde er. 13. So schauerlich der Stil ist, so interessant ist der Inhalt des Buches. 14. Je höher die Geschwindigkeiten sind, desto verheerender sind die Unfallfolgen. 15. Je schmaler die Straßen sind, desto gefährlicher sind Überholmanöver. 16. So gut es mir in dem Hotel gefallen hat, so teuer war es aber auch. 17. Je deutlicher die Schädlichkeit des Zigarettenrauchens erkannt wird, desto mehr scheint die Zahl der Raucher zuzunehmen.

249 Ü 1. als 2. bis 3. seit 4. solange 5. nachdem 6. bis 7. bevor/ehe/als 8. wenn 9. während 10. sobald/wenn 11. sooft 12. bevor/ehe 13. nachdem 14. wenn 15. als/solange 16. wenn 17. indem 18. seit 19. bevor/ehe 20. wenn 21. nachdem/als 22. seit 23. nachdem 24. bis 25. solange

250 Ü 1. Solange er lebte, hatten . . . 2. Kurz bevor er abreiste, besuchte . . . 3. Nachdem man tagelang ergebnislos beraten hatte, wurde . . . 4. Als der Zweite Weltkrieg ausbrach, befanden . . . 5. Wenn er da ist, darf . . . 6. Er blieb in Genf, bis die Verhandlungen abgebrochen wurden. 7. Sobald diese Fragen geklärt sind, werden . . . 8. Als die siegreiche Fußballmannschaft auf dem Flughafen ankam, wurde . . . 9. Seit er gestorben ist, steht . . . 10. Jedesmal wenn sie sich trafen, erörterten . . . 11. Während wir auf Urlaub waren, ist . . . 12. Seit er den Unfall gehabt hat, ist . . . 13. Als er eintrat, erhoben . . . 14. Indem er mich von Kopf bis Fuß musterte, fragte . . . 15. Seit er zum Ministerialrat ernannt worden ist, verkehrt . . . 16. Nachdem das Verhandlungsergebnis bekanntgeworden war, atmete . . .

REGISTER

Die Zahlen verweisen auf Übungen bzw. Texte.

Sachregister

Wortregister